August Karl von Holsche

Der Netzdistrikt

Ein Beitrag zur Länder- und Völkerkunde mit statistischen Nachrichten

August Karl von Holsche

Der Netzdistrikt

Ein Beitrag zur Länder- und Völkerkunde mit statistischen Nachrichten

ISBN/EAN: 9783743613928

Hergestellt in Europa, USA, Kanada, Australien, Japan

Cover: Foto ©Suzi / pixelio.de

Weitere Bücher finden Sie auf **www.hansebooks.com**

Der

Netzdistrikt,

ein Beytrag

zur

Länder- und Völkerkunde

mit

statistischen Nachrichten.

Von

August Carl Holsche,

Königl. Preuß. Hofgerichts-Rath zu Bromberg.

———————

Königsberg,
bey Friedrich Nicolovius,
1793.

Vorrede.

Schon vor einigen Jahren, wie mich das Schicksal nach Westpreußen führte, versprach ich guten Freunden, von dieser Provinz eine geographisch-statistische Beschreibung zu liefern, und an dies Versprechen bin ich oft erinnert worden. Einige Nachrichten, welche ich damals gesammlet hatte, und die Materialien, welche ich zu erhalten mir Hoffnung machte, veranlasseten mich zu glauben, daß ich bald im Stande seyn würde, mein Versprechen zu erfüllen. Die Erfahrung hat mich aber gelehrt, daß es für einen Geschäfftsmann nichts Leichtes ist, ein Buch zu schreiben, welches einigen Zeitaufwand erfordert.

Jeder Schritt wird ihm streitig gemacht, bald fehlt ihm diese, bald jene Nachricht, der eine will sie nicht ertheilen, weil er zu unthätig oder zu eigensinnig ist, der andere kann sie nicht geben, und wenn man sich an die Quelle wendet, so halten die Mandarinen es gar für gefährlich und für ein Staatsverbrechen, Nachrichten, welche ein statistisches Werk vervollständigen, öffentlich bekannt zu machen, und so ringet man beständig mit Ungewißheit und Unvollständigkeit. Dies ist der Grund, daß fast alle dergleichen Beyträge zur Länder= und Völkerkunde unvollständig ausfallen. Hat man nun mit vieler Mühe einige Nachrichten gesammlet, so hindert der Dienst und die Amtspflicht den Geschäfftsmann wieder, sie in Ordnung zu bringen. Dieser Fall tritt auch bey mir ein, und habe ich mich daher vorläufig, um mein Versprechen nicht ganz unerfüllt zu lassen, nur auf den Netzdistrict, als eine Provinz von Westpreußen, eingeschränkt, in welcher ich wohne. Sollten es meine Verhältnisse in der Folge aber erlauben, dieser Arbeit einige Zeit zu widmen; so behalte ich mir vor, auch die Beschreibung anderer Provinzen Westpreußens zu liefern. Wegen der Form dieses Werks bin ich unschlüssig gewesen. Wenn man ein systematisches Werk schreiben will, so muß es vollständig seyn, es muß in

Ca=

Capitel eingetheilet und nichts übergangen wer=
den. Ueber das System selbst ist man nicht einig,
der eine sagt: das gehört nicht in dies Werk, der
andere aber: der Artikel ist ganz ausgelassen, oder,
er ist nicht erschöpfet. Vorwürfe können dabey
nicht vermieden werden, wenn gleich der Verfas=
ser am besten wissen muß, was er zu schreiben im
Stande ist. Diese Betrachtung leitete mich auf
den Gedanken, meine Sammlung in Briefe ein=
zukleiden, welches mir aber widerrathen wurde,
weil hin und wieder Materien vorkommen, welche
weitläuftig und in Briefen nicht gut vorgetragen
werden können, die Epôke dieser Art des Vor=
trags auch vorbey zu seyn scheint, und nicht mehr
allgemeinen Beyfall findet. Ich bin daher blos
meinen Gedanken gefolget, und habe das Chaos
geordnet, so gut ich gekonnt. In einigen Ab=
handlungen habe ich Meinungen geäußert, wel=
chen vielleicht die wenigsten meiner Leser beypflich=
ten werden; dies schadet aber nicht, denn ich will
niemanden meine Meinungen als die einzigen
wahren und richtigen aufdringen; ich habe nur
durch diese Aeußerungen das Trockne der gewöhn=
lichen Oerter= und Länderbeschreibungen vermei=
den, und dem Leser zum weitern Nachdenken über
die abgehandelten Gegenstände Anlaß geben wol=
len. Gern werde ich mich belehren lassen, wenn

ich

ich unrichtig geurtheilet habe, und mir solches überzeugend nachgewiesen wird. Die Quellen, woraus ich die Nachrichten geschöpft habe, kann ich nicht wohl angeben, sie sind aber zuverlässig. Was die Volksmenge und die Tabellen betrifft, so habe ich das Jahr 1788 zum Grunde gelegt, weil ich damals die Nachrichten zu sammlen angefangen, und die spätern Tabellen nicht erhalten konnte. Wie ich schon mit dem Werke fertig war, bekam ich Gelegenheit, auch die vorigjährigen Tabellen zu sehen, und fügte daher noch die Progressionstabelle von der Bevölkerung bey. Uebrigens bitte ich um Nachsicht, wenn dies Werk der Erwartung nicht völlig entspricht.

Bromberg, den 25. Januar
1793.

Inhalt.

Inhalt.

Einleitung, ein Räsonnement über Staaten überhaupt Seite	1.
Preußischer Staat besonders	11.
König Friedrich der Zweyte, mit Recht der Große und Einzige	14.
Siebenjähriger Krieg	16.
Friede nach dem siebenjährigen Kriege	17.
Preußischer Handel	19.
Westpreußens Erwerbung	22.
Ansprüche Schlesiens auf einige polnische Districte	32.
Abtretungsvertrag mit der Krone und Republik Polen wegen Westpreußen	33.
Ansprüche auf Pomerellen als einen Theil von Pommern	45.
Ansprüche auf den Croneschen Kreis als einen Theil der Neumark	52.
Netzdistrict und dessen Abgränzung	55.
Flächeninhalt von Westpreußen, und besonders vom Netzdistrict	59.
Bevölkerung der Provinz	59.
Paralleltabelle der Bevölkerung mit der Churmark	60.
Specielle Bevölkerungstabelle von den Städten	67.
Specielle Bevölkerungstabelle von den Aemtern	68.
Bevölkerungstabelle von dem platten Lande	68.
Specielle Judentabelle	69.
Progressionstabelle von der Bevölkerung seit 1788	70.
Finanz-Einrichtung überhaupt	73.
Domänen, Domänen-Aemter und deren Entstehung	75.
Regalien, besonders Forstregal	78.
Salzregal	79.
Mineralien und Hüttenwerke	80.
Stempelregal	81.
Postregal	81.
Accise und Zoll	81.
Contribution und deren Einrichtung	83.
Abhandlung von den polnischen Bauern	86.
Schiffahrt	92.

Netz-

Netzfluß	Seite 94.
Netzbruch	— 95.
Netz-Canal	— 96.
Netz-Canal-Bau	— 97.
Städte im Netzdistrict und deren Beschreibung	— 101.
Allgemeine Beurtheilung über die Städte	— 131.
Landschaftliches Credit-System	— 133.
Abhandlung über den Adel überhaupt	— 153.
Vom polnischen Adel	— 174.
Anekdote eines polnischen Magnaten und Edelmanns	— 177.
Bürgerstand in Polen	— 180.
Verschiedene Classen der Einwohner des Netzdistricts	— 181.
Prärogativen des Adels	— 182.
Tabelle der adlichen Güter und deren Besitzere	— 184.
Exsimirte im Netzdistrict	— 213.
Bauernstand	— 214.
Juden	— 229.
Abhandlung vom Unterricht der Jugend und von Schulanstalten	— 231.
Religion und verschiedene Religionsverwandte	— 261.
Militär	— 262.
Landes-Administration	— 263.
Hofgericht	— 265.
Untergerichte	— 270.
Krieges- und Domänencammer	— 271.
Geistlichkeit	— 277.
Ehemalige polnische Verfassung und besondere Rechte	— 280.
Beschluß	— 295.

Reiche und Staaten gleichen in vieler Hinsicht einem jeden andern aus einzelnen Theilen zusammengesetzten Körper, daher sie auch Staatskörper genannt werden. Die Existenz, Vollkommenheit und Dauer derselben liegt in den Bestandtheilen und in der Beschaffenheit, welches wir Natur und Wesen nennen, in der Behandlung und in dem Verhältniß mit andern Körpern. Ein jeder trägt den Saamen seiner Zernichtung bey sich, für die Ewigkeit ist nichts als die Materie und der Geist selbst bestimmt, woraus die Körper zusammengesetzt sind, denn nach der Auflösung entstehen aus den Materialien wieder andere Körper, es wird gezeugt, geformt und zernichtet, ohne Aufhören, die Materie bleibt und ist nur beständigen Veränderungen unterworfen. Die Zusammensetzung, Lage, Pflege und Wartung, das Verhältniß mit andern Körpern, innere und äußere Begebenheiten, Klugheit in der Behandlung, und bisweilen Zufall, haben einen wesentlichen Einfluß auf die Stärke und Vervollkommnung, Dauer oder frühere Vernichtung eines Körpers. Die Natur trägt viel zur Vollendung bey, sie thut aber bey weitem nicht alles, Kunst, menschliche Vernunft, Fleiß, und bisweilen Geschick, kommen ihr zu Hülfe, und so wie die ganze Weltmaterie durch den großen allesumfassenden weisen Geist des Schöpfers und Urhebers geformt worden und erhalten wird, mithin davon abhängig ist, so kann auch der Mensch die Natur leiten, sie bändigen, durch sie hervorbringen und schaffen, ist also in einzelnen Theilen gewissermaßen Herr derselben. Aus Wasser, Seen und Sümpfen, kann der Mensch durch Anstrengung seiner Kräfte fruchtbare Felder und Wiesen, aus undurchdringlichen Wäldern ein Paradies schaffen; dem ungestümen Meere, welches der ganzen Natur und Schöpfung den Untergang drohet, kann er gebieten und es zu seinem Zweck gebrauchen, Luft und Wind ist ihm dienstbar. Man hört zwar oft die Klagen: es ist ein Verhängniß! es ist nicht zu ändern! wer kann gegen die Natur kämpfen? und es tragen sich auch oft Ereignisse zu, wovon der Grund nicht abzusehen ist, der Mensch hält es für Geschick. Wenn man aber sich die Mühe giebt, auf die Grundursach zurück zu gehen, so wird man die meiste Zeit finden, daß eine Handlung vorhergegangen, wovon die Begebenheit, welche unbegreiflich zu seyn scheint, eine natürliche Folge ist. Diese Handlung liegt oft so tief und im Dunkeln vergraben, daß der menschliche Verstand aus Mangel der Geschichte, oder auch mit Hülfe derselben, nicht auf die Grundursach kommen kann. Richtig ist es aber, daß, wenn der Mensch allgemein weise und nach einem bestimmten Plan verführe, jedesmal die zweckmäßigsten Mittel anwendete, und nicht immer einer dem andern entgegen arbeitete, viel Uebel in der Welt vermieden und die möglichste Vollkommenheit erreicht werden könnte. Ganz allgemein läßt sich dies zwar nicht behaupten, denn wenn der Mensch gleich in gewissem Betracht Herr der Natur ist, so hat er doch seine Schranken, und es fehlen ihm oft die Kräfte, das durchzusetzen, was er durch seinen Verstand ergründet hat. Es lässet sich auch kaum gedenken, daß Millionen Menschen alle nach einem bestimmten Zwecke handeln und wirken sollten.

Es

Es herrschet eine solche Verschiedenheit der Seelenkräfte bey den Menschen, daß der eine nicht einsiehet, daß dies oder jenes im Ganzen gut sey, wovon doch der andere schon völlig überzeugt ist. Es mischen sich auch die verschiedenen Leidenschaften mit ins Spiel, und folgt ein Jeder seinem Triebe, der Erfolg mag im Ganzen vortheilhaft oder nachtheilig seyn. Die Natur ist dem Menschen auch oft zu mächtig und vereitelt die besten Entwürfe, wenn sie gleich durch sich selbst bekämpft werden kann. Es ist widernatürlich, daß Wasser aus eigenem Triebe und Kraft bergan läuft, es ist aber natürlich, daß es durch seine eigene Schwere und den damit vergesellschafteten Druck in die Höhe getrieben werden kann. Was uns unnatürlich scheint, wirkt die Kunst mit Hülfe der Natur. Ein Baum in gutem Erdreich gepflanzt, gewartet und gepflegt, wächset, grünet, blühet und reift zur Vollkommenheit. Dürre hemmt seinen Wachsthum, menschliche Klugheit und Fleiß kann ersetzen, was die Natur ihm versagt. Eine Beschädigung kann sein früheres Ersterben befördern, der Mensch kann sie heilen und unschädlich machen. Hat der Baum nicht Kräfte genug, um allen seinen Aesten und Zweigen Nahrung zu geben, weil sie sich zu weit ausgebreitet; so hauet man die Zweige ab, welchen er, ohne dem Ganzen zu schaden, keine Lebenskraft mittheilen kann. Mit dem Menschen selbst verhält es sich eben so, der Grund seiner frühen Vernichtung liegt entweder in seiner Entstehung, oder in einer Begebenheit, welche durch Vorsicht und Klugheit hätte vorgebeugt werden können. Zur Ewigkeit ist der Mensch, als Mensch, freylich nicht geschaffen, wenn gleich sein Wesen unvergänglich ist, denn sein Ziel liegt schon in der Zusammensetzung der Maschine. Dis Ziel erreichen aber die wenigsten Menschen, und es hängt von Vielen ab, ihre Existenz zu verlängern, sich vollkommner und dadurch glücklicher zu machen. Man muß nicht alles für Geschick und Zufall halten, wovon man die Grundursach nicht angeben kann, denn die meiste Zeit ist es eine natürliche Folge gewisser Handlungen, bisweilen unserer eigenen, in vielen Fällen aber auch anderer, welche wir nicht vorbeugen oder nicht wieder gut machen konnten. In Staatskörpern sind bisweilen unbedeutend scheinende Begebenheiten oft nach Jahrhunderten vom größten Erfolg, und machen Millionen Menschen glücklich oder unglücklich. Die Sparsamkeit oder Prachtliebe und Verschwendung des Regenten, seine Tugenden und Laster, der Einfluß eines Staatsmanns, oder eines Hofes in die Regierung des Landes, ein einziger Entschluß des Regenten, wenn er auch nur seine Person oder seine Kinder betrifft, der Uebergang zu einer andern Religion, die Heirath einer auswärtigen fürstlichen Person, und die daraus erwachsende Erbfolge, der Hang des Landesherrn zu Erwerbungen, die hieraus nothwendig werdende kriegerische Zurüstungen, Entdeckung und Beförderung eines Handels, den sonst der Staat nicht kannte, Anlegung neuer bisher in dem Lande unbekannt gewesener Fabriken und Manufacturen, Ausbreitung des Luxus, wozu der Hof gewöhnlich den Ton angiebt, Vermehrung des Geldes und der Bedürfnisse, Einverleibung einer oder mehrerer Provinzen mit dem Staatskörper, unnöthiger Krieg, übereilter Friedensschluß, Einmischung in fremde Händel, Mangel an Wachsamkeit bey Intriguen fremder Höfe, Rath eines Günstlings, der kein Interesse bey dem Wohl des Staats hat, unnöthige Aufopferung der Kräfte desselben, Ueberspannung in verschiedenen Zweigen der Staats-Einnahme und Ausgabe, die Bildung des National-Characters, ja eine einzige Constitution, und was alles in dis Register gehört, sind Handlungen, welche nur einzeln genommen die Dauer eines Reichs verkürzen und es umstürzen können, oder es über andere erheben werden.

Eine

Eine einzige jener Handlungen kann einem Staat schon eine tiefe Wunde beybringen, welche schwer zu heilen; kommen aber mehr dergleichen zusammen, so gleicht der Staat schon einem hectischen Menschen, und es erfordert einen geschickten Arzt und starke Arzeney, um ihn zu heilen. Zum Beyspiel, es gründet sich ein Staat auf Ackerbau, dieser wird vernachläßigt oder gar unterdrückt, und statt dessen Fabriken, Manufacturen und Handlung eingeführt und auf Kosten des Ackerbaues begünstiget, wozu das Land von Natur nicht bestimmt ist, so schadet diese Veränderung dem Staat mehr, als sie ihm nützet. Es ist zwar gut, daß Manufacturen, Fabriken und Handlung befördert werden; es muß aber in einem solchen Lande nicht auf Kosten des Ackerbaues geschehen, weil dis die Grundveste des Staats ist. Ein ander Reich gründet sich blos auf Handlung, wozu es die Natur bestimmt hat; wird diese nicht geschützt und erhalten, ziehet sich der Handel nach andern Ländern, und es werden keine Maaßregeln genommen es zu hindern, so erkranket der Staatskörper, und gleicht einem Schwindsüchtigen. Es giebt Länder, welche die Natur stiefmütterlich behandelt hat, der Ackerbau ist nicht ergiebig, und zum Handel sind sie nicht gelegen. Ein solcher Staat gründet sich auf Sparsamkeit, und das Land kann dabey glücklich seyn; wird Verschwendung und Luxus darin herrschend, so wird er von andern Reichen, die Ueberfluß an Bedürfnissen dieses Staats haben, abhängig. Ein reicher Staat bedarf keines Schatzes und keiner großen Armeen, denn wenn er in Krieg verwickelt wird, und bietet seine Kräfte auf, so hat er alles in sich, und wenn es ihm an Menschen fehlt, so verschafft ihm sein Reichthum Bundesgenossen. Ein armer Staat muß einen öffentlichen Schatz und eine stehende Armee haben, weil er sich nicht auf andere Mächte verlassen kann. Es scheint zwar in Widerspruch zu stehen, arm zu zu seyn, und doch einen öffentlichen Schatz zu haben und eine furchtbare stehende Armee halten zu können. Allein die Erfahrung lehrt das Gegentheil, denn wenn mit den Staats-Einkünften nur gut gewirthschaftet wird, so lässet sich wol ein öffentlicher Schatz erwerben, und wenn der Luxus keinen Eingang findet, kostet die stehende Armee einem armen Staat bey weitem nicht so viel als einem reichen Staatskörper. Freylich kann diß nicht so geschwind bewirket werden, es gehört Grundsatz und Beharrlichkeit dazu. Verlässet die Landes-Administration den Grundsatz, und will sich mit andern Ländern in Parallel setzen, so ist der Staat verloren, er wird unbedeutend. Was hier gesagt wird, ist nicht so zu verstehen, daß ein armes Land gar keine Fabriken und Manufacturen haben und keinen Handel treiben müsse, vielmehr ist es nothwendig, diß alles zu befördern, so weit es die Kräfte des Staats, die Lage und das Verhältniß mit andern Nationen es zulassen, nur muß es nicht auf Kosten jenes Grundsatzes geschehen, die Bedürfnisse müssen es nicht von andern Reichen abhängig machen. Der Handel erfordert einen großen Fond und dessen Schutz einen großen Kostenaufwand; kann er, ohne den öffentlichen Schatz anzugreifen, befördert werden, so ist es vortheilhaft für den armen Staat; geschiehet es aber mit Aufopferung des öffentlichen Schatzes, und ziehet er eine Verminderung der stehenden Armee oder deren Vernachlässigung nach sich, so ist er schädlich. Ein reiches Land kann viel Staatsschulden haben, und bleibt doch reich, weil es sich selbst schuldig ist, und es den Umlauf des Geldes befördert, es ist gewissermaßen nothwendig, und es wäre nachtheilig, wenn es gar keine Schulden hätte; ein armes Land aber darf keine Nationalschulden haben, weil das Geld dadurch außer Landes gehet und es von Zeit zu Zeit ärmer wird. Ein öffentlicher Schatz und eine verhältnißmäßige

mäßige gut disciplinirte Armee ist die Schutzwehr und das Palladium eines armen oder doch nicht reichen Landes, die unnöthige Aufopferung des einen oder des andern ziehet den Untergang des Staats nach sich; denn ein reiches Land kann verhältnißmäßig mehr verlieren, als das arme, weil es mehr Hülfsquellen hat, und die Grundveste nicht angegriffen wird. Ein solches Reich bedarf keines öffentlichen Schatzes, die großen Handelshäuser öffnen ihre Cassen, leihen dem Staat und schießen die benöthigten Gelder vor; dis ist eine unversiegliche Quelle, und nach hergestelltem Frieden werden solche Einrichtungen getroffen, daß die reichen Privatleute, die Gläubiger des Staats, sich selbst wieder bezahlen müssen. Ganz anders verhält es sich mit einem armen Lande, es wird entweder durch Kriegessteuern ausgesogen, oder es wird einem andern reichen Lande tributär, das Geld gehet außer Landes und alles stockt. Ist der Schatz verschwendet und soll wieder hergestellt werden, so erfolgen Bedrückungen aller Art, es reißet Mißmuth ein, und Empörungen sind unausbleibliche Folgen davon, welche das Reich unglücklich machen. Hat der Kostenaufwand noch den Erfolg, daß reiche Provinzen erobert werden, so ist es einigermaßen eine Entschädigung, die alten Provinzen ändern aber dadurch nicht ihre Natur und werden nicht glücklicher, sie sind und bleiben arm. Die Geschichte von Entstehung, Verfall und Untergang der Reiche liefert einem aufmerksamen Leser hievon überzeugende Beyspiele. Der Regent ist die wichtigste Person im Staat, nicht allein bey seinem Leben, sondern auch vielfältig nach seinem Tode; die späten Nachkommen hören oft noch seine Worte, und fühlen seine Handlungen durch den Erfolg. Ein Staatsmann, General, Minister und jeder andere Mann von Kopf und Gewicht, hat auch auf das Schicksal eines Staats oft wichtigen Einfluß, allein es ist doch nicht so entscheidend als das Wort eines Regenten, es sey denn, daß er durch diesen spricht, in welchem Fall alles der höchsten Gewalt zugeschrieben wird. Selbst ein an sich unbedeutender Mann kann unter Millionen Menschen durch Reden und Handlungen eine wichtige Revolution hervorbringen. Ohne Peter von Amiens wären vielleicht nie, der Bemühung des Pabsts Urban ohngeachtet, die Kreuzzüge zu Stande gekommen, die vielen Orden erwachsen und Preußen erobert worden. Ohne einen Columbus wäre wol die neue Welt nicht entdeckt worden, und könnten Mexico und Peru jetzt blühende Staaten seyn. Ohne einen Luther hätte vielleicht die Reformation nicht so schnelle Fortschritte gemacht, und herrschte Rom noch über den ganzen Erdboden. Ohne einen Voltaire wäre wol die Denkfreyheit nicht so allgemein geworden, und noch keine Thronen umgestürzt; und ohne einen Thomasius würden vielleicht noch Hexen gebraten. Der mächtige Einfluß solcher Männer auf die Staatskörper, ohne Concurrenz eines Regenten, ist nicht zu verkennen. Sie machen Plane, tragen Materialien zusammen, bauen, reißen nieder, vernichten und bewirken eine neue Schöpfung, selten erleben sie den Erfolg, als kluge Männer aber sehen sie im Geiste die Früchte ihrer Bemühung voraus. Die Religion ist seit Jahrtausenden eine Quelle des menschlichen Elends gewesen, sie gehört in höhere Regionen, ist aber zu weltlichen Absichten misbraucht worden. Aus der Natur des Menschen lässet sich schon erklären, daß es nicht möglich ist, eine einförmige Religion unter allen Menschen des Erdbodens einzuführen, denn sie ist zu speculativisch, und richtet sich nach dem Grad der Aufklärung der Menschen. Ein wildes Volk kann unmöglich die Religionsbegriffe haben, welche ein barbarisches Volk hat, und dis kann wieder noch nicht so weit gehen als eine cultivirte Nation. Selbst unter dieser sind unendliche Abstuffungen denkbar, weil nicht ein jeder gleiche Ausbildung des Verstandes genossen. Ein Weltweiser wird schon ganz anders von dem Verhältniß, worin er mit einem höhern oder dem höchsten Wesen stehet, urtheilen, und sich hieraus Pflichten und Verbindlichkeiten abstrahiren, als ein Mensch von gewöhnlicher Erziehung. Hierin liegt der Grund der verschiedenen Denkungsart der Menschen in Beziehung auf Religion, und man kann daher sagen, daß es so viel innerliche Religionen giebt, als die Denkungsart bey den Menschen verschieden ist. Diese metaphysischen Begriffe, welche bloß speculativisch sind, und nicht bewiesen werden können, lassen sich in kein allgemeines System bringen, ein jeder muß nach seiner Kenntniß und Ueberzeugung handeln, denn das höchste Wesen hat seinen Willen nicht allen Menschen geoffenbaret, sondern ihm nur Vernunft und Willen gegeben. Diese Kräfte muß ein jeder anwenden, und es lassen sich hierin gar keine Vorschriften geben. Die Moral oder die Lehre von Pflichten fließet aus einer ganz andern Quelle, und hat mit der Religion eigentlich gar keine Verbindung, es ist aber ein Unglück für die Menschen, daß man Religion und Moral für eins und eben dasselbe genommen hat. Letztere stehet mit der Staatsverfassung in genauer Verbindung, und es kann Niemand ein guter Staatsbürger seyn, wenn er nicht seine Pflichten kennet. Die Religion wurde stets auf Unkosten der Moral erweitert, und mit der Staatsverfassung verwickelt, und hieraus entstanden die vielen blutigen Religionsveränderungen, wodurch große Reiche umgestürzet und ein allgemeines Elend auf dem Erdboden verbreitet wurde. Hätte man in Religionssachen einen jeden glauben lassen, was er gewollt, und blos eine vernünftige Moral eingeführt, so wäre der Religionshaß unter den Menschen nie entstanden. Es lässet sich unmöglich vorschreiben, was ein Jeder von dem höchsten

Wesen glauben soll; der äußere Gottesdienst aber ist willführlich, und kann man nicht annehmen, daß der Mensch zu gewissen Religionsgebräuchen verpflichtet sey, weil es uns an einer allgemeinen göttlichen Vorschrift fehlt; und so weit wir in der Erkenntniß Gottes gekommen sind, sehen wir ein, daß dem höchsten Wesen mit äußern Gebräuchen nicht gedient seyn könne, denn es läuft auf ein Marionettenspiel hinaus. Dem Staate aber ist sehr damit gedient, daß ein Jeder seine Pflichten kennt, und sie erfüllet, mithin ist der Unterricht darin nothwendig. Die Pflichten der Staatsbürger sind in der ganzen Welt und bey allen Nationen größtentheils einerley, und wenn man sie von den äußern Religionsgebräuchen trennet, werden sich nie die Völker darüber hassen und feindselig begegnen, wenn auch eine Nation von der andern in diesem oder jenem Stücke abweicht. Nichts ist widersinniger, als wenn ein Regent oder eine Landesregierung dem Volke vorschreiben will, was es in Religionssachen glauben soll. Dis erbittert die Gemüther, weil es sich mit dem freyen Willen des Menschen nicht reimen läßt, ihn zum Sclaven macht, und verliert der Regent bey dem besten Herzen und Willen die Liebe und das Vertrauen des Volks, dis unschätzbare Kleinod der Fürsten. Schwere Auflagen, ja Erpressungen, erträgt ein Volk entweder mit Gedult, wenn es daran gewöhnt ist, oder mit Murren, wenn sie neu sind; behaglich ist ihm nicht dabey, andere gute Eigenschaften des Fürsten bringen es aber zum Schweigen. Allein Einschränkung der Denkfreyheit und Gewissenszwang bricht in Flammen aus, wenn auch wirklich die Meynung, die es annehmen soll, vernünftiger ist, als der es folgt. Dis ist auch ganz natürlich, denn der Mensch erkennt in Glaubenssachen keinen Richter über sich, als seine Ueberzeugung, sein Gewissen und das höchste Wesen, so er dafür erkennet und es anbetet.

Reli-

Religionszwang und Verfolgung macht daher die Menschen nur hartnäckig in ihren Meynungen, sie werden um des dummsten Satzes willen Märtyrer, und opfern Gut und Blut mit Freudigkeit auf. Ein Regent, der sein Volk liebt, wird allen Religionszwang verabscheuen, weil er unabsehbares Elend verbreitet, und das höchste Wesen unmöglich Gefallen daran haben kann. Die Diener der Religion sind Henker der Menschen geworden, vom Bonzen bis zum Priester; sie predigen nicht den Frieden, sondern das Schwerdt. Ihre Autorität hat merklich abgenommen, sie schleichen aber noch im Finstern umher und suchen sich der Herzen der besten Fürsten zu bemeistern; reden von unbegreiflichen Dingen und versprechen ewige Glückseligkeit, nehmen selbst aber gern mit zeitlichen Gütern vorlieb.

Deutschland ist eine Pflanzschule von Fürsten, es hat fast allen europäischen Reichen Beherrscher oder Beherrscherinnen gegeben, und sie befinden sich wohl dabey. *Der Preußische Staat.* Der Preußische Staat ist aus so vielen zerstreut belegenen Provinzen zusammengesetzt, daß man sich kaum einen Staatskörper und eine Verbindung zu einerley Zweck darunter gedenken kann. Er erstreckt sich von der Curländischen Gränze, wovon er bloß durch Samogitien getrennt ist, bis an die Niederländische Gränze, welches gegen zweyhundert Meilen beträgt, eine Länge, welche die von Deutschland und Polen übertrifft. Zum Glück liegen alle diese Provinzen meistentheils unter einem Himmelsstrich, und haben beynahe einerley Clima. Diesem muß man es zuschreiben, daß keine große Verschiedenheit in dem Nationalcharacter herrschet. Der Preuße so wie der Westphälinger ist von einerley Geist belebt, sie lieben ihren Fürsten und ihre Verfassung, sind tapfer und treu. Die Provinzen,

wor-

woraus dieser Staat zusammengesetzt ist, und successive erwachsen, bestehen in dem Burggrafthum Nürnberg, den Fürstenthümern Anspach und Bayreuth; der Churmark Brandenburg, nemlich der Altmark, Mittelmark, Neumark, Uckermark, Priegnitz und einem Theil der Lausitz; der Clevischen Verlassenschaft, nemlich dem Herzogthum Cleve, der Grafschaft Mark und Ravensberg, dem Fürstenthum Mörs und einem Theil des Herzogthums Geldern; dem Herzogthum Pommern; dem Bisthum Camin; Herzogthum Magdeburg; Fürstenthum Halberstadt; dem Saalkreis; Queblinburg; Grafschaft Hohenstein und einem Theil der Grafschaft Wernigerode; dem Fürstenthum Minden; dem Königreich Preußen und Litthauen; der Oranischen Erbschaft, wozu die Grafschaft Lingen gehört; der Grafschaft Tecklenburg; dem Fürstenthum Ostfriesland; dem Herzogthum Schlesien, und der Provinz Westpreußen, so aus einem Theil des Herzogthums Pommern, des ehemaligen Herzogthums, jetzt Königreichs Preußen, und einem Theil von Großpohlen bestehet. Alle diese Länder sind durch Kauf, Erbfolge, Erbverbrüderung, Secularisation und Entschädigung, Gewalt der Waffen, wodurch entfernte Ansprüche geltend gemacht worden, und außerdem das Fürstenthum Neufchatel und Valengin in der Schweitz durch freywillige Wahl unter Preußische Oberherrschaft gerathen. Es ist viel, daß alle diese Länder ein Ganzes ausmachen können, und sich zu einem dauerhaften Staatskörper gebildet haben, da sie in fünf deutschen Kreisen und außerhalb Deutschland so entfernt auseinander liegen. Allein es ist ein Glück, daß alle diese Provinzen, die beiden letzten ausgenommen, in Niederdeutschland und an der Ostsee belegen, die Völker beynahe von einerley Ursprung sind, und unter einerley Himmelsstrich wohnen, ihr Character nicht sehr verschieden ist, und sie mit keinen mächtigen Nachbaren umgeben sind,

sind, auch außer den Westphälischen und Fränkischen Provinzen aneinander hängen, mithin leicht unterstützet werden können. Schlesien allein ist zwar mächtigen Nachbaren ausgesetzet, weil es zwischen Böhmen und Pohlen liegt, indessen hängt es mit der Neumark und Lausitz zusammen, ist ein reiches Land, commandirt den ganzen Oderfluß und ist aus den übrigen Provinzen leicht zu unterstützen, auch durch Vestungen gesichert.

Zu der Größe und dem Flor des Preußischen Staats, dessen meiste Provinzen nicht zu den fruchtbarsten von Europa gehören, haben die vielen fast ununterbrochen aufeinander gefolgten weisen Fürsten das mehreste beygetragen, denn der eine war in diesem, der andere in jenem Fache groß. Tiefe Staatskunst, sich zur rechten Zeit geltend und unentbehrlich zu machen, Anhänglichkeit an die deutsche Reichsverfassung, Heldenmuth bey drohenden Gefahren, lobenswerthe und anständige Sparsamkeit, Drang zur Nationalfreyheit und Unabhängigkeit, Ordnung in Geschäften, Staatswirthschaft wie andere sie kaum kannten, Entfernung des Luxus, Toleranz in Glaubenssachen, Liebe zum Volk, und Handhabung der Gerechtigkeit, beseelten diese weisen Fürsten abwechselnd, und bildeten einen Nationalcharacter, wodurch sich diese aus vielen und verschiedenen Völkern zusammen gekettete Nation vor andern auszeichnet. Keiner riß nieder was der andere gebauet hatte, sondern vervollkommnete es, je nachdem die Begierde, in einem oder dem anderen Fach was Großes zu bewirken, bey ihm herrschend war. Die Theilnahme an den französischen, italiänischen und türkischen Kriegen bildete früh eine stehende gut disciplinirte Armee, welche in Friedenszeiten nicht entlassen wurde, und wodurch sich das Haus Brandenburg geltend machte. Es wurde Grundsatz, beständig eine starke Armee auf den Beinen zu haben,

lan-

Landesschulden zu vermeiden und einen öffentlichen Schatz zu sammlen, diesen aber nicht als einen Schatz des Regenten, sondern als Nationalschatz anzusehen. Alle benachbarte Mächte erschöpften sich durch Krieg und Verschwendung; Brandenburg und Preußen verstärkte sich, es war in Krieg und Frieden vor andern Mächten weit voraus. Ungeachtet der Preußische Staat in Rücksicht seiner Besitzungen, Flächeninhalts, Volksmenge und Staatseinkünfte mit den benachbarten Mächten in keinem Verhältniß stand, wurde er doch wegen seiner starken Armee, seines Schuldenfreyen Zustandes und seines Schatzes, von allen gefürchtet; er redete schon aus einem entscheidenden Ton mit großen Mächten.

König Friedrich der Zweyte, mit Recht der Große und Einzige.

Dieser Staat hatte das außerordentliche Glück, daß er in der Mitte dieses Jahrhunderts einen Regenten bekam, mit Naturgaben und Kenntnissen ausgerüstet, wovon sich in der Geschichte kein Beyspiel findet. Wenn ihn die Natur zu einem andern Stande bestimmt hätte, wäre er immer ein großer Mann geworden. Ein systematischer Kopf, umfassender Geist, Reife in Beurtheilung, Zweckmäßigkeit in Wahl der Mittel, Beharrlichkeit in Ausführung der Entwürfe, unübertreffbarer Heldenmuth, Kühnheit in Unternehmungen, Größe im Glück und Unglück, Großmuth, Selbstverleugnung, Geduld bey Widerwärtigkeiten, zeichnete ihn vor allen aus. Er war Selbstherrscher, Weltweiser, Financier im wahren Verstande, Staatsmann, Künstler, Menschenkenner, begabt mit Regenten- und Privat-Tugenden, unerschöpflich in Hülfsmitteln, liebte sein Volk, welches er beherrschte, hatte ein ununterbrochenes Bestreben es glücklich zu machen, Ruhm war sein Ziel, er suchte ihn aber nicht in Eroberungen. Er war der

Größte

Größte von allen gleichzeitigen Regenten und allen Beherrschern der Vorwelt. In der Regierungskunst hatte dieser große König keinen seines Gleichen. Sein Wort war electrisch, wenn er in Potsdam befahl, so wurden seine Befehle nach drey Tagen an dem äußersten Ende seines Reichs ausgeführt, es fand kein Widerspruch statt, die ganze Maschine mußte in Bewegung gesetzt werden, niemand zweifelte an dem glücklichen Ausgang, weil jedermann Vertrauen zu dem Beherrscher hatte. Bey so vielen in einem Regenten concentrirten Vorzügen mußte er sein Reich und sein Volk glücklich machen. Günstige Umstände, welche ohne sein Zuthun eintrafen, Glück und Vorarbeitung seiner Vorfahren, kamen ihm zwar hin und wieder bey Ausführung der Entwürfe zu Hülfe; er hatte aber auch mit vielen Widerwärtigkeiten zu kämpfen, denn er war der Gegenstand des Hasses aller Europäischen Höfe. Dieser und der Neid verband die geschworensten Feinde zu seinem Untergang, allein er verstand zu opfern und zu gewinnen, zu siegen und zu erhalten; ein jeder anderer würde die Gelegenheiten nicht genutzt und die Gefahr nicht ausgedauert haben. Bey der Verbindung von hundert Millionen Menschen gegen fünf Millionen, bey dem augenscheinlichen Uebergewicht der vereinigten Kräfte seiner Feinde, blieb sein Muth unerschütterlich. Er hatte so viel Vertrauen auf seine eigene Kräfte, daß er sich um Allianzen nicht ängstlich bemühete. Er vereitelte nicht allein die vorhabende Zergliederung seiner Staaten und den entworfenen Theilungsplan, sondern erhielt alles, was er hatte, ohne ein Dorf zu verlieren, ungeachtet seine Länder auf zweyhundert Meilen zerstreut auseinander und mit andern Provinzen vermengt lagen, mithin schwer zu vertheidigen waren. Er errung nicht allein Ruhm, sondern erhob sein Reich, welches vorhin für unbedeutend gehalten wurde, zur ersten Größe des politischen Verhältnisses in

Euro-

Europa. Er wurde gefürchtet und bewundert von Freunden und von Feinden, wurde Schiedsrichter zwischen mächtigen Völkern, nahm sich der Hülflosen und Unterdrückten an, verschaffte ihnen Recht ohne Vergeltung und ohne Vergrößerungsbegierde. Ohne Schlesiens Eroberung würde Preußen nie eine bedeutende Rolle in Europa gespielt haben. Diese wurde durch Zeitumstände erleichtert, die Erhaltung aber war schwer. Beynahe ganz Europa verband sich miteinander, ihm diese Provinz zu entreißen, von dem Erfolg hing alles ab, es entstand darüber der fürchterlichste Krieg, welchen die Menschheit erlebt hat. Ohne die planmäßige Vorsicht, Heldenmuth und Beharrlichkeit Friedrichs des Einzigen, und das endlich eintretende lange erwartete Glück war alles verlohren. Es war Unglück genug, daß der Held sieben Jahre gegen verbundene Feinde kämpfen mußte, und das Interesse sie nicht trennte. Selten hat eine Verbindung so vieler Völker ähnliche Dauer, zumal wenn kein Nationalinteresse, wie hier der Fall war, zum Grunde liegt. Frankreich hatte seit Jahrhunderten alle seine Kräfte aufgeboten, um Oestreichs Macht zu brechen, und es war ihm noch immer gefährlich; falsche Politik verband es mit seinen Feinden, um einen Fürsten zu Grunde zu richten, der Oestreichs Herrschaft Schranken setzen konnte. Rußland scheint mit Oestreich um die Alleinherrschaft zu wetteifern, persönlicher Haß verband es mit diesem Coloß zum Untergang einer subalternen Macht, die ihm nie gefährlich werden konnte. Schweden wollte im Trüben fischen, und hatte doch genug mit sich selbst zu thun. Die deutschen Fürsten schmiedeten Ketten, womit sie sich fesseln lassen wollten. Die Geschichte liefert kein Beyspiel von widersinnigern Allianzen, als diejenigen waren, welche den siebenjährigen Krieg zum Ausbruch brachten. Er kostete dem preußischen Staate viel

Siebenjähriger Krieg.

Menschen und Geld, dieser litt aber verhältnißmäßig nicht so viel dadurch, als die länder seiner Feinde. Diese wurden zum Theil verwüstet, entvölkert und mit Landesschulden beschweret, unter deren Last sie größtentheils noch seufzen, statt dessen die preußischen Provinzen zwar auch verheert wurden, indessen schuldenfrey blieben.

Der Abgang an Menschen wurde bald durch Fremde und durch Begünstigung der Bevölkerung ersetzet, und der ungeheure Kostenaufwand wurde durch weise Finanz-Einrichtungen, welche den Staatsbürgern zwar neu vorkamen, indessen aber doch nicht in Bedrückungen ausarteten, ersetzet; der Landmann wurde unterstützet, Handel, Wandel und Gewerbe befördert; in allen Provinzen sahe man Thätigkeit; die Wohlthaten des Regenten verbreiteten sich überall, und in wenigen Jahren waren die Spuren eines verderblichen Krieges getilget. Dis nicht allein, auch die Natur wurde gezwungen, herzugeben was zur Unterhaltung der Menschen dienen konnte. Flüsse und Seen wurden beenget, Brücher, welche Jahrtausende ungenutzt gelegen und den Menschen schädlich gewesen, wurden abgetrocknet, Familien darauf angesetzt, die Volksmenge vermehrt und der Wohlstand befördert. Merkwürdig bleibt es, wie dieser weise Monarch einen siebenjährigen Krieg aus eigenen Kräften aushalten können, ohne neue Auflagen zu machen und ohne Staatsschulden zu contrahiren, da doch die feindlichen Mächte sich völlig erschöpften, ihre Unterthanen mit neuen kaum zu erzwingenden Auflagen drückten und ungeheure Staatsschulden machten, welche ihnen endlich den Frieden abnöthigten. Friedrich war unerschöpflich in Hülfsquellen, er entdeckte immer neue, und hätte es mit seinen Feinden noch länger ausgehalten, wenn er

Friede nach dem siebenjährigen Kriege.

Der Netzdistrict.   B   sein

sein Volk weniger geliebt und einen treuern Bundesgenossen gehabt hätte. Unerklärbar ist es, wie dieser weise Regent nach hergestelltem Frieden über zwanzig Jahre lang jährlich seine Unterthanen mit drey bis vier Millionen unterstützen, solche große Summen wegschenken und doch dabey eine ganz unverhältnißmäßige Kriegesmacht zum Schrecken seiner Feinde und zur Sicherheit seiner Unterthanen halten, auch noch den größten Schatz an baarem Gelde sammlen können, welcher jetzt bey den zunehmenden Staatsbedürfnissen in irgend einem Reiche vorhanden, ohne seine Unterthanen auszusaugen, sondern vielmehr ihren Wohlstand zu befördern. Der preußische Staat ist zwar an sich nicht reich, aber er ist auch nicht arm, und hat das Vorzügliche vor reichen Staaten, daß das Vermögen verhältnißmäßig vertheilt ist; denn man trifft bey der geringern Classe der Unterthanen nicht eine solche auffallende Armuth an, als in reichen Ländern. Es herrscht im Preußischen viel Betriebsamkeit, und wer nur arbeiten will, hat sein Auskommen; die öffentlichen Abgaben sind nicht geringe, aber auch nicht drückend, und der Luxus, die Hauptstadt ausgenommen, hat hier noch nicht die Fortschritte gemacht als in andern Ländern. Selbst in der Hauptstadt herrscht noch hin und wieder viel Kärglichkeit, wenn man sie mit andern großen Städten vergleicht, ungeachtet in Berlin viel Geld in Umlauf ist. Der verstorbene König selbst war ein Beyspiel der Frugalität, er machte keinen Aufwand aus Prachtliebe, sondern bloß um Nahrung zu verbreiten, wozu das viele Bauen und die große stehende Armee viel beytrug. Sein Hof war nicht glänzend, und manchem Fürsten kostet seine Hofhaltung mehr als diesem großen Monarchen. Er ersparte bey der Hofstaats-Casse viele Millionen, so er auf seinen Thronfolger vererbte. Sein Hauptaugenmerk war darauf gerichtet, seinen Provinzen, welche die

Na-

Natur größtentheils stiefmütterlich behandelt hat, durch Kunst zu Hülfe zu kommen und sie blühend zu machen. Zu diesem Ende wurde der Ackerbau befördert, die schädlichen Gemeinheiten aufgehoben, alle Erzeugnisse des Landes zur möglichsten Vollkommenheit gebracht, Fabriken und Manufacturen angelegt, und fremde Waaren, sobald sie das Land selbst liefern konnte, verboten, damit das Geld im Lande bleibe. Dis gelang auch, es wurden die meisten ausländischen Fabrik- und Manufactur-Waaren entbehrlich, wenn sie gleich die Güte der ausländischen nicht sofort erreichten. Der König ließ sich alle Jahr einigemal von den einländischen Fabriken Proben vorlegen, und wenn er was neues fand, ermunterte er den Unternehmer durch ansehnliche Geschenke und Geldvorschüsse. Dis war ein Sporn zur Nacheiferung, und bald reichten die Fabricate nicht bloß zu eigner Bedürfniß des Staats zu, sondern es wurden auch Messen bezogen, und die preußischen Fabricate verdrängten hin und wieder die ausländischen. Was ein Privatmann oder mehrere zusammen wegen Unzulänglichkeit des Fonds nicht unternehmen konnten, wurde auf königliche Rechnung angelegt, und wenn auch Schaden dabey herauskam, so wurden doch dadurch viel Künstler ins Land gezogen und in Thätigkeit gesetzt. Zum Beyspiel dient die große Porcellanfabrik in Berlin, welche einige hundert Künstler und Menschen beschäfftiget, deren Anlage und Unterhaltung aber die Kräfte eines Privatmannes übersteigt, da der Aufwand und der Bestand in Millionen gehet, und es an hinlänglichem Absatz fehlt. Der Vorrath ist ungeheuer groß, es wird aber noch immer fort gearbeitet, damit die Künstler nicht außer Brodt kommen.

Zum ausgebreiteten Handel liegen die preußischen Staaten nicht sehr bequem; denn *Preußischer Handel.*

wenn

wenn gleich Ostpreußen und Pommern an der Ostsee, und Ostfriesland an der Nordsee liegt, so stehen doch diese Provinzen, welche von einander abgeschnitten sind, in keiner Verbindung, und ihr Exporten-Handel schränket sich auf wenige Handelsartikel ein. Die Oder wird zwar ganz von Schlesien und Pommern commandiret, die Elbe fließet durch einige preußische Provinzen, und die Spree und Havel, wovon letztere in die Elbe fällt, bringen die Churmark mit andern ausländischen Provinzen in Verbindung, auch ist die Oder mit der Spree durch einen Canal verbunden, so daß man von Hamburg aus der Nordsee durch den größten Theil der Churmärkischen Provinzen bis an das äußerste Ende von Schlesien, so wie durch Pommern nach der Ostsee zu Wasser fahren kann, da alle diese Flüsse schiffbar sind. Allein der Handel, welcher sich dadurch verbreitet, erstreckt sich größtentheils nur auf das Innere der preußischen Länder, und die Seestädte sind im Besitz des Kaufhandels; nur bloß Stettin eignet sich seiner Lage nach den Haupthandel auf der Ostsee zu. Der wichtigste Artikel der aus Schlesien ausgehenden Waaren bestehet in Leinwand und leinenen Fabricaten allerley Art. Die Ausländer handeln nach andern Provinzen oder unmittelbar nach Hamburg. Jener Handel könnte wichtig werden, weil er in Millionen gehet, wenn er unmittelbar nach den Ländern getrieben würde, wo diese Waaren gesucht werden, z. B. nach Rußland, Schweden, Spanien und nach den americanischen Inseln. Allein soll dis mit Vortheil geschehen, so muß es ein Tauschhandel seyn, welchen die preußischen Kaufleute nicht führen können, da es ihnen an mehrern Handelsartikeln fehlet, und sie die zurücknehmenden Waaren in andere Länder nicht zu vertreiben wissen, es ihnen auch dazu an hinreichenden Fonds fehlet. England und Holland sind die größten Stapelplätze in der ganzen Welt, hier werden

alle

alle Naturproducte und Waaren in ungeheurer Menge aufgehäufet, aus allen Ländern zusammengebracht und dann wieder in andere Länder vertrieben. Ein Handelshaus in diesen beiden Ländern versendet nicht bloß einerley Waaren, sondern wol zwanzigerley, und nimmt wieder andere Waaren an Zahlungsstatt an, weil es weiß, wo es sie wieder hinführen kann. Dadurch macht sich der Kaufmann gleich bezahlt, und hat doppelten Vortheil. Er versendet wollene, baumwollene, seidene und leinene Fabricate, Eisen, Kupfer, Messing und Holz verarbeitet, und nimmt Wolle, Seide, Leder, Hanf, Reiß, Indigo und andere Farben, Zucker, Caffee, Thee, Taback u. s. w. an Zahlungsstatt an, alles kann er brauchen und wieder absetzen. Alle rohe Materialien werden in diesen Ländern verarbeitet, es fehlt dem Negotianten nie an Ladung, und er ist nie in Gefahr, daß ihm seine Waaren, so er zurückbringt, liegen bleiben; findet er in dem einen Handelsorte keinen Absatz, so versendet er sie an einen andern. Der preußische Negotiant kann nur mit einigen Waaren Handel treiben, es gehet nicht ins Große, und er weiß die Waaren, so er an Zahlungsstatt annehmen muß, in Menge nicht wieder abzusetzen. Handelt er gegen baar Geld, so muß er lange Zeit Credit geben, läuft Gefahr alles zu verlieren, und kann mit andern im Großen handelnden Nationen nicht Preiß halten. Dis Hinderniß ist schwerlich zu heben, und wird der preußische Handel daher, so wie der Handel vieler andern Völker, mittelbar bleiben. Es ist auch nicht einmal zu rathen, daß ein Reich, wie Preußen, sich in einen großen Handelsverkehr einlasse, denn dis ziehet Schifffahrt nach sich, und die muß geschützet werden, welches einen großen Kostenaufwand erfordert, welchen ein solcher eingeschränkter Handel nicht abwerfen würde. Die Macht des Reichs würde sich dadurch theilen, und der Staat würde bey weitem nicht so mächtig bleiben,

als

als er wie Landmacht ist. Auf die westphälischen Provinzen, welche an großen schiffbaren Flüssen zum Handel sehr bequem liegen, ist wenig zu rechnen, weil sie durch andere Provinzen von einander getrennt werden. Wäre es möglich, diese Provinzen gegen das Herzogthum Mecklenburg zu vertauschen, so würde der preußische Handel wenigstens auf der Ostsee dadurch sehr gewinnen; viel weiter würde er aber doch mit Nutzen nicht ausgedehnt werden können. Allein hieran ist wegen der Eifersucht der benachbarten Mächte und wegen des Widerspruchs der herzoglichen Familie und der Stände nicht zu gedenken, so lange nicht andere günstige Umstände die Tauschgeschäfft erleichtern. Ueberhaupt aber ist der Tausch der Provinzen mit unabsehbaren Schwierigkeiten verknüpft, und fängt man erst damit an, so folgen mehrere, welchen man nachgeben muß, wodurch das ganze Reichssystem verändert wird, und es problematisch bleibt, welcher Staat am meisten dabey gewinne.

Westpreußens Erwerbung. Die Preußischen Staaten haben, wie schon mehrmalen angemerkt worden, die nachtheilige Eigenheit, daß sie zerstreut auseinander liegen, nicht concatenirt und nicht arrondirt sind. Vorzüglich wurde sonst Ostpreußen, oder das Königreich Preußen, von der Mark und Pommern durch die dazwischen liegende Palatinate, das Marienburgsche Gebiet, Pommerellen, das Culmsche und das Bisthum Ermeland getrennet, so daß man aus der Mark und Pommern nicht nach Preußen kommen konnte, ohne diese polnische Provinzen zu passiren. Auf Pommerellen hatte das Königlich Preußische Haus zwar gerechte Ansprüche, die Zeit aber war noch nicht gekommen, um sie geltend zu machen. Daß der Vortheil, welcher dem Staate durch die Einverleibung dieser Provinzen nothwendig zuwachsen mußte, Staatsmännern schon lange einleuchtend

tend gewesen, ist wol nicht zu verkennen, desto schwerer aber würde die Ausführung gewesen seyn, da Polen seit Jahrhunderten im Besitz derselben befangen war. Schlesien hatte schon den Neid und die Misgunst der benachbarten Mächte aufs höchste gespannt, und es würde gefährlich gewesen seyn, mit neuen Ansprüchen, so gerecht sie auch waren, hervorzutreten. Allein wider alle Erwartung bot sich dazu eine günstige Gelegenheit dar, welche wenig Beyspiele in der Geschichte hat, weil ansehnliche Provinzen von einem großen ehedem mächtigen Reiche ohne Blutvergießen getrennt wurden, und Preußen einen Zweck erreichte, welchen es sich nicht einmal hätte merken lassen dürfen, ohne ganz Europa gegen sich aufzubringen. Die Veranlassung hiezu war folgende.

Seitdem Pohlen ein Wahlreich geworden, hat die Macht der Magnaten zu-, und die königliche verhältnißmäßig abgenommen, wie bis auch der Fall in Deutschland gewesen. Der Fiscus ging hieben ganz zu Grunde, es entstand eine aristocratische Regierungsform, es bildeten sich Factionen unter den Großen, ein Jeder suchte sich auf Kosten des Staats und des Regenten zu vergrößern, und bey jeder Königswahl war Pohlen ein Tummelplatz der Mitwerber zur Krone. Der eine hatte diese, der andere jene Anhänger; der eine wurde durch diese, der andere durch jene auswärtige Macht unterstützt; Gewalt entschied die Wahl. Dis ist der Fall bey allen Wahlreichen, vorzüglich jetzt, da ganz Europa beynahe eine große Republik ausmacht, und das eine Reich sich in die innern Unruhen des andern mischet, die Constitution aufrecht erhält, oder vernichtet und eine andere an dessen Stelle setzet. Der Zweck ist wol kein anderer, als das zerrüttete Reich noch mehr zu schwächen, einzelne Große sich verbindlich zu machen, und sich Einfluß auf die Anwendung seiner Kräfte zu ver-

verschaffen. Der Schutz schwächerer Religionsverwandten, welcher von der unterdrückten Secte nachgesucht wird, und welchen man auch unter der Hand anzubieten nicht unterläßt, giebt Gelegenheit sich in die Unruhen zu mischen, und bey zwiespältigen Wahlen wird die Partey unterstützt, welche der schwächern Religion am günstigsten ist. Man bietet sogar Garantie der Constitution oder bewilligter Vorrechte an, um bey jeder Gelegenheit ein Wort mitreden zu können. Im Grunde ist dis gut, wenn die Rechte der Menschheit aufrecht erhalten werden, und ein jeder gegen Unterdrückung geschützt wird; allein so edel und rein sind nicht immer die Absichten, es werden oft Religionsunruhen angefacht und genähret, um die Hände mit im Spiel zu haben, sich eine Partey zu machen, und Gesetze vorschreiben zu können. Man kommt nun beynahe auf den rechten Fleck, daß Religion in Staatssachen nicht mehr in Betracht gezogen werden darf, da sonst die Religion hauptsächlich entschied, wenigstens zum Deckmantel gebraucht wurde. Es ist nichts Widersinnigeres, als wenn man bey Ueberlegung, was dem Wohl des Staats angemessen sey, in Betracht ziehet, was dieser oder jener in Religionssachen glaubt. Man kann ein vortrefflicher Staatsbürger seyn, ohne die innere Ueberzeugung von dem zu haben, was der andere glaubt. Der äußere Gottesdienst kann hierin auch keine Aenderung machen, denn der eine kann aus der Kirche, der andere aus der Synagoge, und der dritte aus der Moschee kommen, und alle drey stehen in Verbindung und haben einerley Interesse das Wohl des Staats zu befördern. Mit Fleiß und aus unedlen Absichten oder aus Fanatismus hat man aber den Religionshaß bisher zu erhalten gesucht; und wenn gleich die Religion ein Geschenk des Himmels ist, welche viel Gutes unter den Menschen bewirken könnte, so ist sie doch seit Jahrhunderten und Jahrtausenden

senden die Geißel des menschlichen Geschlechts gewesen, hat Bruder gegen Bruder bewaffnet, Völker zerfleischet, Reiche umgestürzet und das größte Elend auf dem Erdboden verbreitet. Ein einziges Wort, dessen Sinn weder der eine noch der andere verstand, gab Gelegenheit zu den abscheulichsten Verfolgungen. Der Verfolgungsgeist war eine Seuche, welche sich durch die ganze Welt verbreitete, ungeachtet nicht Verfolgung, sondern Duldung im Geist des Christenthums liegt. Es gingen allenthalben die falsch verstandenen Worte in Erfüllung: Ich predige nicht den Frieden, sondern das Schwerdt. Dem Anschein nach ist die Verfolgung um der Religion willen aus dem Judenthum in das Christenthum übergegangen, wozu Moses den Grund gelegt hat, denn die Heiden hasseten sich nicht, wenn sie gleich andere Götter anbeteten, die Juden aber waren allgemein verhaßt, weil sie sich besser dünkten als andere Menschen, und den Verfolgungsgeist nährten. Es ist unbegreiflich, wie die europäischen Nationen, welche von Freyheitssinn so belebt waren, Sclaven in der Religion haben werden können. In Deutschland stritt man Jahrhunderte um die edle Freyheit, und unterwarf sich doch dem Religionszwang beynahe ohne Murren, wurde Religionsritter und bekehrte andere Völker mit Waffen in der Hand. Wie aber verschiedene Religionsmeynungen entstanden, wachte der Freyheitssinn wieder auf, und nun ging es an ein Balgen, daß man schaudert, wenn man daran denkt. Die Deutschen haben ihre bürgerliche Freyheit der Religion zu danken, denn ohne diese wäre wahrscheinlich der Kaiser unumschränkter Herr geworden. Das Schicksal, welches andere Völker hatten, traf auch die Polen; so wie dis Reich aber in allen Stücken um hundert Jahre zurück ist, so kam auch die Reihe später an dasselbe, wie schon andere Völker zum Theil über das Vorurtheil lachten. Die benachbarten Mächte, welche

sich

sich zu einer andern als der in Pohlen herrschenden Religionssecte bekannten, unterstützten aus Staatsabsichten die schwächere Secte, so sich Dissidenten nannten, drangen mit großen Kriegesheeren in das zerrüttete Reich, setzten Könige ein und wieder ab, schonten weder Freund noch Feind, verheerten das Land, und nöthigten der polnischen Nation Tractaten ab, wodurch den Dissidenten die Religionsfreyheit zugesichert wurde. Es bestanden zwischen der Nation schon vorher ältere Religionsverträge, die schwächere Parten war aber unterdrückt worden, und wurde nach der damals herrschenden Gewohnheit verfolgt. Schweden hatte Deutschland um der Religion willen zwanzig Jahre lang verwüstet, und war so glücklich gewesen, diesem großen Reiche durch einen merkwürdigen Friedensschluß Religions- und politische Freyheit zu erkämpfen. Die Schweden waren bewaffnete Apostel, und schien es, als wenn der Geist Petri in ihnen herrschte; sie gaben nebst den Franzosen dem deutschen Reiche die nachfolgende religiöse und politische Existenz; sie wurden Schiedsrichter einer mächtigen Nation, die sich über ein paar zweydeutige Worte aus der Schrift entzweyet hatte. Aufgeblasen von dem glücklichen Erfolg, drang Schweden auch in Pohlen ein, und gab ihm einen König; nach der großen Niederlage bey Pultawa aber verlohr es allen Einfluß in die polnische Verfassung, und Rußland trat an seine Stelle. Dis gab der Nation in neuern Zeiten, wie man sagt, einen weisen König, aber keine andere Constitution, es fehlten ihm die Kräfte sein Volk glücklich zu regieren; die Gährungen dauerten fort; die Religion, diese reiche Quelle von Uneinigkeit, wenn sie unrecht verstanden wird, kam wieder mit ins Spiel, es entstanden Conföderationen, Unruhen, Verheerungen und die abscheulichsten Grausamkeiten. Pohlen glich einer großen Brandstätte, zu welcher die Nachbaren herbeyeilen

um

um zu löschen. Rußland ließ seine Kriegesheere einrücken, um großmüthig Nationalverträge aufrecht zu erhalten, die Dissidenten gegen Gewaltthätigkeiten zu schützen, den König des Throns zu versichern und Frieden zu stiften. Oestreich und Preußen besetzten die Gränzen, um ihre Staaten zu decken, und rückten aus Vorsicht auch in Pohlen ein, drangen weiter vor und zogen Cordons, wodurch die Ruhestörenden Conföderationen in die Enge getrieben wurden. Rußland dominirte überall und schrieb Gesetze vor. Um sich Luft und den Russen eine Diversion zu machen, rief die Baarer Conföderation die Türken zu Hülfe, damit es recht bunt hergehen sollte. Diese kündigten Rußland den Krieg an, und erschienen mit einer fürchterlichen Armee an der Gränze. Nun sah Rußland ein, daß es mit den andern beiden Mächten in nähere Verbindung treten müsse, um sein Uebergewicht in Pohlen zu erhalten und auch den Türken nachdrücklichen Widerstand leisten zu können. Um Oestreich in Rußlands Interesse zu ziehen, wurde vorgeschlagen, alte Ansprüche, welche beide Reiche an Pohlen zu haben glaubten, bey dieser Gelegenheit geltend zu machen. Nichts konnte Oestreich und dessen damaligem Beherrscher willkommner seyn, als dieser Vorschlag, es dachte sich hier für Schlesien zu entschädigen, welches es noch nicht vergessen konnte, trat mit Rußland in genaue Verbindung, und beide Reiche versprachen sich wechselseitige Unterstützung, wenn sie in dieser Eroberung von Pohlen, den Türken und andern Mächten gehindert werden möchten. Dem wachsamen Friedrich entging dis Vorhaben nicht, er ließ in Petersburg deshalb Eröffnung thun, man stutzte, wollte das Project, welches beynahe zur Reife gekommen war, nicht fahren lassen, und äußerte sich daher dahin, daß, wenn der König auch Ansprüche an Pohlen zu haben glaube, es den beiden Kaiserhöfen nicht zuwider sey, wenn er sie

auch)

auch) bey dieser Gelegenheit geltend machen wolle. War der Antrag dem Kaiserlich-Königlichen Hofe angenehm gewesen, so war er dem Königlich Preußischen Hofe gewiß willkommen; denn es war vorauszusehen, daß sich keine andere Macht, als etwa das türkische Reich, hierin mischen konnte, welches wegen seiner Entlegenheit, Uneinigkeit und bekannten Ohnmacht bald zum Schweigen gebracht werden konnte. Man trat daher unverzüglich mit Wien und Petersburg in Unterhandlung, communicirte sich die Ansprüche, und die drey Höfe schlossen ein Bündniß mit einander, nach welchem sie ihre Ansprüche an die Krone und Republik Pohlen auf einmal geltend machen und sich unter gewissen Modalitäten beystehen wollten, wenn sich die Türken dieser Theilung widersetzen möchten. Andere Höfe, besonders der französische, wurden hievon nicht eher etwas gewahr, bis die Provinzen, welche man von Pohlen abreißen wollte, in Besitz genommen waren, die Truppen noch tiefer in Pohlen eingerückt, und der Wille dieser drey verbundenen Mächte dem König und der Republik Pohlen in Warschau officiel eröffnet worden. Ganz Europa staunte, konnte es aber nicht mehr hintertreiben; der König und einige Große in Pohlen mögen es wol schon geahndet und vorausgesehen haben, es war aber nicht mehr zu hindern, denn mit der Pforte eine Allianz einzugehen, würde ohne Erfolg und noch gefährlicher gewesen seyn; Frankreich war erschöpft und hatte andere Aussichten, war auch zu entlegen, und eine andere Macht konnte dis Project nicht hintertreiben; es war daher gerathener, sich in die Zeit zu schicken und etwas aufzuopfern, als sich in Gefahr zu setzen, alles zu verlieren. Hätte sich Frankreich mit der Pforte, Schweden und England verbunden, und wären die Höfe es früher gewahr geworden, so wäre es vielleicht bey einem unreifen Entwurf geblieben; allein die Eifersucht zwischen Frankreich

reich und England, und das wenige Interesse, welches
dis Reich dabey hatte, dessen Grundlage bloß der Handel ist, ließ eine veste Allianz dieser vier Höfe nicht fürch-
ten; es war schon im Buch der Schicksale verzeichnet,
daß es so gehen solle. Nie ist eine günstige Gelegenheit,
sich auf Kosten seines Nachbaren zu vergrößern und zu
verstärken, besser genutzet worden, als dismal; bey einer andern Gelegenheit wurde es versäumt, und sie
kommt schwerlich wieder. Indessen protestirte man
polnischer Seits gegen die Rechtmäßigkeit der Ansprüche, gegen die vorhabende Theilung, und gegen das
ganze Verfahren. Gewöhnlich haben dergleichen Pro-
testationen, wenn sie nicht mit hinreichender Macht unterstützt werden können, keinen Erfolg, und das war
auch hier der Fall. Die verbundenen Höfe drangen
mit Nachdruck auf die Abtretungen, unterstützten ihre
Ansprüche durch große Kriegesheere, das wirksamste Mittel, zwischen Völkern das Recht geltend zu machen; er-
ließen öffentliche Patente, wodurch sie der polnischen Nation ihre Ansprüche, und welche Provinzen sie verlang-
ten, bekannt machten, besetzten selbige mit Truppen, und
drangen auf Zusammenberufung eines außerordentlichen
Reichstags, auf welchem die Ansprüche untersucht, die
feyerlichen Abtretungstractate geschlossen und vollzogen
werden sollten. Der Reichstag wurde ausgeschrieben,
den Ständen die Nothwendigkeit der zu machenden Aufopferungen nach den von den drey verbundenen Höfen
übergebenen und öffentlich bekanntgemachten Deductio-
nen, welche die polnische Nation zu widerlegen nicht ver-
mochte, oder nicht Muth genug hatte, vorgestellet, und
es erfolgte die Einwilligung in die Abtretung der in Anspruch genommenen Provinzen von Seiten des Königs
und der ganzen Republik Polen. Auf den Widerspruch
einzelner Magnaten, welche dem Reichstag nicht beyge-
wohnet hatten, wurde nicht reflectiret, es kam alles
ohne

ohne Schwerdtstreich zu Stande, der Adlerkampf hatte ein Ende; Rußland erhielt einen großen Theil von Litthauen, Oestreich bekam Galizien und Ludomirien mit den reichen Salzgruben, und Preußen das sogenannte polnische Preußen mit dem District an der Netze, welches ein Theil von groß Polen war. Einem jeden der drey verbundenen Reiche waren diese Provinzen sehr gelegen, Preußen erhielt aber in Ansehung des Flächeninhalts sowol, als der Ergiebigkeit des Bodens, der Volksmenge und der öffentlichen Einkünfte den unbeträchtlichsten Theil, wurde aber durch die überaus vortheilhafte Lage und durch die dadurch bewirkte Verbindung des Königreichs Preußen mit der Mark und Pommern entschädiget. Der König wollte anfänglich als oberster Herzog von Schlesien die zunächst an diesem Herzogthum liegenden polnischen Provinzen von Cracau herunter nehmen, und es ist nicht zu leugnen, daß selbige weit fruchtbarer, mehr angebauet und volkreicher sind, als polnisch Preußen; es würde auch nicht schwerer gewesen seyn, die Ansprüche darauf rechtlich auszuführen. Allein der größte Staatsmann dieses Jahrhunderts widerrieth es dem König, und schlug vor, lieber polnisch Preußen zu nehmen, weil dadurch das Königreich Preußen mit der Mark und Pommern verbunden, der Staat arrondiret, und der König Meister des Weichselstroms werde, keine fremde Macht im Rücken behalte, und ihm die Ostsee nur Gränzen setze. In dieser und einer andern Hinsicht war es auch gerathener, lieber diese als jene Acquisition zu machen. Der einzige Fehler war dieser, daß Danzig davon ausgenommen wurde; denn wenn solches gleich an sich unbedeutend ist, so bleibt es doch ein Zankapfel, es wird ein hoher Werth darauf gesetzt, und es giebt Gelegenheit die Höfe zu entzweyen. Wenigstens hätte man die Verbindung dieser kleinen Republik mit Polen aufheben, und ihm seine Gerechtsame als einer freyen Handelsbelsstadt garantiren sollen. Allein man glaubte damals, daß es in kurzem von selbst fallen werde, und hütete sich nicht für die Eifersucht der andern, besonders der handelnden Mächte. Im Grunde wäre Danzig besser daran, wenn es unter preußischer Hoheit stünde, es würde seinen Flor behalten haben, und wenn man mit Nachdruck darauf bestanden hätte, würden die beiden Kaiserhöfe wol nachgegeben haben. Polen wurde nicht gefragt; allein man wollte nicht gern zu Uneinigkeiten Gelegenheit geben, und sich dem Tribunal der beiden Kaiserhöfe unterwerfen, welchen man nicht ganz trauen konnte.

Wenn man die Acquisition dieser Provinzen aus dem Gesichtspunct betrachtet, daß die beiden Kaiserhöfe sich auch, und verhältnißmäßig noch mehr vergrößert haben als Preußen; so ist der Zuwachs an Macht für diesen Staat nicht bedeutend, denn man muß die Stärke eines Reichs nicht nach dem Umfang, Volksmenge und Einkünften, sondern nach dem Verhältniß mit andern benachbarten Reichen abmessen, und in dieser Hinsicht hat Preußen nichts gewonnen, wenn gleich die Provinzen an sich beträchtlich sind. Hätten sich die beiden Kaiserhöfe auf Kosten der Pforte vergrößert, so wäre jener Zuwachs für Preußen viel wichtiger; jetzt nähern sich aber die drey Höfe einem Mittelpunct, welches dem schwächsten Reich am nachtheiligsten ist. Indessen bleibt Polen doch noch immer eine Barriere zwischen dreyen großen Reichen, und die Politik erlaubt nicht, es zu einer entscheidenden Macht anwachsen zu lassen, weil es noch immer groß genug ist, um in Verbindung mit einer oder zweyen dieser Mächte der dritten gefährlich zu werden.

Ansprüche Schlesiens auf einige polnische Herzogthümer.

Die Ansprüche, welche der König von Preußen, als oberster Herzog von Schlesien, auf einen Theil von Groß- und Kleinpolen hat, sind eben so gegründet, als diejenigen, welche er als Herzog von Pommern auf Pommerellen und den Cronschen Kreis, zur Entschädigung aber auf den Netzdistrict, das Culmsche und Marienburgsche Gebiet und das Bisthum Ermeland hat geltend gemacht. Schlesien war in ganz alten Zeiten eine Slavische Provinz, gehörte aber im zwölften Jahrhundert zu Polen, und weiter wollen wir nicht zurückgehen. Die Söhne des Herzogs von Polen, Boleslaus Criweusius, führten wegen der väterlichen Verlassenschaft viel Kriege, und vertrieben endlich ihren Bruder Wladislaus. Dieser wandte sich an den Kaiser Conrad den dritten und Friedrich den ersten, welcher letztere die Herzoge von Polen zwang, daß sie ihrem Bruder Wladislaus das Herzogthum Schlesien abtreten mußten, und seitdem ist es nie wieder mit Polen vereiniget worden. Wladislaus stiftete eine besondere herzogliche Linie, und vererbte Schlesien auf seine drey Söhne Boleslaus, Miezelaus und Conrad, und diese theilten es unter sich. Von diesen dreyen Herzogen sind alle Schlesische Herzoge entsprossen. Anfänglich standen sie mit Polen in Verbindung, in der Folge aber entstand eine Lehnsverbindlichkeit zwischen Schlesien und Böhmen, welche bis zur Abtretung Schlesiens an das Churbrandenburgsche Haus fortgedauert hat. Da nun dies Haus in alle Rechte der schlesischen Herzoge getreten, und solche durch Erbfolge an selbiges devolviret worden, so stehet ihm frey, alle Provinzen, welche ehedem dazu gehört haben, und davon abgerissen wurden, zu reclamiren. Dahin gehört der Fraustädtsche District, welchen Casimir der Große im Jahr 1343 den schlesischen Herzogen mit Gewalt wegnahm, und ihn Großpolen einverleibte. Ferner

ner das Herzogthum Severien, welches Sbigneus, Bischof von Krakau, kaufte, und im Jahr 1446 von den Herzogen von Ratibor und Teschen ihm abgetreten werden mußte. Auch eroberte im Jahr 1454 Casimir der Vierte, aus dem Jagellonischen Geschlecht, König von Polen, das Herzogthum Oswieczim von dem Schlesischen Herzog Johann, und dieser mußte es für 50,000 Mark Prager Groschen abtreten. Endlich kaufte auch Johann Albert, König von Polen, im Jahr 1494 von dem Schlesischen Herzog Janustio das Herzogthum Zator für 50,000 Ungarische Goldgulden, und gab es ihm zeitlebens zu Lehn, zog es aber ein, wie dieser Herzog im Jahr 1513 ohne Kinder verstarb. Alle diese Provinzen haben ursprünglich zu Schlesien gehört, und standen mit Böhmen in Lehnsverbindlichkeit, konnten daher ohne Zustimmung der Agnaten und ohne oberlehnsherrliche Einwilligung gültiger Weise nicht veräußert werden. Da nun Schlesien mit aller Superänität an Churbrandenburg abgetreten worden, wäre dieses auch alle diese Avulsa zu reclamiren befugt. Letztere beide Herzogthümer liegen aber in Galizien, so dem Kaiser abgetreten worden.

Die Besitznehmung Westpreußens geschahe im Sommer 1772, und wurden die öffentlichen Patente deshalb am 13ten September 1772 erlassen, der feyerliche Abtretungsvertrag aber ward zu Warschau den 18ten September 1773 vollzogen. Er ist in französischer Sprache abgefaßt, und lautet in der Uebersetzung wie folget.

Im Namen der heiligen Dreyeinigkeit.

Kund und zu wissen sey hiemit Jedermann, dem daran gelegen, daß, nachdem Se. Königliche Majestät von Preußen Sr. Königlichen Majestät und der Republik Polen durch einen zu Warschau im Monat September vorigen Jahrs übergebenen Aufsatz erklären lassen, wie Sie berechtigt zu seyn glaubte

Abtretungsvertrag wegen Westpreußen.

Der Netzdistrict.

und entschlossen wäre, ihre Rechte und Ansprüche auf polnisch Pommern und auf andere Districte von Polen geltend zu machen, und dem zufolge, vermöge des mit Ihren Majestäten, der Kaiserin Königin von Ungarn und Böhmen und der Kaiserin von Rußland, welche sich in dem nemlichen Fall befinden, auch Ansprüche an das Königreich Polen zu haben, getroffenen Uebereinkommens, gedachte Se. Königl. Maj. von Preußen zu gleicher Zeit von polnisch Preußen und Pommern und dem Districte an der Netze Besitz nehmen zu lassen, wogegen auf der andern Seite Se. Königliche Majestät und die Republik Polen aufs kräftigste gegen die Besitznehmung der gedachten Provinzen protestiret, woraus denn zwischen den beiden Staaten Mißhelligkeiten und Streit entstanden, welche die Ruhe und wechselseitige Eintracht hätten stören und unterbrechen können. Um nun den nachtheiligen Folgen eines solchen Mißverständnisses vorzubeugen, sind beide Theile darin übereingekommen, daß Friedensunterhandlungen zu Warschau eröffnet, und auf einem außerordentlichen Reichstag, welcher zu dem Ende nach dem Wunsch der drey verbundenen Höfe angesetzet und zusammenberufen worden, zwischen den bevollmächtigten und von beiden Seiten ernannten Commissarien an einer schleunigen Ausgleichung dieser Streitigkeiten gearbeitet werden solle. Zu diesem Ende haben Se. Königl. Majestät von Preußen den Herrn Gideon von Benoit, ihren wirklichen Gesandtschaftsrath und bevollmächtigten Minister am polnischen Hofe, Canonicus beym Domcapitel zu Camin, mit besonderer Vollmacht versehen, und Se. Maj. der König und die Republik Polen haben zu dem nemlichen Ende authorisiret und besondere Vollmacht ertheilet: von Seiten des Senats: dem Anton von Ostrowski, Bischof von Cujavien und von Pommern rc.

Hier folgen die Namen der sämtlichen Bevollmächtigten, neunzig an der Zahl, und zwar aus dem Senat,

nat, der Woywoden, der Castellane vom ersten, und der Castellane vom zweyten Range, aus dem Ministerio und von dem Adel, und am Ende heißt es:

welche Commissarien und Bevollmächtigte, so hiezu aufs bündigste authorisiret worden, nachdem sie ihre Vollmachten ausgewechselt, und nachdem sie unter sich verschiedene Unterhandlungen gepflogen, endlich über folgende Artikel übereingekommen und sich verglichen haben.

Art. I.

Es soll von nun an, und zu ewigen Zeiten, ein unverbrüchlicher Friede, ein aufrichtiges Bündniß und eine vollkommene Freundschaft zwischen Sr. Majestät dem König von Preußen, ihren Erben, Nachfolgern und allen ihren Ländern von einer Seite, und Sr. Majestät dem König von Polen, Großherzog von Lithauen und ihren Nachfolgern sowol, als dem Königreich Polen und Großherzogthum Lithauen von der andern Seite, herrschen, dergestalt, daß in Zukunft die beiden hohen vergleichenden Theile weder selbst unmittelbar noch mittelbar die geringste Feindseligkeit eine gegen die andere vornehmen, noch zulassen solle, daß solche durch die Ihrigen geschehe, daß sie auch keine Schritte weder selbst thun, noch thun lassen sollen, welche diesem Vergleich zuwider seyn möchten, sondern daß sie selbigen vielmehr aufs heiligste in jedem Stück halten, beständig unter sich ein vollkommenes gutes Verständniß beobachten, und sich bemühen sollen, die Ehre, den Nutzen und die gemeinschaftliche Sicherheit zu erhalten, so wie allen Schaden und Nachtheil, welcher dem einen oder andern Theil zuwachsen könnte, abzuwenden.

Art. II.

Um allen Streit, welcher in Zukunft entstehen könnte, vorzubeugen, und um alle wechselseitige Ansprüche, von welcher Art sie auch seyn mögen, zu befriedigen, treten Se. Königl. Majestät von Polen sowol für sich als für ihre Nachfolger die Stände und Generalstaaten des Königreichs Polen und des Großherzogthums Lithauen durch gegenwärtigen Friedensschluß unwiderruflich und auf ewig ohne Rückfall und ohne Vorbehalt in irgend einem erdenklichen Fall hiemit ab, an Se. Majestät den König von Preußen, deren Erben und Nachfolgere beiderley Geschlechts, die Provinzen, Woywodschaften und Districte, welche gedachte Se. Königl. Majestät vermöge der öffentlichen Patente vom 13ten September des vorigen Jahrs als eine Entschädigung ihrer Ansprüche vorläufig in Besitz haben nehmen lassen, nemlich: ganz Pomerellen, die Stadt Danzig mit ihrem Gebiet ausgenommen, imgleichen den District von Großpolen disseits der Netze, welcher sich an diesen Fluß von der Grenze der Neumark bis an die Weichsel nicht weit von Fordon und Schulz entlangs herziehet, gestalten denn die Netze die Grenze der Staaten Sr. Königlichen Majestät von Preußen ausmachen, und dieser Fluß Ihr ganz allein zugehören soll; und wollen gedachte Se. Königl. Majestät ihre andern Ansprüche auf mehrere Districte von Polen, welche an der Schlesischen Grenze und an Preußen liegen, nicht geltend machen, welche sie sonst von Rechtswegen auch zurückfordern könnten, und stehen sie auch zu gleicher Zeit von ihren Ansprüchen auf die Stadt Danzig und ihr Gebiet ab, und wollen damit zufrieden seyn, daß von Sr. Majestät dem König und der Republik Polen ihnen zur Entschädigung das übrige von polnisch Preußen, nemlich die Woywodschaft Marienburg, die Stadt Elbing mit darin begriffen, mit dem Stift Ermeland, und die Woywodschaft Culm, ohne das geringste davon auszunehmen, als die Stadt Thorn, welche Stadt mit ihrem ganzen Gebiet zu Polen verbleiben soll, abgetreten werde. Se. Majestät der König von Polen und die

Stände

Stände des Königreichs Polen und des Großherzogthums Lithauen treten daher alle diese vorher benannte Länder Sr. Majestät dem König von Preußen, seinen Erben und Nachfolgern hiemit ab, mit dem ganzen Eigenthum, unumschränkter Gewalt und Unabhängigkeit, mit allen Städten, Vestungen, Dörfern, mit allen Hafen, Rheden und Flüssen, mit allen Vasallen, Unterthanen und Einwohnern, welche sie zugleich von der Erbhuldigung und dem Eid der Treue, so sie Sr. Majestät und der Krone Polen geleistet haben, entbinden, mit allen bürgerlichen und Staats- sowol als geistlichen Rechten, und überhaupt mit allem, was zur Landeshoheit dieser Provinzen gehört, und sie versprechen, niemals unter irgend einem Vorwand den geringsten Anspruch auf diese durch gegenwärtigen Tractat abgetretene Länder machen zu wollen. Man wird auch von beiden Seiten unverzüglich Commissarien ernennen, mit dem Auftrag, zum völligen Abschluß dieses Geschäffts, aufs genaueste die Grenzen der Provinzen, welche der allerdurchlauchtigste König und die Republik Polen Sr. Majestät dem König von Preußen abtritt, zu bestimmen und davon die genauesten Karten aufnehmen zu lassen.

Art. III.

Se. Königl. Majestät von Polen und die Staaten von Polen und Lithauen entsagen auch auf das bündigste und förmlichste allen Ansprüchen, so sie gegenwärtig und in Zukunft auf eine oder andere Provinz, welche das durchlauchtigste Haus Preußen und Brandenburg bisher besessen, machen könnten. Ohne dieser allgemeinen Entsagung zu schaden, entsagen sie ausdrücklich und namentlich dem Rückfall des Reichs und des Lehns von Preußen, welcher zum Besten der Krone Polen in dem 6ten Art. des zu Wehlau den 19ten September 1657 auf den Fall, wenn die männliche Nachkommenschaft des Churfürsten Friedrich Wilhelm aussterben möchte, festgesetzt worden, und sie willigen darein, daß Se. Majestät der König von Preußen, seine Erben und Nachfolger beiderley Geschlechts, das Königreich Preußen zu ewigen Zeiten frey besitzen sollen, mit aller unumschränkten Landeshoheit und Unabhängigkeit, ohne daß die Krone Polen jemals daran einen Anspruch, es sey wegen Rückfall, Lehnsverbindlichkeit, oder wegen eines andern Titels Vorwand und Benennung, daran machen könne oder wolle. Um auch aller Veranlassung und Gelegenheit zu Streitigkeiten zuvorzukommen und zu entfernen, welche aus den Artikeln des Friedensschlusses zu Wehlau, welche nicht mehr auf die gegenwärtigen Umstände passen, entstehen könnten, heben beide hohe vergleichende Theile durch diesen Tractat den 6ten, 7ten, 8ten, 9ten, 10ten, 11ten, 12ten, 13ten, 14ten, 15ten, 16ten, 17ten, 18ten, 19ten und 20sten Artikel des erwähnten Friedensschlusses von Wehlau von 1657 hiemit auf, jedoch mit Vorbehalt der Kraft und Verbindlichkeit desselben in Ansehung der übrigen Artikel, welche hier nicht ausdrücklich aufgehoben worden.

Art. IV.

Se. Majestät der König von Polen und die Staaten von Polen und Lithauen stehen auf gleiche Weise ab, und entsagen aufs bündigste dem Belehnungsrecht, dem Recht des Rückfalls und überhaupt jedem andern Recht und Anspruch, so sie jetzt oder künftig machen könnten, an die Districte von Lauenburg und Bütow. Sie treten alle ihre Rechte an diese Districte Sr. Königl. Majestät von Preußen hiemit ab, und willigen darein, daß Se. Majestät und ihre Erben und Nachfolger beiderley Geschlechts diese Districte zu ewigen Zeiten besitzen sollen, mit aller unumschränkten Landeshoheit und Unabhängigkeit, ohne Rückfall und ohne Lehnsverbindlichkeit; und um allem Streit auch in diesem Stück vorzubeugen, heben die hohen vergleichenden Theile gleichfalls den Vertrag

trag von Bydgost (Bromberg) den 6ten November 1657 auf, gestalten derselbe nicht mehr bestehen und Kraft haben soll, als in Ansehung der Vereinbarung, wodurch dem Hause Brandenburg der Besitz des Districts Lauenburg und Bütow versichert worden, und ohne daß dieses durchlauchtigste Haus an die übrigen Versprechungen und Einschränkungen des Tractats von Bromberg gebunden seyn solle.

Art. V.

Se. Majestät der König und die Stände von Polen und Lithauen stehen auch namentlich und ausdrücklich von dem Recht, den Bezirk von Draheim wieder einzulösen und an sich zu kaufen, welches Recht sich auf den Tractat von Bromberg den 6ten November 1657 gründet, hiemit ab, Sie übereignen Sr. Königl. Majestät von Preußen alle Rechte, welche sie an diesen District noch haben oder machen könnten, und sie willigen darein, daß gedachte Se. Majestät, ihre Erben und Nachfolger beiderley Geschlechts, diesen District zu ewigen Zeiten und unwiderruflich frey besitzen sollen, mit völligem Eigenthum und unumschränkter Landeshoheit, ohne daß die Krone Polen jemals daran irgend einen Anspruch wegen Wiederkauf, Rückfall oder irgend einer andern Benennung machen könne und wolle.

Art. VI.

Dagegen und in Betracht der Abtretungen, welche der durchlauchtigste König und die Republik Polen Sr. Majestät dem König von Preußen durch diesen Tractat machen, entsagen auch gedachte Se. Majestät sowol für sich als für ihre Erben und Nachfolgere beiderley Geschlechts auf die bündigste und förmlichste Art allen Ansprüchen, unter welchem Vorwand es seyn möchte, so sie an das Königreich Polen und Großherzogthum Lithauen gehabt, oder noch haben. Se. Majestät übernehmen auch die Versicherung und Gewähr derjenigen Provinzen, welche der Republik Polen nach dem Schluß dieses Tractats verbleiben, und sie werden jederzeit alles mögliche anwenden, um sie ihr zu erhalten; die Kriege jedoch ausgenommen, welche zwischen der Republik Polen und der Ottomanschen Pforte entstehen können.

Auf gleiche Weise versichern der König und die Republik Polen Sr. Majestät dem König von Preußen und ihren Nachfolgern alle Provinzen, welche gedachte Se. Majestät beym Schluß dieses Tractats besitzen, vor dessen Ratification indessen man wegen der Ausnahme einer Macht, in Ansehung deren die Republik ihrer Seits einen Krieg zu führen nicht verbunden seyn soll, Uebereinkunft treffen wird.

Art. VII.

Da in den unruhigen Umständen, wodurch das Königreich Polen verwirrt worden, und in dem Kriege, welcher zwischen dem Russischen Reich und der Ottomanschen Pforte ausgebrochen, diese ein Manifest bekant machen lassen, durch welches sie der durchlauchtigsten Republik Polen die Verletzung des Carlowitzschen Friedensschlusses beymisset, und da hierüber Zweifel und Verdrießlichkeiten entstanden, sowol über das wirkliche Daseyn dieses Friedensschlusses, als auch über das weitere Benehmen der Pforte gegen die Republik, so versprechen Se. Majestät der König von Preußen, gemeinschaftlich mit den beiden Kaiserhöfen sich dahin zu verwenden, daß die Pforte von allen feindseligen Absichten gegen die durchlauchtigste Republik in Rücksicht der erwehnten Beschuldigung abstehe, und durch Fürsprache die Ottomansche Pforte dahin zu vermögen, daß sie sich nach dem Inhalt des Friedensschlusses von Carlowitz dergestalt betrage, als wenn er noch bestehe, und nie entkräftet worden.

Art. VIII.

Art. VIII.

Die Römisch-Catholischen sollen in den durch diesen Tractat abgetretenen Provinzen, so wie in dem Königreich Preußen und den Districten Lauenburg, Bütow und Draheim, alle ihre Besitzungen und Eigenthum, sowol in bürgerlichen als Glaubenssachen, behalten und zu genießen haben, sie sollen völlig in statu quo erhalten werden, das heißt, in der nemlichen freyen Ausübung ihres Gottesdienstes und ihrer Kirchengebräuche, mit allen den Kirchen- und geistlichen Gütern, welche sie zur Zeit, wie sie im Monat September 1772 unter Sr. Königl. Majestät von Preußen Oberherrschaft kamen, besaßen, und Se. Majestät und ihre Nachfolger sollen sich ihres Hoheitsrechts nicht zum Nachtheil des status quo, was die Catholische Religion in den erwehnten Ländern betrifft, bedienen.

Art. IX.

Da auch Se. Königl. Majestät von Preußen sich erkläret, daß sie ihre guten Dienste anwenden wolle, um die Ruhe und Ordnung in Polen auf einen gründlichen und beständigen Fuß herzustellen, so wird sie alle Verordnungen, welche auf dem gegenwärtig versammleten Reichstag zu Warschau unter Verbindung der Conföderation mit vollkommener Uebereinstimmung der drey verbundenen Höfe sowol wegen der freyen republikanischen und unabhängigen Regierungsform, als über den Vergleich und das Verhältniß der Unterthanen der griechisch-morgenländischen nicht-Unirten und der Dissidenten beider evangelischen Glaubenslehren garantiren, und zu diesem Ende soll ein besonderer Vertrag entworfen werden, welcher diese Verordnungen enthält, so von den Ministern und Commissarien unterzeichnet werden soll, so daß er einen Theil dieses Friedensschlusses ausmacht, und die nemliche Kraft und Gültigkeit haben soll, als wenn er Wort für Wort darin enthalten wäre.

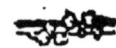

Art. X.

Alles, was durch besondere Tractaten und Uebereinkommen in Richtigkeit gebracht, und festgesetzt werden wird, wenn es auch weit später geschiehet, sowol in Beziehung auf den Handel beider Nationen, als was dahin einschlägt, soll die nemliche Kraft und Gültigkeit haben, als wenn es Wort für Wort in diesem Tractat mit enthalten wäre.

Art. XI.

Gleichwie auch in diesem Tractat nicht alles enthalten seyn kann, was auf das Wohl und den Nutzen der beiden Staaten Bezug hat, so soll noch ein besonderer Vertrag errichtet werden, in welchem alles, was festgesetzt und dem einen oder andern Theil zugesichert worden, oder noch in der Folge geschehen mag, enthalten seyn soll, und dieser Vertrag soll auf eben die Art die Kraft und Gültigkeit haben, als wenn er einen Theil dieses Friedensschlusses ausmachte.

Art. XII.

Alles, was in Ansehung der Stadt Danzig durch die Commissarien der beiden verbundenen Höfe von Preußen und Rußland an einer und die Deputirten des Senats gedachter Stadt an anderer Seite in Richtigkeit gebracht werden wird, soll eben die Kraft und Gültigkeit haben, als wenn es Wort für Wort in diesem Friedensschluß mit enthalten wäre. Wenn die beiden erwehnten hohen Höfe auch für gut finden, etwas wegen der Stadt Thorn in Richtigkeit zu bringen, so soll dis auch eben die Kraft und Gültigkeit haben, als wenn es in diesem Friedensschluß mit enthalten wäre.

Art. XIII.

Die beiden hohen vergleichenden Theile erklären auch hiemit, daß, im Fall die beiderseits unverzüglich

zu

zu ernennenden Commissarien über die Auslegung des zweyten Artikels dieses Friedensschlusses nicht gleicher Meinung seyn möchten, man sich auf die Vermittelung der beiden andern vergleichenden Höfe beziehen wolle, und das Geschäfft der Abgrenzung so lange ausgesetzt bleiben solle; und wenn in der Folge zwischen den beiden Staaten oder ihren Unterthanen in Betreff der Grenzen Streitigkeiten entstehen möchten, sollen von beiden Seiten Commissarien ernannt werden, um diese Streitigkeiten auf eine freundschaftliche Art beyzulegen.

Art. XIV.

Wenn gleich dieser Friedensschluß in französischer Sprache abgefasset worden, soll bis für die Zukunft dem bey den hohen vergleichenden Theilen eingeführten Gebrauch nicht zum Nachtheil gereichen.

Art. XV.

Die Truppen Sr. Königl. Majestät von Preußen sollen vierzehn Tage nach der Ratification dieses Friedensschlusses Polen räumen.

Art. XVI.

Dieser Tractat soll von Sr. Majestät dem König von Preußen an einer, und Sr. Majestät dem König von Polen und den auf dem Reichstag versammleten Deputirten der Republik Polen an anderer Seite, binnen sechs Wochen, vom Tage der Unterzeichnung an gerechnet, oder, wenn es möglich ist, noch eher ratificirt, und demnächst in die Beschlüsse des gegenwärtigen Reichstags eingerückt werden. Die beiden hohen vergleichenden Theile werden auch Sorge tragen, sich die Garantie Ihrer Majestäten der Kaiserin Königin von Ungarn und Böhmen und der Kaiserin von Rußland zu desto genauerer Beobachtung dieses Tractats zu verschaffen. In Ur-

Urkund dessen haben wir Bevollmächtigte und ausdrücklich zur Schließung dieses Tractats authorisirte Deputirte denselben unterzeichnet, und unsere Siegel darunter gedruckt. Geschehen zu Warschau den Achtzehnten September Tausend Siebenhundert drey und siebenzig.

   L. S. Gedeon de Be-   L. S. Antoine Casimir
        noit.   Oſtrowski,
                          Evecue de Cujavie et de Pomeranie.

Hier folgen die Unterschriften und Siegel der sämtlichen Bevollmächtigten des Königs und der Republik Polen, welche im Eingang dieses Tractats aufgeführt worden.

Dieser wichtige Tractat, wodurch der preußische Staat an innerer Stärke durch die Verbindung des Königreichs Preußen mit der Mark und Pommern, durch den wichtigen Handel auf der Weichsel, durch den Einfluß auf Polen, durch Volksmenge und natürliche Producte so merklich gewonnen, verdiente hier um so mehr wörtlich eingerückt zu werden, als zwar dieser Tractat kein Geheimniß ist, mancher Leser ihn aber vielleicht noch nicht gesehen haben mag, und er in einer Beschreibung von Westpreußen an dem rechten Orte stehet.

Die Ansprüche des Königs von Preußen an diesen von der Krone Polen abgetretenen *Gründe der Abtretung.* Provinzen, sind in einer Staatsschrift von 1772, welche bey der Besitznehmung öffentlich bekant gemacht worden, sehr gründlich ausgeführt. Sie ist zu weitläuftig und mit zu vielen Rechtfertigungsurkunden versehen, als daß sie hier auch wörtlich eingerückt werden könnte. Es wird daher hinreichend seyn, die Hauptgründe auszuheben, wobey bemerkt wird, daß die Ansprüche nur blos auf Pomerellen und einen Theil des Netzdistricts gehen, und ausgeführt sind, die übrigen Provinzen aber, nem-

nemlich die Woywodschaft Culm, das Marienburgsche
Gebiet und das Stift Ermeland, für die seit Jahrhunderten entzogenen Nutzungen von Pomerellen und
einem Theil des Netzdistricts abgetreten worden. Das
Wendische Reich bestand in alten Zeiten aus
den an der Ostsee zwischen der Weichsel und
Elbe belegenen Ländern, und begriff das jetzige Pommern, Pomerellen, bis an die
Weichsel, die Neumark und Ukermark vorzüglich in sich. Die Beherrscher dieser Länder waren unabhängig, mächtig, und wur-
den Könige genannt. So wie sich die christliche Religion ausbreitete, wurden diese Könige immer mehr und
mehr beenget, und es bildete sich das Herzogthum Pommern, welches sich von der Mecklenburgschen Grenze
bis an die Weichsel erstreckte. Swantibor der I., Herzog von Pommern, starb im Jahr 1107, hinterließ
vier Söhne, und hievon stifteten zween die beiden Haupt-
linien der Herzoge von Pommern, der eine die von Stettin, und der andere die von Danzig. Die erste Linie
besaß die Länder von der Mecklenburgschen Grenze bis
an die Flüsse Grobo und Lewa unter den Namen Slaven und Cassuben, nahm aber, nachdem die Danziger
Linie ausstarb, den Titel Herzoge von Pommern an,
welchen bis dahin die Danziger Linie geführt hatte. Wie
auch diese Linie, welche sich oft getheilt und wieder vereiniget, mit Bogislaus dem XIV., Herzog von Pommern, welcher im Jahr 1637 ohne männliche Nachkommenschaft mit Tode abging, ausstarb, fielen diese
Länder vermöge alter Familienverträge an das Churhaus
Brandenburg, welches sie auch noch besitzet, außer dem
Stralsundschen District, so an Schweden überlassen
werden müssen. Das eigentliche Pommern, welches
die Herzoge von Danzig besaßen, erstreckte sich von dem
Flüßchen Grabo bis an die Weichsel, und von der Ostsee bis an die Netze, so daß die Herzoge lange Zeit die

*Ansprüche auf Pom-
merellen, als einen Theil des Herzogthums Pommern.*

an

an der Netze belegenen Städte Nakel und Scharnikow, welche jetzt zum Netzdistrict gehören, in Besitz hatten. Die eigentlichen Grenzen lassen sich aber nicht genau bestimmen. Die Danziger Linie ging mit Mestwin dem Zweyten, welcher im Jahr 1295 ohne männliche Nachkommenschaft starb, aus, und nun hätte das eigentliche Pommern an die Herzoge von Stettin, als die nächsten Vettern und Seitenerben des letzten Herzogs, Mestwin des Zweyten, zurückfallen sollen. Dis geschahe aber nicht, sondern der Herzog von Polen, Primislaus der Zweyte, welcher von weiblicher Seite ein naher Verwandter des Mestwin war, und sich durch die Uebereinstimmung der Sprache und der Sitten bey dem Pommerschen Adel beliebt gemacht hatte, wogegen die Herzoge von Stettin fast ganz deutsch geworden waren, wußte es dahin einzuleiten, daß er noch bei Lebzeiten des Mestwin zu seinem Erbfolger ernannt wurde, wogegen sich die Herzoge von Stettin, so viel man aus der Geschichte weiß, vielleicht aus Mangel der Kräfte es durchzusetzen, nicht meldeten. Primislaus bemächtigte sich auch des ganzen Landes, und nahm bey dieser Gelegenheit den Titel eines Königs von Polen an, da er vorhin nur Herzog von Polen gewesen war. Die Marggrafen von Brandenburg, welche bey Gelegenheit der Verbindung des Slavenlandes mit dem deutschen Reich, ungefähr um das Jahr 1181, vom Kaiser zu Lehnsherren von Slavien und Pommern ernannt waren, und dafür von den Herzogen erkannt wurden, nahmen nach dem Tode des Herzogs Mestwin des Zweyten Pomerellen als ein erledigtes und auf sie verfallenes Reichslehn in Anspruch, und machten dem Primislaus dem Zweyten, König von Polen, den Krieg. Dieser blieb im Jahr 1296 in einer Schlacht, sie konnten aber nicht eher als nach dem Jahr 1306 die Polen aus dem größten Theil von Pomerellen, die Stadt Danzig ausgenommen, vertreiben, und nun traten sie das ganze Land dem deutschen

schen Orden ab. Dieser Orden hatte sich, wie aus dessen Geschichte zu ersehen, in wenig Jahren ganz Preußen und einen Theil von Lithauen unterworfen, und richtete jetzt seine herrschsüchtigen Absichten auf die benachbarten Länder, besonders aber auf Pomerellen. Dis war ihm dadurch erleichtert, daß die beiden Prinzen Ratibor und Sambur in den Orden getreten und demselben ihre Erbtheile vermacht hatten, wodurch Mestwin der Zwente schon im Jahr 1282 gezwungen ward, ihm die Stadt Mewe mit deren Bezirk abzutreten. Wie Mestwin starb, standen die deutschen Ritter den Polen in dem Kriege wider die Marggrafen von Brandenburg bey, sie wurden in Danzig eingelassen, um diese Stadt vertheidigen zu helfen, vertrieben aber die polnische Besatzung daraus, um sich einen stärkern Anspruch auf Pomerellen dadurch zu verschaffen; sie verglichen sich hierauf mit dem Markgraf Waldemar dahin, daß dieser ihnen durch einen im Jahr 1311 geschlossenen Tractat einen großen Theil von Pomerellen, nemlich die Stadt Danzig, Dirschau und Schwez, mit ihren Bezirken, für zehntausend Mark Silber verkaufte, und blos den Lauenburgschen, Bütowschen, Stolpeschen und Slavischen District, oder die Landschaft, welche zwischen den Flüssen Leba und Grabo liegt, für sich behielt. Nachdem sich nun der Orden des größten Theils von Pomerellen bemächtiget hatte, säumte er nicht, auch das Uebrige durch ähnliche Wege, nemlich durch Abtretung der Könige von Böhmen, welche auf die Krone Polens Anspruch machten, und durch den Ankauf adelicher Güter zu erwerben. Die Könige von Polen machten dem Orden diese sowol als andere Provinzen, so er im Besitz hatte, und wovon sie behaupteten, daß sie von Polen abgerissen worden, streitig, und es wurde hierüber länger als ein Jahrhundert ein blutiger Krieg geführt. Dieser fiel so glücklich für den Orden aus, daß die Könige von Polen endlich durch die Friedensschlüsse von 1343 und 1436

1436 und mehrere andere Verträge nicht allein dem Besitz dieser Provinzen, sondern auch dem Titel von Pomerellen feyerlichst entsagen mußten. Die Polen unterließen indessen nicht, diesen Friedensschlüssen von Zeit zu Zeit zuwider zu handeln, und wie sich auf ihre Anstiftung im Jahr 1453 fast ganz Preußen gegen den Orden auflehnte, die Städte miteinander in Verbindung traten, und hieraus ein blutiger Krieg mit dem Orden erwuchs, welcher für denselben höchst unglücklich ablief, mußte dieser, vermöge des Friedensschlusses von Thorn im Jahr 1466, dem König Casimir von Polen die Districte Marienburg, Culm, Michelau und Pomerellen abtreten, und behielt nur unter Lehnsverbindlichkeit mit Polen den Theil von Preußen, welchen der letzte Großmeister des Ordens, Marggraf Albert, in Gemäßheit des Tractats von 1525 auf das Haus Brandenburg vererbet hat, so es noch jetzt besitzet. Die Könige von Polen machten hierauf aus diesen Provinzen Woywodschaften, welche noch jetzt den Namen der Woywodschaft Marienburg, Culm und Pommern führen, so wie man dieses ganze Land Polnisch-Preußen nennt. Aus dieser wahren Geschichtserzählung gehet hervor, daß die Könige von Polen und der deutsche Orden sich des Herzogthums Pomerellen auf eine höchst ungerechte Art bemächtiget, und solches den Herzogen von Pommern, als rechtsmäßigen Lehnserben, entzogen haben. Diese Erbfolge ist außer Zweifel, weil die Lehnsqualität der Pommerschen Lande nie in Zweifel gezogen worden, und der letzte Herzog von Pomerellen, Mestwin der Zweyte, sie durch den feyerlichen Tractat von 1264 selbst anerkannt, wodurch er seinem Vetter Barnim, dem ersten Herzog zu Stettin, nach seinem Tode die Erbfolge in dem Schwezschen District, welcher damals seine Appanage ausmachte, nicht allein, sondern auch alle übrige Länder, welche ihm nach dem Tode seines Vaters, des damals noch lebenden regierenden Herzogs Schwantepolk, und

sei-

seiner Brüder zukamen, mithin ganz Pommerellen, so ihm
zufallen mußte, zusicherte, und sich nur lebenslang den
Genuß davon vorbehielt. Dis wird auch dadurch bestätiget, daß die Stände von Pomerellen, besonders die
Aebte von Oliva, von Sartowiz und von Buckaw sich
schon im Voraus bey Lebzeiten des Mestwin ihre Privilegien und Besitzungen durch die Herzoge von Stettin
bestätigen ließen, welches zwecklos gewesen seyn würde,
wenn sie die Herzoge von Stettin nicht als rechtmäßige
Erbfolger von Pomerellen angesehen hätten. Die Könige von Polen konnten daher, zum Nachtheil der Herzoge von Stettin, als nächsten Lehnsvettern, und der
Marggrafen von Brandenburg, als Lehnsherren, nie
ein gültiges Recht an Pomerellen, so wenig durch einen
Vertrag mit Mestwin, als durch die Wahl der Stände,
wenn solche auch wirklich vorgegangen, so nicht erwie-
sen ist, erlangen, und die Könige von Polen haben
hierauf auch ihre Ansprüche nie gegründet, sondern haben andere Rechte in dunkeln Zeiten aufzusuchen sich bemühet, welche keinen Stich halten. Eine Lehnsverbindlichkeit zwischen Polen und Pomerellen ist nie vorhanden gewesen, und wenn sie auch existiret hätte, würde den Herzogen von Pommern, Stettinischer Linie,
nach der Lehnsverfassung doch nicht der Besitz des Lehns
haben entzogen werden können. Aus dem Verkauf der
Marggrafen von Brandenburg an den deutschen Orden, und von diesem wieder an die Krone Polen, kann
auch kein Recht hergeleitet werden, weil der Orden nicht
mehr Rechte abtreten konnte, als er hatte, und die
Marggrafen von Brandenburg so wenig als die Herzoge
von Pomerellen den Lehnsvettern, Herzogen von Stettin, an ihren Rechten was vergeben konnten. Die
Herzoge von Stettin machten auch Versuche, Pomerellen wieder an ihre Familie zu bringen, und Bogislaus der VIte, Herzog von Stettin, eroberte nach dem
Tode des Mestwin den District Rügenwalde, und schlug

Der Netzdistrict. D die

die Polen im Jahr 1298 nicht weit vom Kloster Buckow. Die Uneinigkeit aber, welche damals wegen der Erbfolge Barnims des Zweyten in der herzoglichen Familie herrschte, hinderte ihn, seine Ansprüche auf die Erbschaft der Herzoge von Danzig zu unterstützen und weiter zu verfolgen. Indessen findet man, daß die Herzoge von Stettin im Jahr 1306 bis 1308 einen schweren Krieg in Pomerellen wider die Marggrafen von Brandenburg geführt haben, welcher für sie aber nicht von glücklichem Erfolg gewesen seyn muß, weil der Marggraf Waldemar ihnen zu mächtig war. Wie dieser indessen die Schwachheit beging, einen Theil von Pomerellen an den deutschen Orden zu verkaufen, und blos den District zwischen der Leba und Grabo für sich behielt, nemlich das Lauenburgsche, Bütowsche, Stolpesche, Slavesche und Rügenwaldsche Gebiet, fand der Herzog Wratislaus von Stettin Gelegenheit, es sey durch die Waffen oder durch einen Vertrag, in den Jahren 1313 bis 1317, diese nemlichen Districte zu erobern, und seitdem sind solche auch unter der Herrschaft der Herzoge von Pommern geblieben. Von dieser Zeit an haben auch alle Herzoge von Slavien, sowol von Stettin als von Wolgast, angefangen, sich des Titels der Herzoge von Pommern, welches sie ein ganzes Jahrhundert versäumt hatten, in öffentlichen Urkunden zu bedienen, und haben noch den Titel hinzugefügt, von Slaven und Cassuben, sowal um dadurch die Besitzergreifung eines Theils von Pomerellen anzuzeigen, als auch um dadurch ihre Rechte auf das Uebrige dieser Provinz, so ihnen vorenthalten wurde, zu behaupten; sie haben aber nicht die Macht gehabt, ihre Ansprüche durchzusetzen. Gleichwie aber der Besitz der Polen von Anfang her von allem Recht entblößet gewesen, so haben hingegen die Herzoge von Pommern alle ihre Rechte auf die Churfürsten von Brandenburg vererbt. Denn es ist Geschichtskundig, daß die Lehnsherrlichkeit, welche sonst die Marggrafen

von

von Brandenburg auf ganz Pommern hatten, durch die Tractate und Erbverbrüderungen von 1338 und 1529 in eine Anwartschaft und künftige Erbfolge verwandelt worden, und daß, wie Bogislaus der XIVte, als letzter Herzog von Pommern aus der alten Wendenschen Linie, im Jahr 1637 ohne Leibeserben verstarb, die Churfürsten von Brandenburg, als seine Universalerben, ihm im Herzogthum Pommern, den Theil, welcher nach dem Westphälischen Friedensschluß an Schweden abgetreten worden, ausgenommen, succediret sind, und sie daher alle rechtmäßige Ansprüche der alten Herzoge von Pommern geerbt haben.

Man könnte zwar gegen diese Ansprüche auf Pomerellen einwenden, daß, da die Marggrafen von Brandenburg Pommerellen an den deutschen Orden verkauft, und dieser solches durch einen feyerlichen Friedensschluß an die Krone Polen abgetreten, der König von Preußen, welcher in die Rechte der alten Marggrafen von Brandenburg und der Herzoge von Pommern getreten, mithin ihre Handlungen genehmhalten müsse, diesen Verkauf nicht anfechten könne. Allein einestheils haben die Herzoge von Pommern, Stettinscher Linie, diesen Verkauf nie genehmiget, sondern haben Pommerellen nach ihren Kräften wieder zu recuperiren und ihre Ansprüche zu erhalten gesucht, mithin konnte ihnen der von den Marggrafen von Brandenburg geschehene Verkauf nicht schaden, welcher nur höchstens eine Veräußerung des lehnsherrlichen Rechts enthielt, weil Niemand mehr Rechte an einen andern abtreten kann, als er selbst hat, und dis auch nicht einmal ohne Reichslehnsherrlichen Consens geschehen konnte; anderntheils aber ist das alte Marggräfl. Brandenburgsche Haus aus dem Anhalt- oder Ascanischen Stamm ausgestorben, so daß die Marggrafen des Hohenzollerischen Stamms die Churfürstl. Brandenburgschen Länder mit der denselben anklebenden lehnsherrlichkeit über die Herzoglich Pommerschen Länder nicht als

Universalerben der alten Marggrafen von Brandenburg, aus dem Anhaltschen Stamm, sondern titulo singulari als Käufere besitzen, mithin die Handlungen ihrer Vorfahren im Marggrafthum nicht genehmhalten dürfen. Da nun die Herzoglich Pommerschen Lande, wovon Pommerellen einen Theil ausmacht, mit dem Marggrafthum, jetzigem Churfürstenthum Brandenburg durch Familienverträge und Erbfall verbunden worden, und der König jetzt sowol wie Lehnsherr, als wie Vasall, da das dominum directum mit dem dominio utili consolidiret worden, und die ehemalige Lehnsverbindlichkeit aufgehört hat, auftritt, so hat derselbe ein doppeltes Recht, die seinen Vorfahren seit Jahrhunderten vorenthaltene Provinz Pommerellen, so diese nicht abgetreten, nicht verkauft, und den Verkauf, so von einem Dritten geschehen, nie genehmiget haben, mit den entzogenen Nutzungen, von jedem Inhaber zurückzufordern, und ist der König von Preußen billig genug, wenn er statt der fünfhundertjährigen Nutzung dieser Provinz, mit Abtretung des Culmschen und Marienburgschen Gebiets, des Stifts Ermeland und der Districte an der Netze zufrieden gewesen.

Ansprüche auf den Croneschen Kreis, als einen Theil der Neumark. Der zweyte Anspruch, welcher von Preußischer Seite geltend gemacht worden, betrifft den Croneschen Kreis, nemlich den District, welcher zwischen der Netze und Pommerellen, der Drage und der Kübba liegt. Dieser Kreis hat unleugbar ehedem bis ins vierzehnte Jahrhundert zur Neumark gehört, welches durch Urkunden nachgewiesen werden kann, und die Einwohner sind auch größtentheils deutsche Leute. Im Jahr 1373 wurde, auf Befehl des Kaisers Karl des Vierten und seines Sohns Wenzel, Königs von Böhmen, wie sie die Mark Brandenburg an ihr Haus brachten, ein Verzeichniß von den darin befindlichen Städten und Dörfern

fern aufgenommen, in welchem die im Croneschen Kreise belegenen Städte, Tiez, Crone und Friedland, ausdrücklich mit aufgeführt werden, als ein Theil der Neumark, so damals der Familie von Wedel zugehörte. Das Original hievon findet sich in dem Archiv zu Berlin. In einer frühern Urkunde von 1312 verglichen sich die Marggrafen Waldemar und Johann von Brandenburg mit dem Bischof von Posen wegen des Zehntens in dem District, so zwischen der Netze, Drage und Küdda belegen, und in dieser Urkunde gestehet der Bischof ausdrücklich, daß dieser District unter ungezweifelter Herrschaft der Marggrafen von Brandenburg liege. Im Jahr 1402 verkaufte Siegesmund von Luxemburg und Böhmen, König von Ungarn und Churfürst von Brandenburg, die Neumark an den deutschen Orden für drey und sechszig tausend Goldgulden wiederkäuflich. Nach einer Urkunde von 1405 versprach der König von Polen, Uladislaus Jagello, dem deutschen Orden in Gefolge des Friedenstractats von Raczenz, daß er die Grenze zwischen Großpolen und der Neumark so erkenne und halten wolle, als sie der Orden bey der Besitznehmung gefunden, und so wie sie seit alten Zeiten gewesen wäre. In mehrern andern Urkunden wird verschiedener Städte, so in diesem Bezirk belegen, unter andern der Stadt Utsch gedacht. Der Orden besaß die Neumark bis zum Jahr 1452. Der König von Polen, Jagello, unterließ jedoch nicht, die alten Grenzen der Neumark streitig zu machen, und die Grenzen von Polen weiter auszudehnen. Um diese Grenzstreitigkeiten zu heben, sahe sich der Orden genöthiget, in dem Friedensschluß von 1422 und 1436 diese Streitigkeit und die Grenz-Regulirung zwischen Polen und der Neumark der Entscheidung gewisser Commissarien und Schiedsrichter, so von beiden Seiten ernannt werden sollten, zu überlassen. Dis kam aber nicht zu Stande; wenn man jedoch den Friedensschluß von 1436 mit dem von 1349 vergleicht, so

D 3 fin-

findet man, daß die damals streitige Grenze zwischen Polen und der Neumark da gewesen, wo die Grenzen zwischen Cujavien und Pommerellen endigen, und daß damals die Ansprüche der Neumark bis an den Fluß Küdda und noch weiter gegangen, daß aber die gewissen Grenzen bey dem Zusammenfluß des Flüßchens Birschermünde und der Netze angefangen. Der Krieg zwischen den Polen und dem deutschen Orden fing indessen einige Zeit nachher von neuem an, und fiel für die Ritter unglücklich aus. Die Polen bemächtigten sich ganz Pommerellens und dieses Districts der Neumark, und behielten endlich Pommerellen nach dem Friedenstractat von Thorn im Jahr 1466. Da der deutsche Orden während dieses Krieges im Jahr 1454 die Neumark mit ihren Grenzen, wie sie selbige im Jahr 1402 vom König Siegesmund erhalten, an Friedrich den Zweyten, Churfürst von Brandenburg, wieder verkauft hatte, so konnte er auch den District der Neumark, so zwischen der Netze, Drage und Küdda belegen, nicht an Polen abtreten. Es ist dis auch wirklich nicht geschehen, denn, wenn gleich in dem Friedensschluß von 1466 die Namen aller Städte und Schlösser, welche der Orden an den König Casimir von Polen abtrat, sorgfältig specificirt worden, so geschiehet doch dieses Districts der Neumark und der darin belegenen Städte nicht die geringste Erwehnung. Es scheint indessen, daß die Polen in diesem Kriege mit den Rittern davon Besitz genommen haben müssen. Gleichwie aber nachgewiesen worden, daß der Bezirk zwischen der Netze, Drage und Küdda, welcher jetzt den Croneschen Kreis ausmacht, in dem vierzehnten und fünfzehnten Jahrhundert zu der Neumark gehört hat, der König Jagello auch dem Orden, welcher ihn wiederkäuflich besaß, versprochen, daß er ihn in dem ruhigen Besitz der Grenzen der Neumark, so wie er sie von dem König Siegesmund erhalten, belassen wolle, der König Jagello auch selbst, durch den

feyer-

feyerlichen Friedenstractat von 1436, den District zwischen der Netze, Drage und Kübba für streitig erkläret, und die Entscheidung gewissen zu ernennenden Schiedsrichtern überlassen, so aber nie zu Stande gekommen, und endlich die Krone Polen keinen einzigen Tractat oder anderes gültiges Erwerbungsmittel wegen dieses Districts anführen und aufweisen kann, mithin ihr Besitzstand mangelhaft ist; so hat! auch der König von Preußen ein Recht, die Wiederabtretung dieses Districts zu verlangen, welcher ungerechter Weise von der Neumark abgerissen worden.

Diese und noch mehrere Gründe, welche in der Staatsschrift von 1772 auf das bündigste ausgeführt und mit Rechtfertigungsurkunden belegt worden, sind auf dem Reichstag zu Warschau im Jahr 1773 geprüft, und hat man sie zu widerlegen sich nicht getrauet, vielmehr die Ansprüche als gültig anerkannt, und ganz Pommerellen, den Netzdistrict, die Wojwodschaft Culm, das Marienburgsche Gebiet mit der Stadt Elbing, und das Stift Ermeland durch den feyerlichen Tractat von 1773 auf ewig an Preußen abgetreten.

Der Netzdistrict, welcher den Croneschen, Caminschen, ehemals Nakelschen Kreis, und einen Theil des Herzogthums Cujavien enthält und eigentlich der Hauptgegenstand dieser Beschreibung ist, wurde außer dem Croneschen Kreise, als welcher vindiciret worden, als eine Entschädigung für die seit Jahrhunderten entzogene Nutzung der usurpirten Provinzen mit angesehen und abgetreten. Es wurde aber anfänglich ein größerer Theil von Großpolen abgegrenzet, welcher ein paar Jahre nachher auf vieles Vorstellen der Krone Polen bey Gelegenheit der Grenzregulirung wieder zurückgegeben worden, wodurch gegen 29000 Menschen wieder unter polnische Herrschaft zurückkehrten. Denn im Jahr 1775, vor der Abtretung des Di-

Netzdistrict und dessen Abgrenzung.

strics hinter der Netze, welcher der Gopploer-Kreis genannt wurde, betrug die Seelenzahl im ganzen Netz-district 167,542; im folgenden Jahr 1776 nach der Abtretung aber nur 139,060 Seelen, mithin hatte sich dadurch die Volksmenge um 28,482 Seelen vermindert, welches den sechsten Theil der ganzen Provinz ausmacht. Die Landes-Einkünfte von diesem abgetretenen Theil Cujaviens betrugen über 20000 Rthl. In der Abtretungsurkunde vom 18. September 1773 heißt es Art. 2. unter andern:

gleichfalls den District von Großpolen disseits der Netze, indem man diesen Fluß von der Grenze der Neumark bis an die Weichsel ohnweit Fordon und Schulitz verfolgt, dergestalt, daß die Netze die Grenze der Staaten Sr. Königlichen Majestät von Preußen ausmacht, und dieser Fluß ihr ganz allein zugehöre.

Dieser Nachsatz machte es nothwendig, daß man die Grenze nicht blos bis an die Netze, sondern hinter diesen Fluß herzog, und Polen davon ganz abschneiden mußte. Dis hatte auch nach der Neumark zu bis in die Gegend von Nakel keine Schwierigkeit, weil man darin einig war, was unter dem Wort Netze verstanden wurde; nur kam es darauf an, wie weit sich das jenseitige Ufer in Großpolen erstrecken solle, weil dis in dem Tractat nicht deutlich ausgedruckt war. Bey dieser Ungewißheit grenzte man die Güter mit ein, welche sich bis an die Netze erstreckten, und so fiel das ganze Filehnsche Gebiet, und besonders die sogenannte polnische Seite der Herrschaft Filehn oder die Draziger Herrschaft, so aus 12 Dörfern bestehet, die Cziskower Güter, die Herrschaft Czarnikow, die Kruszewer Güter, die Herrschaft Chodziesen und Strelitz, die Herrschaft Margonin, Grochelin, Samoszin, Samoklenz, Jackterowo, Schmogulsdorf, Gollanz und ein Theil der Herrschaft Szubin, nebst mehrern andern kleinen jenseits der Netze be-

belegenen Gütern, unter Preußische Hoheit, und sind auch darunter geblieben, so daß in dieser Gegend wenig wieder zurückgegeben worden, weil es ganz vernünftig war, daß die Landesgrenze nicht durch diese Herrschaften gezogen wurde, sondern sie entweder zum Netzdistrict geschlagen, oder zu Großpolen verbleiben mußten; denn wenn dergleichen an der Grenze belegene Güter unter doppelte Landeshoheit kommen und zwieherrisch werden, entstehet daraus unvermeidlich Zank und Streit. Weiterhin bis an die Weichsel aber war die Abgrenzung schwieriger, weil man nicht einig werden konnte, welcher Fluß eigentlich unter dem Wort Netze verstanden werde. In dieser Gegend liegen verschiedene kleine Seen, davon Ausflüsse sich in die Netze ergießen; unter andern liegt hinter Inowrazlaw eine große See, der Gopplo genannt, welcher tief in polnisch Cujavien gehet. Dieser See hat auch seinen Abfluß in die Netze, welcher aber von der See bis an die Netze Montwey genannt wird. Aus einer der kleinen Seen, welche hinter Znin, theils in Preußen, theils in Polen liegen, kommt ein fließendes Wasser, welches Netze genannt wird, der Hauptfluß aber kommt aus dem Gopplo-See und heißet Montwey; es ist daher ungewiß, wo die Netze eigentlich ihren Ursprung hat. Preußischer Seits nahm man bey der ersten Besitzergreifung an, daß die Netze aus allen diesen Seen entspringe, und zog daher die Grenze hinter denselben jenseits des Gopplo-See, und wandte sich alsdenn links nach der Weichsel unweit Schulitz und Dibow. Polnischer Seits glaubte man, daß nach dem Tractat vom 18. Sept. 1773 zu weit in Cujavien gegangen sey, daß man nach dessen Inhalt die Grenze an der Netze herausziehen, und wo diese aufhöre, sich an die Weichsel ohnweit Fordon und Schulitz wenden müsse, und verlangte nichts weniger, als die Abtretung aller hinter der Netze belegenen Ortschaften, welches beynahe die Hälfte des Netzdistricts betrug, so wie er im Jahr 1773

ein

eingegrenzet war. Der Tractat vom 18. Sept. 1773 ist in diesem Stück zu unbestimmt, als daß man daraus diesen Grenzstreit hätte entscheiden können; die preußische Besitznehmung lässet sich indessen wol vertheidigen; denn, nimmt man an, daß die Netze aus dem Gopplo-See kommt, so konnte die Grenze bis an das äußerste Ende dieses Sees, welcher tief in Cujavien streicht, gezogen werden, welches nicht einmal geschehen war. Nimmt man aber an, daß dieser Fluß aus einer der kleinen Seen, welcher hinter Znin liegen, entspringe, so mußten auch alle diese kleinen Seen mit eingegrenzet werden, welches auch anfänglich geschahe. Auf der andern Seite ist aber auch nicht zu leugnen, daß das Ufer jenseits der Netze allzuweit nach Polen ausgedehnet war, und man fand für gut nachzugeben, weil die Umstände sich geändert hatten. Wahrscheinlich wollte man die Entscheidung dieser Grenz-Irrungen nicht auf die Kaiserhöfe ankommen lassen, man verglich sich daher und trat einen großen District, welcher gegen 29000 Seelen enthielt, an Polen wieder ab. Bey dieser Grenz-Regulirung hätte vielen Streitigkeiten, welche einzelne Güter betreffen, vorgebeugt werden können, wenn man hieben nicht so übereilt zu Werke gegangen wäre. Man suchte aber nur Polen zu beruhigen und die Sache im Ganzen abzumachen, die Hoheitslinie wurde daher bestimmt, ohne auf die Grenzen einzelner Güter Rücksicht zu nehmen. Es wurden hiedurch Dörfer und Pertinenzien von Gütern, so in Preußen belegen, abgerissen, und fielen unter polnische Landeshoheit, welches viel Verdrießlichkeiten nach sich ziehet. Hin und wieder weiß man nicht einmal ganz genau, wo die Hoheitslinie hergehet, und soll bis noch durch beiderseits Commissarien berichtiget werden; bisher ist aber noch nichts daran gethan worden. Wäre eine ganz gerade Landeshoheits-Linie gezogen, so wäre bis noch von Nutzen gewesen; allein das ist der Fall auch nicht, denn sie gehet in vielen

Krüm-

Krümmungen fort, und hin und wieder ist es unerklärbar, warum man ein oder anders Dorf und Pertinenz nach Polen abgegrenzet hat, welches seiner Lage und Verhältniß nach bey dem Hauptgut hätte bleiben und mit eingegrenzet werden müssen. Die Beweggründe hiervon sind nicht öffentlich bekannt, und es würde unnütz seyn, hievon Vermuthungen anzugeben.

Der Flächen-Inhalt von ganz Westpreußen, denn so werden die von Polen abgetretenen Provinzen genannt, nemlich vom Netzdistrict, Pommerellen, dem Culmschen und Marienburgschen Gebiet und dem Stift Ermeland, beträgt 630 Quadratmeilen, der Netzdistrict aber allein, wovon hier die Rede ist, hält 132 Quadratmeilen. Diese Provinz grenzet mit der Neumark, Pommerellen, der Weichsel, und Polen, liegt an beiden Seiten der Netze, und bestehet gegenwärtig aus vier landräthlichen Kreisen, dem Croneschen, Caminschen, Brombergschen und Inowrazlawschen. Der Cronesche Kreis gehörte in polnischen Zeiten zu der Woywodschaft Posen, der Caminsche zu dieser und zum Theil zur Woywodschaft Kalisch, der Brombergsche zu der Woywodschaft Gnesen und Inowrazlaw, und der Inowrazlawsche ist ein Theil einer besondern Woywodschaft dieses Namens gewesen, und hat nebst dem Brombergschen Kreise zu dem Herzogthum Cujavien gehört.

Flächen-Inhalt von Westpreußen und vom Netzdistrict.

Die Bevölkerung des Netzdistricts und das Verhältniß gegen die Churmark Brandenburg ist aus folgender im Jahr 1788 angefertigten officiellen Tabelle zu ersehen.

Bevölkerung der Provinz.

Seelenzahl

	in der Churmark mit im Ausschluß des Nieberbarnimschen und havelländischen Kreises.	im Netzdistrict.	in der Churmark	im Netzdistrict	thut auf die Quadratmeile	Mithin sind im Netzdistrict gegen die Churmark auf die Quadratmeile mehr	weniger
1. Seelenzahl auf dem platten Lande und in den Städten, mit Einschluß des Militär und der Juden.	492284	178430	1288	1351		63	,
2. Seelenzahl der Christen überhaupt, ohne das Militär in den Städten	468418	175509	1226	1329		103	,
3. Seelenzahl der Christen überhaupt, ohne Juden und ohne das Militär in den Städten	468418	167355	1226	1267		41	,
4. Seelenzahl der Christen überhaupt, mit Einschluß des Militär in den Städten	492284	170276	1288	1290		2	,
5. Seelenzahl des platten Landes	345592	135629	904	1027		123	,
6. Seelenzahl in den Städten, mit Einschluß des Militär und der Juden	146692	42801	384	324		,	60
7. Seelenzahl in den Städten, ohne Militär und ohne Juden	122827	39880	321	302		,	19
8. Seelenzahl in den Städten, ohne Militär	122827	31726	321	240		,	81
9. Seelenzahl der Juden	,	8154	,	61		,	,
10. Seelenzahl des Militär in den Städten	23865	2921	62	22		,	40
11. Von der Seelenzahl des platten Landes rechnen in Reihe und Gliedern	6154	3731	13	29		16	,

Obgleich diese Tabelle mit viel Sorgfalt aufgenommen worden, so ist es doch wahrscheinlich, daß sich die Menschenzahl im Netzdistrict weit höher als 178430 belaufe, und wenigstens jetzt mit viel Zuverläßigkeit auf 200000 bestimmt werden kann, welches auf die Quadratmeile 1500 Seelen beträgt. Denn die Judenzahl wird nur auf 8154 angegeben, statt daß davon gewiß über 20000 in der Provinz wohnen, weil nur die Juden=Familien in Anschlag gekommen, so Concession haben. Dis sind aber die wenigsten, denn die meisten Städte sind voll von Juden, und es wohnen oft drey bis vier Familien in einem Hause. Die unvergleiteten Juden werden bisweilen weggejagt, und es müssen aus einer Stadt auf einige hundert auswandern, den andern Tag sind sie über alle wieder da, und denn haben sie so lange Ruhe, bis der Steuerrath einmal wieder eine Musterung vornimmt. Die meisten laufen alsdenn in ihren Gewerben auf dem Lande herum, und es ist mit Zuverläßigkeit ihre Anzahl nicht auszumitteln. Seit fünf Jahren hat sich auch die Volksmenge sowol durch Einwandern und Ansiedeln, als durch Zeugung sehr vergrößert, denn blos in Bromberg hat die Volksmenge seit fünf Jahren um einige hundert zugenommen. Es ist auch nicht zu vermeiden, daß bey dergleichen Seelen=Aufnahmen viel Menschen verschwiegen werden, und wird daher von den meisten, so Landes=Kenntniß haben, die Volksmenge auf 200000 Seelen angenommen.

Einige wollen behaupten, daß sich die Menschen in dieser Provinz seit der Besitznehmung nicht sehr vermehrt hätten, weil viele ausgewandert wären, so nicht wieder zurückgekommen. Dis ist auch nicht zu leugnen, denn blos die Zahl der ausgetretenen Cantonnisten läuft auf einige tausend, indessen sind dis auch nur diejenigen Menschen, wovon man sagen kann, daß sie zum Theil aus=

ausgewandert, wovon aber auch viele wieder zurückgekommen. Von den übrigen Menschen kann man gar nicht sagen, daß sie ausgetreten, vielmehr sind aus Polen viel Menschen ins Land gezogen, und kann man sicher annehmen, daß sich eins mit dem andern balanciret. Die Austretung der Cantonnisten hat auch, seitdem die Einwohner sich an die militärische Verfassung gewöhnt, und sie in Polen vor der Aushebung auch nicht mehr sicher sind, sehr vermindert. Im Jahr 1775, mithin etwa zwey Jahre nach der Besitznehmung, betrug die Volksmenge 167542, und wenn man diese Zahl mit der gegenwärtigen vergleicht, so würde der Zuwachs nicht groß seyn; allein ein Jahr später, im Jahre 1776, betrug sie nur 139060, mithin 28482 weniger. Dis rührte aber nicht von Auswanderung her, sondern weil der ganze Gopploer Kreis an Polen zurückgegeben wurde. Wenn man daher die Volksmenge von 1776 mit der von 1788. vergleicht, so ist der Zuwachs ansehnlich, und beläuft sich in zwölf Jahren auf 36000 Seelen. In ältern Zeiten mag diese Provinz wol weit stärker bevölkert gewesen seyn, denn der Schwedische Krieg und die in den Jahren 1709 bis 1711 hier grassirte Pest muß viel Menschen aufgerieben haben, wovon sich bey der Besitznehmung noch viel Spuren fanden. Einige Städte lagen noch in Schutt. So soll zum Beyspiel Bromberg ehemals 1500 Häuser gehabt haben, welches auch aus den vielen Ruinen, unterm Schutt liegenden Fundamenten und Kellergewölben wahrscheinlich wird. Bey der Besitznehmung waren aber nur 4 bis 500 Einwohner vorhanden, welche sich kümmerlich nährten. Viel Dörfer sind ganz eingegangen, und man findet hin und wieder in großen Wäldern noch die unverkennbaren Spuren des Ackerbaues. Man hat hier zwar die Gewohnheit, daß man große Strecken der Wälder ausrodet und zu Acker macht, dagegen aber die alten Aecker,

wenn

wenn sie nicht mehr so ergiebig tragen wollen, zu Wald liegen läſſet. Allein dieſe Spuren von urbarem Acker liegen oft so weit von den Dörfern entfernt, daß sie unmöglich von daher haben cultiviret werden können, und man annehmen muß, daß sonst in diesen Gegenden ganze Dörfer oder Vorwerker geweſen, so eingegangen. In alten Urkunden werden auch oft Dörfer genannt, wovon keine Spur mehr anzutreffen, und in andern wird geſagt, daß durch die Peſt und Kriegesunruhen die Menſchen vermindert worden, und damit das Gut oder das Dorf wieder in Aufnahme komme, die Herrſchaft sich entſchloſſen habe, deutſche Leute anzuſetzen. Aus dieſer Epoke ſchreibt ſich auch die Entſtehung der vielen deutſchen Dörfer und Colonien her, so sich in der Provinz finden, denn man kann die Deutſchen jetzt beynahe auf die Hälfte der Einwohner rechnen. Die Deutſchen vermiſchten sich nicht mit den Polen; wenn ſie sich niederließen, mußten die etwa noch vorhandenen polniſchen Familien aus dem Dorfe heraus und wo anders hin verſetzet werden, und sie nahmen das ganze Dorf an. Bisweilen wurde es einem oder ein paar Deutſchen verliehen, und dieſe ſchafften die übrigen Bauern an, damit ſie eine Gemeinde ausmachen konnten. Die Religion trug vieles dazu bey, so wie die Sprache und Induſtrie, denn mit den Polen konnten ſie nichts anfangen. Die Deutſchen hatten auch ein weit erträglicheres Schickſal, als die Polen, welche in der Knechtſchaft lebten, wozu sich kein Deutſcher verſtehen wollte. Dieſe waren freye Leute, ſchloſſen mit den Herrſchaften Contracte, übernahmen nur leibliche Dienſte, konnten sich Vermögen erwerben, und vermehrten sich weit ſtärker als die in der Leibeigenſchaft lebenden Polen. Der allgemein herrſchende Mangel an Induſtrie zog allerley Handwerker ins Land, welche größtentheils deutſchen Urſprungs ſind. Alle Schäfer, Müller, und Leute, zu deren Gewerbe etwas Kenntniß erfordert wird,

wird, sind deutschen Ursprungs. Der polnische Bauer erhebt sich nicht über seinen sklavischen Stand, es ist eine Caste, aus welcher er nicht heraustritt, wenn er nicht mit Gewalt ausgehoben wird. Der polnische nicht begüterte Adel giebt sich mit Pachtungen ab, oder er dient dem begüterten Adel als Commissarius und Verwalter, die Deutschen aber sind gewandter in Geschäfften, und verdrängten auch hier die Polen; denn es gab schon in polnischen Zeiten hier viel deutsche Pächter und Commissarien. In diesem Jahrhundert sind auch viel Städte deutscher Nation angelegt, welche bald die alten polnischen Städte verdunkelt haben, in welchen keine Betriebsamkeit herrschet. So ist zum Beispiel die Stadt Schönlanke erst in diesem Jahrhundert entstanden, welche mehr als 300 Häuser und über 2000 Einwohner hat, so sich größtentheils vom Tuchmachen nähren, deutschen Ursprungs und im Wohlstande sind. Auch Radolin ist etwa vor 40 bis 50 Jahren angelegt, und bestehet größtentheils aus Tuchmachern, so ebenfalls Deutsche sind, denn die polnischen Bürger in den Städten treiben nur theils Ackerbau, theils solche Gewerbe, welche nicht viel Anstrengung erfordern. Die polnische Nation vermindert sich von Jahr zu Jahr, so daß sie sich in einigen Generationen fast ganz verlieren wird. Bey den Schaarwerks-Bauern, welche in einer Art von Knechtschaft leben, wenn selbige gleich durch eine königliche Verordnung sofort nach der Besitznehmung aufgehoben worden, wird sie sich noch am längsten erhalten; denn es ist ein höchst seltnes Beyspiel, daß ein Deutscher sich in die Knechtschaft begiebt und einen Schaarwerks-Bauerhof annimmt. Die deutschen Bauern lassen sich keine neue Dienste auflegen, sie opfern alles auf, um sich davon zu befreyen, und wenn ihnen dis unmöglich ist, so verlassen sie lieber die Höfe; sie haben ein Freyheitsgefühl, welches der polnische Bauer nicht kennt. Die militärische Einrichtung ist für die

pol-

polnische Nation eine wahre Wohlthat, denn wenn gleich der Militairdienst unter freyen Menschen der größte Grad von Sclaverey ist, so lernen sie doch andere Menschen kennen, vermischen sich mit ihnen, nehmen ihre Denkungsart an, und der Soldat wird ein Lehrer seiner unglücklichen Nebenmenschen, wenn er Urlaub hat oder den Abschied bekömmt.

Im Jahr 1785 betrug die Volksmenge im Netzdistrict 163,070 Seelen, hierunter waren 85,296 Catholiken, 70,989 Evangelische oder Protestanten, und 6,785 Juden, mithin bestand mehr als die Hälfte der Einwohner aus Catholiken, und in diesem Jahr übertraf die Zahl der Gebohrnen die der Verstorbenen um 4262.

Nach der Bevölkerungstabelle von 1788, welche aber mit der vorhin angegebenen parallel-Tabelle nicht genau stimmt, ohne daß der Verfasser die Ursache davon angeben kann, waren:

a) in den Städten   39412.
b) in den Königl. Aemtern   41678.
c) auf dem platten Lande in den Kreisen   91718.
d) Juden   7428.
                               180236 Seelen.

Dis differiret von jener Tabelle um 1756 Seelen, und es ist ungewiß, welche von beiden Tabellen den meisten Glauben verdiene. In Ansehung der Juden bleibt es wol ausgemacht, daß deren Zahl in beiden Tabellen zu geringe angegeben worden. Wenn man aber diese Tabelle für völlig richtig annimmt, und voraussetzet, daß im Jahr 1785. die Zahl der Gebohrnen diejenige der Gestorbenen um 4262 Seelen übertroffen; so würde sich nach diesem Verhältniß seit 1788 bis hieher binnen 5 Jahren die Volksmenge um 21310 Menschen vermehret haben, ohne das immerwährende Einwandern in Anschlag zu bringen, und man thut eher zu wenig als zu viel, wenn man die Volksmenge auf 200000 Seelen bestimmt, welches auf die Quadratmeile 1500 beträgt.

Zur genauern Uebersicht der Bevölkerung dienen folgende Tabellen.

Tabellvölkerung.

	Namen der ichen Personen. diesseits der ... nd echte.	Jungen.	Mägde.	Summe.
1	Bromberg, auf pol. 37	92	317	3077
2	Barcin - - 7	16	49	496
3	Cammin - - 5	12	19	454
4	Coronowo oder pol. 15	14	37	895
5	Deutsch Crone oder 45	14	47	1414
6	Flatow - - 13	19	54	1052
7	Märksch Friedland 8	10	29	673
8	Filehne - - 46	47	99	1229
9	Fordon oder Forda 16	19	75	845
10	Jastrow - - 50	46	221	1957
11	Krojanke - - 18	16	37	878
12	Lobsens - - 16	21	148	957
13	Mroczen - - 13	14	30	655
14	Miastezko - - 7	6	4	302
15	Nakel - - 30	7	58	768
16	Radolin - - 1	17	66	467
17	Szulitz - - 10	9	16	316
18	Schneidemühle 52	49	146	164
19	Schloppe 8	15	33	918

				Summe
1	Bromberg			
	diesseits der Netze	48	438	10196
	jenseits der Netze	49	249	5885
2	Cammin			
	diesseits der Netze	-	1557	30310
	jenseits der Netze	-	895	8096
3	Crone			
	diesseits der Netze	174	808	18194
	jenseits der Netze	103	467	9098
4	Inowraslav	160	575	12531
	Summe	737	4654	91718
		5268	10609	180777

tern und deren Bevölkerung.

er in selbigen befindlichen Personen.

Töchter.	Gesellen.	Diener und Knechte.	Jungen.	Mägde.	Summe.
820	5	169	131	193	3566
228	,	79	20	47	919
1239	15	405	170	385	5864
154	2	30	14	27	715
730	5	182	79	136	2897
885	,	252	139	193	4287
283	,	114	33	71	1327
962	,	200	90	142	4089
294	,	57	57	53	1227
309	,	108	62	93	1428
218	1	50	28	43	884
388	,	108	37	63	1584
214	2	23	24	38	909
190	,	95	39	61	917
408	,	167	189	179	2083
243	,	134	74	78	1428
425	6	208	89	158	2140
346	,	87	63	68	1629
477	,	152	85	137	2263
294	,	133	75	87	1472
9107	36	2753	1498	2252	41678

iglichen Städten hierunter nicht mit begriffen, weil

d deren Bevölkerung.

dem platten Lande wohnenden Personen.

	In den Städten der Netze.	verheirathete.	Jungen.	Mägde.	Summe.
1	Bromberg	-	-	3	21
2	Barcin	-	-	-	56
3	Cammin	-	-	2	87
4	Deutsch Crone	5	-	8	464
5	Fordon	5	-	12	483
6	Flatow	5	-	48	653
7	M. Friedland	4	-	46	702
8	Jastro	-	-	1	254
9	Krojanke	3	-	-	170
10	Lobsens	2	1	7	283
11	Mroczen	-	-	-	63
12	Nakel	1	-	-	52
13	Schloppe	5	-	2	205
14	Schneidemühle	1	-	3	188
15	Schönlanke	-	-	-	253
16	Tietz	5	-	2	101
17	Wirsitz	-	-	-	41
18	Zempelburg	4	-	8	622

von der Bevölkerung.

ae.	Töchter.	Gesellen.	Diener und Knechte.	Jungen.	Mägde.	Summe.
5	8471	859	994	887	3155	39412
7	9107	36	2733	1498	2252	41678
9	12082	16	6689	1437	4654	91718
1	39660	911	10436	3822	10061	172808
4	1438	1	189	1	224	7428
5	41098	912	10625	3823	10285	180236
0	8527	921	924	866	3216	39860
3	9257	40	2782	1553	2224	42368
0	22551	18	6827	1493	4835	93261
3	40335	979	10543	3912	10275	175509
8	1725		172	9	244	8243
1	42050	979	10715	3921	10519	183752
7	8827	949	880	856	3410	40762
7	9440	31	2729	1598	2237	43021
3	22922	20	5908	2461	4882	94297
7	41189	1000	9517	4915	10529	178080
8	1846	2	94	12	221	8528
5	43035	1002	9611	4927	10750	186608
8	8696	971	957	869	3436	41199
	9543	28	2862	1613	2290	43711
	2302	74	5667	2786	4893	95867

Im Jahr 1775, wie noch der Gopplokreis zu Westpreußen gehörte, worin die Städte Casimirs, Kletzewo, Moelczin, Povize, Sleßin, Slupze, Trzemesno und Wiltkowo liegen, war die Bevölkerung nach den vorhandenen Tabellen folgende:

Anzahl der im Netzdistrict befindlichen Personen.

	Männer	Weiber	Söhne	Töchter	Gesellen	Diener und Knechte	Jungen	Mägde	Summa
1. In den Städten	6467	6845	6263	6256	563	639	618	2065	29716
2. In den Aemtern	5297	6001	6298	5860	—	2813	—	1591	27860
3. In den Kreisen	20108	21619	21353	22383	—	9223	—	5832	100518
Summa	31872	34465	33914	34499	563	12675	618	9488	158094
4. Juden	2514	1621	2171	1860	—	129	—	153	9448
Summa	34386	37086	36085	36359	563	12804	618	9641	167543
Hiervon sind im Jahr 1775 zurückgegeben worden									28000
mithin bleiben noch									139543
Im Jahr 1791 betrug die Volksmenge									189550
folglich hat sich die Volksmenge von 1775 bis 1791 vermehrt um									50000

Mortalitäts- und Zeugungsliste von 1785 bis 1790.

	gebohren	gestorben
1785 sind im Neßdistrict	8575	4277
1786	8556	4821
1787	9197	5753
1788	8980	5747
1789	8458	6632
1790	9393	5684
	53159	32914

mithin sind in 6 Jahren mehr gebohren als gestorben 20245, welches im Durchschnitt auf das Jahr macht 3374.

Generaltabelle vom Jahr 1791.

Feuer-Stellen	Hufen	Menschen	Pferde	Fohlen	Ochsen	Kühe	Jung Vieh	Schafe	Schweine	Ziegen
25520	16413	489550	33501	3886	40491	43628	37835	325472	62475	466

In Westpreußen und also auch im **Finanzeinrichtung.** Netzdistrict, wurde gleich nach der Besitznehmung alles auf preußischen Fuß eingerichtet. Die Finanzen wurden ganz anders verwaltet, Aemter und Cammern angelegt, die Contribution allgemein, und die Accise in den Städten, wo es sich thun ließ, eingeführt, Handel und Wandel befördert, und es verbreitete sich ein neues Leben in der ganzen Provinz. Die Menschen staunten, als wenn sie aus einer langwierigen Gefangenschaft erlöset worden, die Ketten wurden zerbrochen, sie fühlten ihre Glückseligkeit, es ging eine neue Schöpfung vor. Man wende nicht dagegen ein, daß die Menschen nur die Ketten vertauschet und wieder in eine politische Sclaverey gekommen, welche nicht besser als die vorige sey; denn es ist ein großer Unterschied, von Willkühr eines andern abzuhängen, und nach Gesetzen behandelt zu werden. Dis ist eingeschränkte Freyheit, welche das gesellschaftliche Leben nothwendig macht; jenes aber ist Knechtschaft, so die Menschheit empöret. Es giebt zwar jetzt viel Sprudelköpfe, welche sich nicht frey genug zu seyn dünken, und von übelverstandenen Rechten der Menschheit schwatzen, allein sie bedenken nicht, daß eine solche Freyheit, wovon sie träumen, nur bey wilden Völkern, die erst aus der Hand der Natur kommen, stattfinden kann, daß sich kein gesellschaftliches Leben, ohne Aufopferung gewisser Rechte, so uns die Natur verliehen, gedenken lässet, daß die Gesetze die Rechte, so ein jeder Mensch als Mitglied eines Staats genießet, bestimmen müssen, wenn man nicht wieder von vorne anfangen will. Ihr Bestreben ist fruchtlos, bahnt den Weg zur Barbarey, und sie werden sich nie dem Zwange der Gesetze entziehen können: Ein großes blühendes Reich giebt uns hierin ein treffendes Beyspiel, und die Erfahrung wird lehren, daß sich die Franken ihren alten Gesetzen entziehen, und sich ei-

ferne

ferne Ketten schmieden werden. Schon Weltweisen der Vorzeit haben behauptet, daß nach den Gesetzen zu leben, Freyheit heiße, und sie haben Recht, denn eine andere Art von Freyheit, wobey die Menschen glücklich seyn können, giebt es nicht. Gesetze sind der Maaßstab, womit das Glück der Völker gemessen werden muß; je weiser die Gesetze, je glücklicher die Nation. Hierauf gründet sich der Nationalstolz und die Eifersucht der Völker, sobald die Rede von Gesetzen ist. Die Englische Nation hat eine vortreffliche Constitution, aber diese hat auch ihre großen Fehler, dies sehen einsichtsvolle Männer wol ein, allein die Gefahr schwebt ihnen vor Augen, wenn die Constitution angegriffen wird, sie wollen lieber die Fehler übersehen, und die daraus erwachsenden Unbequemlichkeiten ertragen, als ganz ohne Gesetze leben. Dies ist auch vernünftig, denn welcher kluge Mann reißet sein Haus nieder, ohne zu wissen, wo er so lange hinziehen will, bis das neue Haus, so er bauen will, fertig ist. In diesem Fall sind jetzt die Franken, und es wird einer jeden Nation so gehen, welche unvorsichtig genug ist, um ihrem Beyspiel zu folgen. Misbräuche schleichen sich in jeder Constitution ein, die Landesadministration muß darauf wachen, dis zu verhüten, jede gewaltsame Umwerfung ist gefährlich. Eine Constitution, wie sie die Franken haben wollen, ist eine Chimäre, sie passet so wenig für einen monarchischen, aristokratischen, oder demokratischen Staat, als für die vermischte Regierungsform, es ist blos ein Ideenreich, so nicht zur Wirklichkeit gebracht werden kann. Eine vieljährige Erfahrung hat gelehrt, daß für den preußischen Staat keine bessere Regierungsform ist, als die es hat, und wenn gleich hin und wieder Misbräuche eingeschlichen sind, wovon kein Reich frey ist, so schadet dis der Güte der Verfassung nicht, weil die Mängel ohne Nachtheil des Ganzen gehoben werden kön-

können. Westpreußen dient zum Beweis, daß die Regierungsform gut ist, denn dis Land ist daburch glücklich geworden, daß es unter preußische Domination gekommen. Abgaben machen ein Land nicht durchaus unglücklich, vielmehr können sie es glücklich machen, wenn sie mit Weisheit angelegt werden. Der preußische Staat hat mehr Bedürfnisse als viele andere Länder, die Abgaben sind daher verhältnißmäßig größer, aber die Unterthanen sind darum doch nicht unglücklicher daran, als in andern Reichen. Das Eigenthum ist gesichert, man hört nichts von Ungerechtigkeiten, nichts von Bedrückungen, nichts von Kriegessteuern, es herrscht Ruhe von außen und von innen, es fehlt nicht an Bedürfnissen allerley Art, man findet hier nicht eine solche drückende Armuth als in andern Ländern, das Vermögen ist mehr vertheilt, die geringere Classe der Einwohner trägt zu den Staatsbedürfnissen nicht über seine Kräfte bey, Handel, Wandel und Gewerbe sind nach Beschaffenheit des Landes im Flor, und es fehlt nicht an Credit, weil in allen Zweigen Ordnung herrschet.

Wir wollen jetzt auf die innere Einrichtung des Landes einen Blick werfen. Ein Staat, der so viele Bedürfnisse hat als der preußische, der sich geltend machen, und die Rolle behaupten will, die er übernommen hat, muß gut wirthschaften, oder er fällt tiefer herunter als er gestiegen ist. Die Nothwendigkeit einer guten Staatswirthschaft ist jedem Sachverständigen einleuchtend.

Die Domänen im Netzbistrict sind verhältnißmäßig gegen andere Provinzen nicht von Belang, sie sind theils aus den ehemaligen Starosteyen oder königlichen Gütern, theils aus den eingezogenen Klostergütern, woraus den Klöstern eine Competenz gereicht wird, und zum Theil aus *Domänen und Domänneuämter, auch deren Entstehung.*

aus denen von dem ehemaligen Minister von Görne angekauften, eingezogenen und zu Domänen gemachten adlichen Gütern erwachsen. Hätte der König alles in dem Zustande lassen wollen, wie es war, so würde er nie den großen Zweck erreicht haben, diese Provinz blühend zu machen, und es würde ihm mit deren Acquisition nichts gedient gewesen seyn. Die Domänen oder Starosteylichen Güter waren in den Händen von Privatpersonen, welche davon dem Staat nichts gaben, und sie nicht einmal in baulichem Stande erhielten. Sie wurden von Herzen schlecht bewirthschaftet, und zum Theil ganz verwüstet. Das erste, was geschahe, war daher, die Starosteyen einzuziehen, und diejenigen Starosten, welche sie gekauft hatten, wenigstens einigermaaßen zu entschädigen. Viele Familien, welche beynahe ihr ganzes Vermögen hineingesteckt hatten, litten hieben gewaltig, aber es war nicht zu ändern, denn sonst hätte der König gar keine Domänen gehabt. Die Starosteyen im Netzdistrict waren nicht von Belang, und bestanden in mäßigen Gütern, sie mußten daher vergrößert werden. Dies geschahe durch Einziehung der Klostergüter, indem man selbige den Starosteyen oder Domänenämtern einverleibte, und den Klöstern dagegen ihre Competenz, nämlich die Hälfte der Einkünfte, aus der Domänencasse zahlte. Es war festgesetzt, daß die Klostergüter 50 Procent Contribution geben sollten, diese übernahm der König nach dem ausgemittelten Ertrag, bezahlte die Contribution aus der Domänencasse an die Kriegescasse, und ließ aus den Klostergütern Domänenämter machen. Einige sind zu Aemtern besonders gemacht, andere aber sind zu den ehemaligen Starosteyen geschlagen. Eine andere Gelegenheit die Domänen zu vergrößern, trug sich zu, indem der Minister Görne in Ungnade fiel, und sein Vermögen eingezogen wurde. Dieser hatte mit königlichem Gelde viel Gü-

Güter in Polen und auch einige im Netzdistrict gekauft, welche eingezogen und Domainenämter daraus gemacht wurden. So ist das Amt Blalasliwe und Mroczen erwachsen, welche sonst adliche Güter waren. Auch wurde das adliche Gut Wirsiz von dem Graf Ridzinski angekauft und zum Domänenamt gemacht. Auf die Art sind überhaupt 26 Domänenämter erwachsen, welche jetzt 6995 Hufen, 6030 Feuerstellen und 43,711 Seelen enthalten und gegen 80,000 Thaler eintragen, auch noch mancher Verbesserung fähig sind. Von diesem Einkommen aber müssen die Competenzgelder an die Klöster bezahlet werden, welche beynahe 17,000 Thaler betragen, und bleiben nach Abzug aller Ausgaben etwa 50000 Thaler übrig, so in die Generaldomänencasse fließen. Dis ist in der That nicht viel für eine Provinz wie der Netzdistrict, so 132 Quadratmeilen und beynahe 200,000 Menschen enthält.

Die Aemter sind nicht von großem Umfang und der Ertrag daher geringe, indessen steigt solcher von Zeit zu Zeit, da sie beynahe alle einiger Verbesserung fähig sind. Das größte unter allen ist das Amt Coronowo, welches aus den Besitzungen der Cisterzienserabtey daselbst erwachsen, und über 10,000 Thaler einbringt. Hiernächst folgt Neuhof und alsdenn Lebehnke, welche Starosteyen gewesen. Die Beamten stehen sich gut, weil das Land fast durchgehends sehr fruchtbar, die Vorwerker zum mäßigen Körnerertrag gebracht und das Getreide mittelmäßig veranschlaget worden, die Preise von allen Erzeugnissen aber von Jahr zu Jahr steigen, so daß viele adliche Güter jetzt beynahe noch einmal soviel an Pacht tragen als bey der Besitznehmung. Es ist daher hier ein äußerst seltner Fall, daß ein Beamter durch executivische Zwangsmittel zur Bezahlung der Pachtgelder angehalten werden muß. Die Domänencasse hat nie Reste, wie dis häufig in andern Provinzen der Fall ist. Die zunehmende Bevölkerung und der Wohlstand der Unterthanen befördert auch die Propination, oder den Debit des Getränkes, so die Beamten in den königlichen Dörfern und zum Theil auch in den königlichen Städten mit in Pacht haben, und dis erhöhet nicht allein den Ertrag der Aemter, sondern bringt baares Geld ein, es mögen die Getreidepreise stehen wie sie wollen.

Wie der Netzdistrict unter preußische Hoheit kam, war kein einziges Amt ausgebauet, und es mußten über 100,000 Thaler verwandt werden, um erst die Amtsgebäude aufzuführen, welche indessen sämtlich nur von Holz gebauet sind.

Regalien.
Forstregal.
Die königlichen Forsten könnten in dieser Provinz außerordentlich beträchtlich seyn, denn sie betragen über 16000 Magdeburgische Hufen, wenn nicht soviel Städte, Güter, Dörfer und Privatpersonen mit der Holzungsgerechtigkeit darin privilegirt wären: In polnischen Zeiten wurde aus dem Holz wenig gemacht, weil es im Ueberfluß vorhanden und kein Kaufmannsartikel war, so daß wenig Geld daraus gemacht werden konnte. Es hielt daher nicht schwer, ein Privilegium auf freyes Bau- und Brennholz zu erhalten. Dis wurde ohne Bedenken vom König und auch vom Reichstag bestätiget, wenn der Starost es vorschlug, und daraus sind die vielen Privilegien erwachsen, welche jetzt den königlichen Forsten beynahe den Untergang drohen. Die königlichen Forsten sind in dieser Provinz in sieben Forstreviere eingetheilt, den Brombergschen, Caminschen, Coronowischen, Nieskowischen, Strzelnaschen, Lebehnfischen und Zielginevschen. Alle diese Forstbediente stehen unter dem Oberforstmeister, welcher in Bromberg wohnt, und bey der Kriegs- und Domänencammer Sitz und Stimme hat. Die Waldungen bestehen

hen größtentheils in Fichten, hin und wieder giebt es aber auch Eichenwälder, jedoch ist wenig starkes Kaufmannsgut darin. Die Eichen sind überhaupt in dieser Provinz nicht von der Größe und Güte, als in einigen Provinzen Deutschlands, und können zu Schiffbauholz nicht gebraucht werden, dagegen aber sind die Fichten sehr stark und zum Bau vorzüglich gut. Vor 20 Jahren wurde ein großer Fichtenblock für 12 bis 16 Ggr. verkauft, jetzt gilt ein Stettiner Balken, wenn er gut und gesund ist, 2 bis 3 Rthl.

Die Jagd in den königlichen Gütern und Forsten bestehet in Rehen, Schweinen, Haasen, Hühnern und anderm Geflügel, ist aber hier nicht ergiebig, weil es zu viel Raubthiere giebt. Die Wölfe sind hier in großer Menge, wie auch Füchse, und diese schaden dem Wilde mehr als die Menschen. Hirsche giebt es hier nicht, außer wenn sie aus der Neumark übertreten, es ist blos Streichwild.

Die Jagden sind verpachtet, und fließen die Pachtgelder in die Forstcasse, welche ungefähr 3000 Thaler betragen.

Sonst war im Netzdistrict, wie in den meisten preußischen Provinzen, Salzconscription, nemlich daß ein jeder eine bestimmte Quantität Salz nehmen mußte. Dis ist aber vor einigen Jahren aufgehoben, und sind Salzfactoreyen angelegt, und zwar zwischen den beiden Flüssen Brahe und Netze von Coctursalz, hinter diesen Flüssen aber von Seesalz. Das Coctursalz stehet unter der Cammer, und das Seesalz unter der Seehandlung. Der Berliner-Scheffel Coctursalz kostet 1 Thlr. 6 Ggr., der Scheffel Seesalz aber 2 Thaler 1 Ggr., dis Salz ist viel besser als das Coctursalz, und man giebt lieber 2 Thlr. als 1 Thlr. 6 Ggr. Diese

Salzregal.

Einrichtung giebt zu vielen Defraudationen Anlaß, und es sollte billig einem jeden freystehen, ob er sich des Cocturoder Seesalzes bedienen wolle. Bromberg, ob es gleich zwischen den erwähnten beiden Flüssen liegt, ist ausgenommen, und muß Seesalz nehmen. Die Salzrevenües lassen sich nicht bestimmen.

Mineralien und Hüttenwerke. In Ansehung der Mineralien hat die Natur Westpreußen, und vorzüglich den Netzdistrict, stiefmütterlich behandelt. Es giebt hier weder edle noch unedle Metalle, keine Eisensteine, und nicht einmal Steinkohlen. letztere sind hier zu entbehren, denn die Provinz hat im Ganzen Holz in Ueberfluß, wenn es gleich in Cujavien etwas weit geholt werden muß. Und wenn es auch hin und wieder dereinst an Holz fehlen möchte, welcher Fall so leicht nicht eintreten dürfte, wenn nur gehörig geschont wird; so giebt es doch an vielen Orten guten Torf, welcher gegen Feuerungsmangel schützen wird. Selbst die königlichen Forsten werden sich, der vielen Privilegien ungeachtet, schon erhalten, wenn nur der Etat nicht erhöhet, und gute Aufsicht gehalten wird, denn der Adel hat auch beträchtliche Waldungen.

Von Hüttenwerken ist im Netzdistrict weiter nichts als eine Salpetersiederey zu Inowrazlaw angelegt worden, welche nicht beträchtlich ist, etwa 24 Menschen beschäfftigt, und ungefähr 7000 Thaler in Verkehr hat. Sie ressortiret unter das Haupt-Bergwerks- und Hüttendepartement des Generaldirectorii.

Mit Eisen und Kupfer wird die Provinz durch eine zu Bromberg angelegte königliche Niederlage versorgt, welche etwa für 60,000 Thlr. jährlich absetzet, und auch den Kalkdebit hat, woraus jährlich gegen 15000 Thlr.

ge-

gelöset werden. Indessen ist dis kein Regal, denn ein jeder kann auf seinem Gute Kalk brennen soviel er will.

Der Stempel ist im Netzdistrict eben so gut als in andern preußischen Provinzen eingeführt, und wird nach einerley Sätzen erhoben. *Stempelregal.* Diese Staatseinnahme ist hier nicht unbeträchtlich, weil die Nation einen starken Hang zu Prozessen hat, und die adlichen Güter unaufhörlich gekauft und verkauft werden, zu den Kaufcontracten aber ein Viertel des hohen Stempelbogens genommen werden muß. Die adlichen Güter werden hier wie eine Waare angesehen, womit man handelt, denn viele kaufen Güter, nicht um sie zu behalten, sondern um sie mit Vortheil wieder zu verkaufen, daher kommt bisweilen ein Gut binnen Jahrsfrist in mehrere Hände. Einem jeden ist sein Gut feil, wenn es nur theuer bezahlt wird, und hieben gewinnt die Stempelcasse ungemein. Der Collateralstempel ist auch beträchtlich, und betragen die Stempelrevenüés des Jahrs über 15000 Thaler.

Das Postwesen ist hier eben so wie in andern preußischen Provinzen eingerichtet. *Postregal.* Die frequenteste Post ist die, so von Berlin nach Königsberg und zurück gehet, denn dieser Postcours läuft die Provinz der länge nach durch, von Filehn nach Fordon, und sind auf dieser Route 4 Postämter, zu Filehne, Schneidemühle, Nakel und Bromberg. Ein jedes Postamt hat verschiedene Nebenposten, so sich kreuzen, und in die Provinz gehen. Das Brombergsche Postamt ist bey weitem das ansehnlichste. Die Postrevenüés lassen sich nicht füglich bestimmen, sie müssen aber beträchtlich seyn, weil alles, was nach Curland und Rußland gehet, hier durch muß.

Die Accise ist im Netzdistrict nicht allgemein, sondern nur in den größern Städ- *Accise und Zoll.*

ten

ten, und hinter der Netze gar nicht, außer in Filehn und Czarnikow, eingeführt, weil diese beiden Städte unmittelbar an der Netze liegen. Von den in dieser Provinz befindlichen 47 Städten sind nur 25 accisbar, die übrigen 22 aber contribuabel gemacht worden. Daß die Accise in den kleinen Städten nicht eingeführt ist, rührt daher, weil die Unterhaltung der Officianten, wo nicht mehr, doch eben soviel kosten würde, als die Accise eintragen dürfte, und diese Städte bey der schlechten Nahrung, und da die Einwohner größtentheils vom Ackerbau leben, nicht würden bestehen können, daher sie denn contribuabel gemacht worden. Hinter der Netze sind die Städte bisher mit der Accise verschont geblieben, weil dort ein nicht unbeträchtlicher Handel nach Polen geführt wird, die Defraudationen sehr schwer zu verhüten, und sehr viel Officianten darauf gehalten werden müßten, mithin nicht viel dabey herauskommen dürfte. Die Netze ist daher zur Barriere gemacht, indessen ist schon oft daran gearbeitet worden, auch diese Städte unter Accise zu setzen, und wie es heißet, soll sie dies Jahr eingeführt werden. Diese Städte sind nicht ganz von Accise frey, denn sie müssen die Consumtionsaccise eben so gut als die Städte disseits der Netze bezahlen. In die Accisecasse fließen auch die Zollgefälle, und sind an der Netze verschiedene Zollämter angelegt.

Die Accise im Netzdistrict ist, wie in andern preußischen Provinzen, die westphälischen ausgenommen, der Cammer nicht unterworfen, sondern die Acciseämter stehen unter der Provincial-Accise- und Zolldirection, so zu Fordon etablirt ist, weil hier der reiche Weichselzoll erhoben wird. Die Accisgefälle von den accisbaren Städten und die darein fließende Zölle bringen jährlich, ohne den Weichselzoll, zwischen 80 bis 90,000 Thaler ein, und der Weichselzoll beläuft sich gegen 250,000 Thaler.

Thaler. Dieser könnte weit mehr einbringen, wenn Elbing nicht so sehr begünstiget würde, denn alle Waaren und Getreide, so nach Elbing gehen, geben 4 Procent weniger, als was nach Danzig gehet. Diesem tritt hinzu, daß alles Getreide, so bey Fordon für königliche Rechnung gekauft wird, keinen Zoll giebt, wenn es aber nach Danzig gienge, es 12 Procent erlegen müßte, welches für den vorigjährigen Einkauf allein über 50,000 Thaler betragen haben würde.

Die Contribution in Westpreußen ist leidlich, und in Vergleichung mit andern deutschen Provinzen, welche die Folge eines verschwenderischen Fürsten oder verwüstender Kriege noch fühlen, sehr geringe. Polen ist in dem Stück glücklich, daß es keine Landesschulden hat. In Deutschland, wo dieser modus cellectandi früher eingeführt worden, fiel alle Last, welche sich die Fürsten selbst zuzogen, unter dem verkleisterten Namen von Staats- oder Landes-Bedürfnissen auf die armen Unterthanen, der Landesherr und Adel empfand nichts davon. Mancher Fürst, welcher sich zur Prodigalitätserklärung qualificirt hätte, lebte in Ueberfluß; wenn es ihm an Gelde gebrach, berief er einen Landtag zusammen, proponirte den Ständen, welche bloß aus Adel, hin und wieder aber auch aus Geistlichen und aus Bürgern der großen Städte bestanden, daß die Bedürfnisse groß wären, erkaufte sich die Stimmen durch einträgliche Landesbedienungen, und nahm sie an den Hof, welches den Erfolg hatte, daß bewilligt wurde, was der Fürst forderte. Dis bewilligte Quantum wurde aufs Land angelegt, die Unterthanen konnten auf einmal nicht bezahlen, nun wurde das Capital in oder außer Landes gegen hohe Zinsen aufgenommen, die Contribution, welche damals unter dem Namen Römermonate bekannt war, weil die

Contribution und deren Einrichtung.

Fürsten

Fürsten den Kaiser zur Krönung nach Rom zu begleiten schuldig gewesen, und sechs Monate sich auf eigene Kosten erhalten mußten, und welche das Land aufbrachte, wurde erhöhet, und auf die Art das Land mit Schulden beschweret, welche nie wieder bezahlt werden konnten. Die wahren Bedürfnisse traten ein, es entstand Krieg, die Provinz wurde mit Brandschatzung belegt, es mußte wieder geborgt werden, und endlich kam die Contribution dem Ertrag des Grundstücks beynahe gleich, statt 6 oder 12 Römermonate wurden 70 bis 80 und noch mehrere eingeführt, und ein Jahr bestand doch nach wie vor nur aus 365 Tagen. Endlich traten die Reichsgerichte zu, erkannten auf eine Creditcommission, und war das Land nun noch nicht unglücklich, so wurde es doch durch diese Justizpflege höchst unglücklich. Dem Fürsten wurde was gewisses zum Hofstaat ausgesetzt, die überflüssige Dienerschaft wurde abgeschafft, viele Menschen außer Brodt gesetzt, die Abgaben nach den Landesbedürfnissen reguliret, und dem Anschein nach alles recht gut eingerichtet. Die Commission, welche viele Jahre dauerte, kostete aber so viel, daß die zu bezahlenden Zinsen aufschwellen, oder ein neues Capital negociiret werden mußte; dem Lande war nichts damit gedient, es war in Schulden, und gerieth noch immer tiefer hinein. Alle Schulden des Fürsten wurden zu Landesschulden gemacht, und der Fürst lebte nach wie vor in Ueberfluß, ohne die Folgen einer verschwenderischen Hofhaltung zu empfinden. Von diesem Elend wissen die Polen nichts, weil sie eine andere Staatsverfassung haben. Auch die preußischen Staaten sind in dem Stück glücklicher als viele andere Länder, weil sie Jahrhunderte her sparsame und weise Regenten gehabt haben, sonst würde dis Reich nie zu der Höhe gestiegen seyn, wodurch es alle andern hinter sich zurück lässet.

Wie

Wie der Netzdistrict unter preußische Hoheit kam, wurde festgesetzt, daß die Klostergeistlichen die Hälfte, der Adel den vierten Theil und die Bauern den dritten Theil des Ertrags ihrer Besitzungen an Contribution erlegen sollten, und es wurde dem Lande versprochen, daß solche nie erhöhet werden solle. Dieser Grundsatz war schon an sich leidlich, er wurde es aber noch mehr durch die Zeitumstände. Alles war damals in dieser Provinz sehr wohlfeil, man kaufte für 8 bis 12 Ggr. den Scheffel Roggen, die Güter waren schlecht bewirthschaftet und geringe im Ertrage, weil nicht viel Geld im Umlauf und die Producte nicht gut zu versilbern waren. Bey der Classification wurde hierauf Rücksicht genommen, der Ertrag wurde geringe ausgemittelt, wohlfeile Preise und ein mäßiger Körnerertrag angenommen, mithin fiel die Domanial-Contribution auch sehr geringe aus. Seitdem sind die Güter besser bewirthschaftet worden, es ist mehr Geld in Umlauf gebracht, theils durch die vielen Bauten, durch die Mobilmachung eines Corps Truppen, so einige Jahre gedauret, durch die vielen Lieferungen an Fourage und Pferden, theils aber durch Einführung des landschaftlichen Creditsystems. Die Getreidepreise sind gestiegen, die Bevölkerung hat zugenommen, Handel und Wandel ist befördert, das Holz, woran diese Provinz Ueberfluß hatte, ist theuer verkauft, es findet sich Absatz von allen nur erdenklichen Producten, der Luxus, bis auf einen gewissen Grad, hat sich eingefunden, und die Landgüter tragen jetzt mehr als noch einmal soviel, ja einige zwey Drittheil mehr, als sie bey der Classification veranschlagt worden, mithin kann man im Durchschnitt annehmen, daß der Adel kaum den achten Theil seiner Einkünfte an Contribution erlegt. Im Allgemeinen lässet sich dis dreist behaupten, wenn gleich einige Güter Ausnahme von der Regel machen, und ihr Ertrag nicht so merklich als bey den meisten gestiegen ist;

F 5 denn

denn bey einigen liegt der Grund des erhöheten Ertrags theils in der eingeführten bessern Bewirthschaftung, theils aber auch in den vorgenommenen Meliorationen, deren nicht ein jedes Landgut in gleichem Grad fähig ist. Die Güter, welche viel baare Gefälle haben, sind am schlechtesten weggekommen, weil sich hieben keine Ertragserhöhung gedenken lässet. Auch sind die Städte dem Adel lästig, denn die Grundherrschaften müssen ihnen beynahe mehr Holz, laut Privilegii geben, als sie einbringen, und die meisten Städte haben auch die Brau- und Branntweinsgerechtigkeit, wenigstens gemeinschaftlich mit der Grundherrschaft. Bey der Classification und Ausmittelung des Ertrags mag auch wol nicht einförmig verfahren seyn, wie gemeinhin bey solchen Operationen zu geschehen pflegt, und mag wol ein Gut vor den andern prägraviret seyn, im Ganzen aber hat der Adel über allzuhohe Contribution sich zu beschweren keine Ursach. Besonders kann sich der polnische Adel glücklich schätzen, denn was er an Landesabgaben jetzt mehr als in polnischen Zeiten erlegen muß, hat er doppelt und vierfach durch den erhöheten Ertrag und Werth seiner Güter gewonnen.

Von polnischen Bauern, eine Digression. Mit der Contribution der Bauern hat es eben die Bewandtniß, denn bey diesen wurde der Ertrag der Hufe auf eben die Art ausgemittelt, hievon dasjenige, so sie theils an Gelde, theils an Naturalien und Diensten ihrer Grundherrschaft geben mußten, abgezogen, solches den Dominiis mit zum Ertrag gerechnet, und von dem bleibenden reinen Ertrag die Contribution bestimmt. Diese mußte sehr geringe ausfallen, und es giebt fast keine Provinz in Deutschland, wo der Bauernstand weniger contribuirt als in Westpreußen. Die meisten Grundherrschaften bezahlen die Contribution für ihre Bauern, und
lassen

laſſen ſie von ſelbigen mit ihren eigenen Gefällen wieder
erheben, welches beſſer iſt, als wenn die Bauern unmittelbar an die Steuercaſſe bezahlen müßten. Man ſollte
glauben, daß der Bauernſtand bey dieſen geringen öffentlichen Abgaben wohlhabend ſey, oder werden müßte, welches ſich jedoch nicht im Allgemeinen behaupten läſſet,
denn es herrſcht hin und wieder, beſonders unter den polniſchen Bauern, noch bittere Armuth. Allein dis hat
ſeinen Grund nicht in den öffentlichen Laſten, ſo ſie erlegen müſſen, ſondern in der ehemaligen polniſchen Landes-
verfaſſung, ſo noch nicht ganz vertilget werden kann,
und im Mangel der Induſtrie. Die freyen Bauern ſind
größtentheils wohlhabend, und werden es immer mehr,
die Schaarwerksbauern aber, welche ſonſt Leibeigene waren, ſind und bleiben dürftig, ſo lange ihr Schickſal nicht
erleichtert wird und ein anderer Geiſt in ihnen herrſchet.
Nach polniſchem Begriff hat ein ſolcher Bauer nichts eigenes, ſeine Gebäude, Acker und Inventarienvieh gehört der Herrſchaft, dieſe ſetzet ihn nach Willkühr ab
und an, ſie muß ihm aber auch dagegen die Gebäude
bauen, das Holz dazu geben, das Inventarium ergänzen, Saat- und Brodkorn reichen, wenn er nicht aus-
kömmt, weil ſie ſonſt die Dienſte verlieret, ſo der Bauer
an das Dominium leiſten muß, und ohne welche ein
Vorwerk nicht bewirthſchaftet werden kann. Dieſe
Dienſte ſind äußerſt läſtig, denn obgleich keine ungemeſ-
ſene Dienſte hergebracht ſind, ſondern ein jeder Bauer
beſtimmt dienen muß, ſo bleibt ihm doch wenig Zeit übrig,
um ſeinen Acker zu cultiviren, wovon er doch mit den
Seinigen leben ſoll, denn er iſt täglich im Dienſt. Dieſe
Einrichtung iſt der Herrſchaft eben ſo nachtheilig als dem
Bauer, denn jene muß ihm alles geben, was er nöthig
hat, und dieſer verliert den Muth, was zu erwerben,
weil er nichts eigenes hat, wird träge, und denkt nur
auf einen Tag. Ein ſolcher Bauer lebt nach der Erndte

und

und wenn er eingeschlachtet hat, gut, und zum Theil im Ueberfluß, darbt aber drey viertel Jahre, weil er sich darauf verlässet, daß die Grundherrschaft ihm geben muß, was er nöthig hat, um Dienste von ihm zu erhalten. In polnischen Zeiten ist man daher schon hin und wieder auf den Gedanken gerathen, aus Schaarwerksbauern Contractsbauern zu machen, und ihnen freywillig die Freyheit zu geben. Diese Bauern leisten beynahe eben das, was die Schaarwerksbauern prästiren müssen, sie sind aber keine Leibeigene, können verziehen, wenn ihr Contract aus ist, unterhalten ihre Gebäude und ihr Inventarium selbst; zu den erstern giebt ihnen die Herrschaft nur das benöthigte Holz, oder sie müssen sie gar auf ihre eigene Kosten bauen und erhalten, sie werden daher ihr Eigenthum, und nehmen ihr Inventarium mit, wenn sie abziehen. Dis giebt ihnen Muth zum Erwerben, sie werden thätiger, arbeiten auf Hoffnung, und die Herrschaft gewinnt daben eben so gut als die Bauern. Man darf dagegen nicht einwenden, daß, wenn dis allgemein würde, es den Grundherrschaften an Arbeitern, so ihre Vorwerke bauen müssen, fehlen werde. Denn, kann ein Bauer auf dem Hofe bestehen, so wird es nie daran fehlen, wenn er einen erträglichen Contract hat und frey ist; kann er aber nicht darauf bestehen, so wird ein Schaarwerksbauer und Leibeigener noch weniger darauf fertig, und fällt der Herrschaft nur zur Last, oder sie muß die Dienste vermindern. Es giebt daher Beyspiele, daß Schaarwerksbauern auf ihren Höfen gar nicht haben bestehen können, und die Herrschaft ihnen alle Jahr die Gebäude bessern lassen, das Inventarium ergänzen, Saat- und Brodkorn geben müssen; sobald sie aber die nemlichen Leute zu Contractsbauern mit eben den Pflichten gemacht hat, sie nicht allein fertig geworden, sondern auch ihre Gebäude und Inventarium im Stande erhalten, und sich das Saat- und Brodkorn selbst ge-
schafft

schafft haben. So mächtig ist der Trieb zur Freyheit, zum Erwerb und was Eignes zu haben. In ehemaligen polnischen Zeiten war zwischen einem Schaarwerksbauer und einem Neger in Westindien wenig Unterscheid, der Grundherr hatte über ihn das Recht über Leben und Tod, er mochte mit ihm umgehen, wie er wollte, so konnte er nicht zur Verantwortung gezogen werden. Hatte der Bauer was verbrochen, so war die Procedur kurz, der Herr untersuchte es selbst oder durch einen seiner Leute, und ließ ihn ohne Umstände an Leib und Leben strafen. Berufung auf eine weitere Vertheidigung und auf einen gerechtern Richter fand nicht statt, man eilte mit Vollziehung der Strafe, und oft hing der Mensch am dritten Tage am Galgen. Die Art der Todesstrafe war ganz willkührlich, der Gutsherr wählte, welche er wollte, und wie es ihm die Laune eingab. Es wird eine Anekdote dieser Art erzählet, welche nach damaliger Verfassung den größten Grad der Wahrscheinlichkeit hat. Es besucht ein Edelmann den andern an einem Tage, wie dieser eben einen Bauern wegen eines geringen Verbrechens will hängen lassen. Der besuchende Edelmann sagt: er habe noch keinen köpfen gesehen, welches in Polen eine seltnere Todesstrafe ist als hängen. Aus Gefälligkeit gegen seinen Gast befiehlt der Edelmann, der Bauer solle geköpft werden, und es wird gleich vollzogen. Ueber die Bürger und freyen Leute hatte der Adel zwar nicht die unumschränkte Gewalt, als über die Schaarwerksbauern, allein vermöge ihrer Criminalgerichtsbarkeit maßeten sie es sich doch an, und man hat viel Beyspiele, daß bemittelte Bürger das nemliche Schicksal gehabt, und ihnen die Berufung auf einen höhern Richter nicht gestattet worden. Die körperlichen Strafen bey geringen Vergehungen der Bauern waren unmenschlich. Bey der Dienstleistung derselben war der Administrator oder Wirthschafter beständig

dig mit dem Kantschu oder Peitsche zugegen, und strafte soviel er wollte; Widersetzung zog die Todesstrafe nach sich. Der Grundsatz war, ein Bauer kann gegen den Grundherrn im Gericht nicht auftreten, dieser ist sein unumschränkter Herr, und ihm allein stehet die Disposition über ihn zu, ohne Einmischung höherer Gerichte. Diese Strenge hat sich jetzt in Polen gelegt, obgleich die Verfassung noch nicht völlig aufgehoben worden, denn die Constitution von 1791, welche das Gepräge von Menschlichkeit hatte, ist neuerdings vernichtet, und es stehet zu erwarten, ob sie wieder hergestellet, oder sarmatische Wildheit an ihre Stelle treten soll. Indessen denken die edlen Polen schon zu menschlich, als daß sie von ihrer Gewalt in diesem Stücke Gebrauch machen sollten; sie haben bey der Constitution von 1791 solche Aufopferungen gemacht, daß sie eine vorzügliche Stelle unter den aufgeklärtesten und ehrwürdigsten Nationen verdienen, und wenn auch das politische Verhältniß des Reichs nicht gestattet, daß die Constitution von 1791 jetzt schon in ihrem ganzen Umfange stehen bleibe, und in Ausübung gebracht werde, so wird doch der Character sich behaupten, und wird keine Macht den edelsten Theil der Nation zwingen, wieder unmenschlich zu werden. Man hört auch selbst in Polen jetzt von dergleichen Grausamkeiten nicht mehr, die Verbrecher werden ordentlich zur Untersuchung gezogen, die Grundherrschaften lassen durch Rechtsverständige erkennen, und vollziehen die Erkenntnisse.

Seit preußischen Zeiten sind die unglücklichen Bauern gegen Unmenschlichkeit und Unrecht durch Gesetze gesichert, und ist das Leibeigenthum gleich nach der Besitznahme, mittelst Verordnung, wie in Ansehung der Dienste sowol als der Unterthanen selbst in Ost- und Westpreußen verfahren werden soll, de dato Berlin den 8.

8. Nov. 1773, aufgehoben worden. Die Bauern sind aber doch noch unter einem großen Zwang, und hin und wieder unter der Peitsche, welches einen jeden Menschenfreund empöret. Möchten doch alle Grundherrschaften, wenn sie nicht menschlich denken, und alles Mitgefühl nicht ersticken, und ihren Nebenmenschen die Last nicht erleichtern wollten, wenigstens ihr eigenes Interesse beherzigen, und allen ihren unterm Druck lebenden Unterthanen die Freyheit, dis große Gut, schenken, worauf ein jeder Mensch Anspruch machen kann, mit ihnen, als mit freyen Geschöpfen, Verträge schließen, und die Pflichten, welche sie ihnen auflegen, nach ihren Kräften abmessen! Dadurch würde das Schicksal der unglücklichen Bauern erleichtert, Muth und Betriebsamkeit befördert, die Grundherrschaften würden glückliche und arbeitsame Unterthanen erhalten, und der Wohlstand im Ganzen würde der Erfolg davon seyn. Der Druck, worunter die Schaarwerksbauern, welche eigentlich die ursprüngliche und unterjochte Nation zu seyn scheinen, seit Jahrhunderten geseufzet, hat ihren Geist so abgestumpfet, daß sie für die Freyheit kein Gefühl haben, ungeachtet sie den Wohlstand der freyen Leute täglich vor Augen sehen. Sie halten diese gleichsam für eine andere Classe von Menschen, und glauben, daß sie eines solchen Glücks nicht fähig seyn, oder sie können nicht einmal Betrachtungen darüber anstellen, sie sind an die Knechtschaft so gewöhnt, daß einige die Freyheit zu haben gar nicht wünschen, und keinen Versuch machen, sie zu erhalten. Es gefällt ihnen, daß die Grundherrschaft ihnen alles geben muß, was sie nöthig haben, und daß ihrer Trägheit dadurch gefrohnet wird, sie sind ganz indolent, über die Zukunft können sie keine Reflexion machen, denn ihr Geist ist stumpf, und sie erhalten nicht den geringsten Unterricht. Wenn die Grundherrschaften ihnen daher nicht aus eigner Bewegung oder auf Befehl

des

des Landesherrn die Freyheit ertheilen, so werden sie nicht aufhören, Knechte zu bleiben. Allein die Grundherrschaften sehen dis je länger je mehr ein, und machen zum Theil aus Schaarwerksbauern Contractsbauern, geben ihnen freywillig die Freyheit. Die Erfahrung lehrt, daß sie klug handeln, und es stehet für die Menschheit zu hoffen, daß die Knechtschaft bald ganz aufhören werde. Die deutschen Bauern sind von ganz anderer Art, sie haben den Keim der Freyheit behalten, und gleichen jungem Aufschlage, dessen Wachsthum von großen Bäumen verhindert worden, welche weggehauen sind, wodurch der Aufschlag Luft bekommen. Sie fühlen sich um so stärker, als sie weder von der Grundherrschaft noch von der Landesadministration gedrückt werden, sie machen ihre Privilegien geltend, werfen ihre Ketten vollends ab, und streben nach Glückseligkeit. Wenn man in ein Dorf kommt, so ist der Unterscheid zwischen den deutschen und polnischen Bauern auffallend.

Nach dieser kurzen Einschaltung des Zustandes der Bauern kommen wir wieder auf die übrigen Einrichtungen, welche in dieser Provinz getroffen worden.

Schifffahrt. Schifffahrt wird auf der Weichsel und auf der Netze, welche mittelst eines Canals, so diesen Fluß mit der Brahe verbindet, und in die Weichsel fällt, so wie Flößereÿ auf der Brahe, Kudda und Netze getrieben. Durch den Canal, welcher im Jahr 1773 und 1774 angelegt worden, ist eine Communication zwischen der Elbe, Oder und Weichsel eröffnet, so daß man von Hamburg auf der Elbe herauf in die Havel, aus dieser in die Spree, mittelst eines alten Canals in die Oder, aus dieser in die Warte, Netze und Brahe, aus dieser aber in die Weichsel herauf nach Warschau und noch weiter, so wie herunter nach Danzig, Elbing, Königsberg, und nach den übrigen

gen an der Ostsee belegenen Handelsstädten kommen kann. Mithin ist dadurch die Nordsee mit der Ostsee verbunden, ohne den Sund oder den Belt zu passiren. Indessen kann diese Schifffahrt freylich nicht im Großen getrieben werden, sie dient aber doch dazu, daß man fast aus allen preußischen Provinzen, die westphälischen ausgenommen, Versendungen zu Wasser machen kann. So fahren z. B. die Oderkähne fast Jahr aus, Jahr ein, wenn die Flüsse offen sind, von Stettin, Berlin und Schlesien nach Bromberg, oder in die Weichsel und wieder zurück, wodurch vorzüglich Stettin, welches fast den ganzen Netzdistrict mit Waaren versorget, ungemein gewinnet. Das Holz aber wird nach Danzig und Elbing, oder durch den Canal die Netze und Warte herunter in die Oder nach Stettin, oder durch den Canal nach Berlin geflößet. Dieser Holzhandel ist sehr beträchtlich, und sind die Flüsse, so wie der Canal, häufig mit Holzflößen bedeckt. In Ansehung der königlichen Güter, welche von Berlin nach Graudenz verführt werden, und des Getreides, welches zu Fordon an der Weichsel für königliche Rechnung aufgekauft, und nach Berlin oder nach andern Magazinen transportiret wird, ist die Schifffahrt von großem Belang, und beträgt über die Hälfte von allen Versendungen. Die Netze ist bis Nakel und noch weiter schiffbar, und könnte bis in den Gopplo-See, welche tief in polnisch Cujavien streicht, schiffbar gemacht werden. Dis würde in Ansehung des Getreidehandels von großem Nutzen seyn, weil Cujavien, am Gopplo-See herum, ein reiches Kornland ist, und jetzt alles Getreide aus Cujavien nach Bromberg zu Lande gebracht werden muß. Man hat aber eine andere Idee gehabt, nemlich den Gopplo-See zu senken, um dadurch Wiesen und Acker zu gewinnen. Dieser Zweck ist auch mit einem Kostenaufwand von 70,000 Thlr. gewissermaßen erreicht, denn es sind viel tausend Morgen Wie-

Der Netzdistrict. G sen

sen und Aecker dem See abgewonnen worden, ungeachtet er noch keine 2 Fuß gesenket worden. Allein den Vortheil haben größtentheils nur die Gutsbesitzer, und es scheint, daß es auf Kosten der Schifffahrt geschehen, denn der Zufluß in die Netze hat seitdem merklich abgenommen. In sofern ist die Ablassung des Gopplo-Sees mehr schädlich als nützlich, und es scheint überhaupt, daß man es mit Abtrocknen der Seen jetzt zu weit treibt, denn sie haben oft ihren großen Nutzen, und befördern die Communication, welche oftmals durch das Abzapfen erschwert wird. Es wäre möglich, den ganzen Gopplo-See in die Weichsel abzulassen, und man soll auch schon einmal das Project gemacht haben; dis würde aber die Netze unschiffbar machen, und der Schaden, welcher der Schifffahrt dadurch zuwüchse, würde den Vortheil des dadurch gewonnenen Terrains überwiegen.

Netzfluß. Die Netze schlängelt sich mit unzählbar vielen Krümmungen durch das Netzbruch in die Warte, welches die Schifffahrt ungemein aufhält. Es sind zwar hin und wieder Durchstiche gemacht, um den Fluß zu verkürzen und ihm einen gerädern Lauf zu geben, allein es sind noch soviel Krümmungen, welche durchgestochen werden könnten, daß die Kähne an einigen Orten, wie z. B. zwischen Czarnikow und Uessch in 24 Stunden kaum 2 Meilen zurücklegen, und dis hat den Erfolg, daß die Schiffer von Filehn bis Bromberg, welches doch nur 18 Meilen sind, oft 6 bis 8 Tage aufgehalten werden. Durch die zu bewirkenden Durchstiche würden die Besitzer der Netzwiesen viel Terrain am auszutrocknenden und auszufüllenden Bette des Flusses gewinnen, mithin würde es auch von dieser Seite zu rathen seyn; es müssen aber Hindernisse eintreten, welche die Durchstiche geradezu nicht erlauben; vielleicht, daß der Fluß einen allzustarken Fall erhalten, und hin und wieder versanden

möchte,

mögte, oder was sonst für Ursachen eintreten, die es hindern und nicht allgemein bekannt sind. Bey Nakel ist der Fluß mittelst vieler Durchstiche eine lange Strecke in gerader Linie fortgeleitet, und der Vortheil davon ist nicht allein für die Schifffarth, sondern auch für die Besitzere der Wiesen, welche daran liegen, einleuchtend. Die Städte, welche an der Netze liegen, sind Filehn, Czarnikow, Uetsch, Samoszin und Nakel, wo der Canal angehet. Weiter herauf aber Labischin, Barcin und Pokosch.

Das Netzbruch ist an den meisten Or- *Netz-Bruch.* ten eine gute halbe Meile breit, und ziehet sich von der Neumärkschen Gränze herauf bis an den Gopplo-See, hat auch zwischen Nakel und Bromberg einen Arm, welcher bis an die Brahe gehet, und beynahe drey Meilen lang ist. An beiden Seiten sind Berge, und es scheint, daß in ganz entfernten Zeiten alles zwischen diesen Bergen, was jetzt Bruch ist, Wasser, und zwar ein stehendes Wasser gewesen, welches seinen Abfluß in die Warte gehabt haben muß. Es ist sehr tief, und hat der Torf oder moorigte Grund hin und wieder 20 Fuß Tiefe. Auf diesem Wasser muß vor vielen hundert Jahren Schifffahrt getrieben seyn, denn man hat auf dem Bruch zwischen Nakel und Bromberg, durch welches jetzt der Canal gehet, und das allenthalben zu passiren ist, vor einigen Jahren tief unter dem Moor ein versunkenes Gefäß, und zwey Anker ausgegraben, welche so groß gewesen, als jetzt ein Oderkahn führet. Dis ist ein Beweis, daß dieser Bruch mit dem Netzbruch Verbindung gehabt, und wenn man darauf mit so großen Kähnen hat fahren können, so muß damals das ganze Netzbruch unter Wasser gestanden haben, und schiffbar gewesen seyn. Wahrscheinlich hat man in jenen entfernten Zeiten vorzüglich das Getreide aus Cujavien über dis Wasser nach Bromberg, und

weiter

weiter nach der Weichsel geführt, wodurch dieser Ort blühend geworden; denn sonst wäre nicht abzusehen, wozu hier die vielen Speicher gedient, welche ehedem an der Brahe gestanden haben sollen, und wovon man noch Spuren antrifft; denn die Gegend um Bromberg ist unfruchtbar, und zu Lande würde man das Getreide nicht nach Bromberg gefahren haben, da man es näher an die Weichsel schaffen konnte. Durch welche Naturbegebenheit dis Wasser sich dergestalt verlohren, daß nur ein kleiner Fluß wie die Netze davon geblieben, ist ungewiß. Indessen giebt es Mühlen-Privilegien, worin es heißet: daß, da das Wasser jetzt so klein geworden, daß hin und wieder Mühlen daran angelegt wären, dis zwar bewilliget werde; wenn aber das Wasser wieder seine vorige Höhe erreichen möchte, so sollten die Mühlen wieder weggenommen werden, damit sie der Schifffahrt nicht schaden. Dis ist eine widersinnige Bedingung, denn wenn das Wasser wieder die ehemalige Höhe erreichen möchte, so können sich die Mühlen ohnehin nicht erhalten, weil sie überschwemmt werden; man siehet aber daraus, daß, wie diese Privilegien ertheilet worden, der veränderte Zustand noch in frischem Andenken gewesen seyn müsse.

Netz-Canal. Von Nakel gehet der Canal aus der Netze nach Bromberg in die Brahe, welcher drey gute Meilen oder 5 Postmeilen lang ist, und hier beide Flüsse mit einander verbindet; dieser Canal, welcher einen Fall nach der Brahe und einen nach der Netze hat, wird von Thurmühle, so zwey Meilen entlegen, aus der Netze durch einen andern Canal gespeiset, und hat 11 Schleußen, welche im Jahr 1773 und 1774 von Holz gebauet worden. Die erste Anlage dieses Canals und der Schleußen ist von dem verstorbenen geheimen Finanzrath von Brenkenhof gemacht worden, und hat

hat beynahe 700,000 Thaler gekostet. Der Canal ist 28 Fuß breit, die Kähne können 4 bis 600 Centner laden, nach dem Tarif aber sollen sie höchstens nur 24 Winspel schwer laden, und ein jeder Kahn, er mag viel oder wenig geladen haben, giebt für die Durchfahrt fünf Thaler Schleußengeld, für die Rückfracht aber nur die Hälfte. Der Ertrag des Schleußengeldes, wovon kein Kahn, wenn er auch königliche Güter fährt, frey ist, beträgt etwa 3500 Thaler, die Unterhaltung der Schleußen und der dabey angesetzten Officianten aber gegen 4000 Thaler, mithin muß alle Jahr zugeschossen werden. Es sind aber zur Unterhaltung dieser gemeinnützigen Anstalt vor einigen Jahren 6000 Thaler jährlich auf den Domänen-Etat gebracht worden, wovon jedoch die Baukosten der neu anzulegenden Schleußen nicht bestritten werden können, sondern außerordentlich bewilliget werden müssen. Im Jahr 1787 gingen 216 Kähne ein und 291 Kähne aus, ohne die vielen Holzflößen. Die Kähne waren vorzüglich mit See- und Coctur-Salz, Pulver, Kalksteinen, Eisen, Kupfer, Getreide und Kaufmannsgütern beladen. Ersteres ging alles für königliche Rechnung.

Die hölzernen Schleußen, so im Jahr 1772 und 1773 gebauet worden, haben 20 Jahre ausgehalten, da man sonst die Dauer einer hölzernen Schleuße nur auf 15 Jahre rechnet. Vor zwey Jahren sollte bey Bromberg, wo die erste Schleuße liegt, an einer andern Stelle, nicht weit davon, eine ganz neue massive Schleuße angelegt, und das Wasser geradeaus in die Brahe geleitet werden, welche hier eine Krümmung macht, und ein Arm des Flusses eine große Mühle treibt. Hiezu wurde erfordert, daß ein Durchstich aus der Brahe in die Brahe gemacht wurde, welcher einige hundert Ruthen lang war, und hier sollte die Schleuße angelegt werden. Der Anschlag

Netz-Canal-Bau

schlag belief sich auf einige sechzig tausend Thaler, wurde approbirt, und die Quadersteine wurden mit schweren Kosten von Rothenburg an der Saale herüber transportiret, welche allein mit dem Transport über 24000 Thaler kosteten, und es wurde gleich losgearbeitet, ohne den Grund zu untersuchen. Es wurden zwar unter Aufsicht eines großen Wasserbauverständigen, zur Probe, um das Erdreich zu prüfen, einige Pfähle eingerammet, man fand den Grund gut, und die Graben-Arbeit wurde angefangen. Allein hiebey wurde das kleine Versehen gemacht, daß die Pfähle mit ihren Spitzen bey weitem nicht die Tiefe erreichten, als die Erde aus dem Becken weggenommen werden mußte, mithin man noch immer ungewiß blieb, was für Grund man antreffen werde, wenn die Erde herausgenommen und alsdenn die Pfähle gerammet werden sollten. Vielleicht hätte man durch einen Erdbohrer eine zuverläßigere Probe machen können. Man grub den Canal, fassete ihn mit Faschinen recht schön ein, rammte die Pfähle, und war in Begriff massiv zu bauen, als der Winter einfiel, und mit der Arbeit eingehalten werden mußte. Dieser vereitelte das ganze schöne Project, die untere Erdlage, worin die Pfähle zu stehen kamen, bestand aus blauem Töpferthon, quoll auf, es fand sich Unterwasser, dis trieb die Pfähle in die Höhe bis zu 6 Fuß über die Erde, und wie es Frühling wurde, stand kein Pfahl in der Erde, sie hingen durch einander als alte Pallisaden, und es konnte nicht darauf gebauet werden. Das Versehen bestand mit darin, daß man die aus dem Canal genommene Erde unmittelbar an demselben liegen lassen, welches einen Druck verursachte, ferner daß man dem Unterwasser keine Luft zu verschaffen suchte, welches leicht möglich gewesen wäre, wenn man einige kleine Graben nach der Brahe gezogen hätte, welche tiefer liegt, und worin sich das Unterwasser gesammlet hätte, abgeflossen wäre, und die Kraft, die

Pfähle

Pfähle empor zu treiben, verlohren haben würde. Und endlich, daß man nur 12 bis 16 füßige Pfähle genommen hatte, statt deren man 20 bis 24 füßige Pfähle hätte nehmen sollen, um durch den thonigten und wäßrigen Boden in das feste Erdreich zu kommen. Hätte man diese Vorsicht gebraucht, so ist nicht zu zweifeln, daß hier eben so gut als anderwärts eine Schleuße anzulegen möglich gewesen wäre. Man hielt es aber für unmöglich, wenn nicht das Unterwasser durch einen oberhalb zu ziehenden Graben abgefangen werde, welcher über 20,000 Thaler kosten sollte, und schlug daher vor, diese Summe zu bewilligen, oder den neuen Canal wieder zuwerfen zu lassen und eine hölzerne Schleuße da anzulegen, wo die alte stand. Letzteres wurde nach angestellter Untersuchung bewilliget, und nun waren über 60,000 Thaler ohne den geringsten Nutzen verwandt, denn statt einer massiven Schleuße kam endlich eine gewöhnliche hölzerne Schleuße, so zum Theil auf der alten ruhete, zum Vorschein, welche mit den vergeblich angewandten Kosten der mislungenen Schleuße über 80,000 Thaler zu stehen kam. Bey diesem Bau wurde mit wenig Sachkenntniß und mit unverantwortlichem Leichtsinn verfahren, ungeachtet ein seiner Meinung nach großer Kunstverständiger den Plan entworfen hatte. Denn welcher Wasser-Baumeister fängt wol einen Wasserbau an, ohne sich von dem Terrain zu überzeugen, wo er bauen will? Die Probe mit den eingerammten Pfählen war offenbar frivol, und das Geld war unnütz verwandt. Hätte man erst an einer Stelle, wo die Schleuße zu stehen kommen sollte, die Erde bis auf das Becken ausgehoben, und dann einige Pfähle zur Probe rammen lassen, so würde man hieraus einigermaaßen, aber doch nicht zuverlässig, den Grund haben beurtheilen können. Man hat aber auch andere Mittel, um sich von den Erdlagen zu überzeugen, welche nicht angewandt wurden. Ferner ist es

G 4

in

in der Wasserbaukunst kein Geheimniß, daß man nicht allenthalben Pfähle von gleicher Länge gebrauchen kann, denn sie müßten so lang seyn, daß sie den festen Grund erreichen, und dieser ist gewiß anzutreffen, wenn man unter das Bette der Brahe kommt. Es wurden daher wenigstens 20 bis 24 füßige Pfähle erfordert, statt deren man alle benöthigte Pfähle zu 12 bis 16 Fuß voraus verarbeiten ließ, ohne zu wissen wie der Grund in der Tiefe beschaffen sey, und diese wurden eingerammt auf den Grund jener angestellten ganz unzuverläßigen Probe. Hätte man längere Pfähle genommen, welche durch das Unterwasser in den festen Boden gedrungen wären, so würden sie nicht herausgetrieben seyn, wenn dem Unterwasser nur Luft wäre verschafft worden. Es war gar nicht nöthig, das Wasser durch einen Kosten-Aufwand von 20,000 Thaler oberwärts mittelst eines besondern Grabens, welcher parallel laufen sollte, abzufangen, sondern es konnte nur mittelst einiger Abzugs-Graben aus dem Canal dem Unterwasser Luft gemacht, und das Wasser in die Brahe geleitet werden, alsdenn verlohr es die zusammengepreßete Gewalt, die Pfähle in die Höhe zu treiben, und wenn das Pfahlwerk nur sonst nach Grundsätzen wäre angelegt gewesen, so hätte kühn darauf gebauet werden können, weil alsdann das Unterwasser durch den Druck von oben, und durch die gemachten Oeffnungen einen Ausweg gefunden haben würde. Es werden weit mächtigere Elemente gebändiget, warum sollte man nicht das bißchen Unterwasser haben bändigen können? Ganz Amsterdam und Venedig stehet auf Pfählen und zum Theil in der See; wenn es nur recht angefangen wird, muß es gehen, oder der Wasserbau-Verständige muß gleich voraussagen, es gehet nicht! Bey Anlegung der ersten Schleuße bey Bromberg fand man ähnliche Hindernisse, sie liegt auf einem quelligen Grunde, und sie kam doch zu Stande, so daß auf

ihr

ihr Fundament jetzt die neue angelegt werden können. Jetzt werden die übrigen Schleußen auch neu gebauet, und wie verlauten will, sollen einige massiv angelegt werden, wozu einige Tonnen Goldes schon bewilliget sind. Hieben ist ein ähnliches Unglück zu besorgen, denn die beiden ersten Schleußen kommen auf Sand, und die andern auf ein loses tiefes Bruch zu liegen, wo man den Canal nicht hat ausgraben können, sondern an beiden Seiten Dämme schütten müssen. Es wäre besser, wenn sie nur alle von Holz und auf einmal gebauet würden, weil die Schiffahrt alsdenn nur auf ein Jahr gesperret werden dürfte, statt dessen der Bau, wie er jetzt angefangen wird, fünf bis sechs Jahre dauren kann, und Interims- oder Nothschleußen angelegt werden müssen, wenn die Schiffarth nicht einige Jahre unterbrochen werden soll.

Eine Schleuße von Holz kann hier höchstens 15 bis 20,000 Thaler kosten, und wenn sie gut gebauet ist, stehet sie 20 Jahre. Dis macht für 10 Schleußen, so noch gebauet werden müssen, höchstens ein Capital von 200,000 Thaler. Eine massive Schleuße wird nicht unter 50,000 Thaler zu Stande gebracht, mithin werden durch die Zinsen von den mehr zu verausgabenden 300,000 Thalern, zu 5 Procent gerechnet, jährlich 15000 Thaler, und in 20 Jahren 300,000 Thaler ersparet, folglich können alle 20 Jahre die sämtlichen Schleußen von den ersparten Zinsen neu gebauet werden, und bleiben noch 100,000 Thaler übrig. Dis ist der Vortheil nicht allein, denn die massiven Schleußen sind doch auch nicht für die Ewigkeit, und erfordern eben so gut ihre Unterhaltung, als die hölzernen, es können dabei, wie die Erfahrung lehrt, nicht vorhergesehene Unglücksfälle eintreten, wodurch das zu verwendende Capital vergrößert wird, und endlich leidet auch die Schiffahrt durch den nothwendig langsamen Bau so vieler massiven Schleußen, zu deren Vollendung einige Jahre erfordert werden.

Es hat zwar der massive Bau unstreitig Vorzüge vor dem von Holz, man muß aber bey Anlegung der Schleußen vorzüglich auf das Locale sehen, ob solches den massiven Bau erlaubt. Hier ist ein sandiger und sumpfiger Boden, Holz ist hier in Ueberfluß, und an Steinen ist großer Mangel, sie müssen mit schweren Kosten herbeygeschafft werden. Der Einwurf, welchen einige machen, daß soviel Schleußen, als erfordert werden, in einem Jahre aus Mangel an Menschen und Handwerksleuten nicht gebauet werden können, widerlegt sich dadurch, daß es vor zwanzig Jahren geschehen, wie die Provinz bey weitem noch nicht so bevölkert war, als jetzt. An Arbeitern fehlt es nicht, sie können bey tausenden auf einmal aus den benachbarten Ländern herbeygeschafft werden.

Städte im Netz District. Der Netzdistrict hat 47 Städte, worunter 24 Königlich und 23 Adlich sind.

Königliche. Die Königlichen Städte heißen: Bromberg, Fordon, Schuliz, Gnieskowo, Inowrazlav, Kruschwicz, Wielatowo, Kwieziszewo, Mogilno, Gonsava, Strzelno, Znin, Exin, Nakel, polnisch Crone oder Coronowo, Mrotzen, Wirsitz, Schneidemühle, Cammin, Wisseck, Budzin, Uscz, Deutsch Crone, und Jastro.

Die Adlichen Städte heißen: Lablschen, Rinardzewo, Margonin, Schubin, Barcin, Pakosch, Gembiz, Vandsburg, Zempelburg, Lobsens, Krojanke, Flatow, Miastezko, Radolin, Schönlanke, Schloppe, Tietz, Märksch Friedland, Filehne, Scharnikow, Chodziesen, Samoszin, und Gollanz.

1. **Bromberg** liegt am Fuß eines Berges, oder vielmehr einer Anhöhe, dicht an der Brahe, welche zwischen der Stadt und der Danziger-Vorstadt durchfließet, eine Meile

Meile weit davon, wo dieser Fluß in die Weichsel fällt. Der Boden um die Stadt ist sandig, sie hat wenig Acker und Gärten, auch in der Nähe gar keine Wiesen, wol aber hat ein jedes Bürgerhaus eine Wiese an der Netze, welche über eine Meile von der Stadt entfernt ist. Die Wiesen können daher von hier aus nicht genutzet, sondern müssen verpachtet werden. Die Lage der Stadt ist nur blos in Rücksicht der Brahe, welche mittelst des Canals hart an Bromberg mit der Netze verbunden ist, und in die Weichsel fällt, vortheilhaft zum Handel, weil die Kähne aus Schlesien, Berlin und Stettin durch den Canal, so wie die von Elbing die Weichsel herauf, und die von Thorn die Weichsel herab, und die Brahe herauf bis in die Stadt fahren, Bedürfnisse bringen, und die Producte der Provinz wieder ausführen, entweder nach Berlin und Stettin, oder die Weichsel herunter nach Danzig und Elbing, auch von Stettin und Berlin über Bromberg nach Thorn und Warschau, wohin ein Speditions-Handel getrieben wird. Die eingehenden Waaren kommen von Berlin, Stettin, Danzig und Elbing, und bestehen in Wein, Caffee, Thee, Zucker, Taback, Material-Waaren allerley Art, Englisch Bier, Zitronen und allem was zur See eingehet, auch Berliner Manufactur- und Fabriken-Waaren, woran es hier noch ganz fehlt. Die ausgehenden Waaren aber bestehen in Getreide, Holz, etwas Wolle, Häuten u. s. w., indessen wird mit den eingehenden Waaren, vorzüglich mit Wein, Caffee und Zucker, ein nicht unbeträchtlicher Handel nach Polen getrieben. Das Getreide wird aus Cujavien, Palucken, welches der District zwischen Bromberg, Znin und Exin ist, aus Polen, und etwas aus dem Caminschen Kreise gezogen, und nach Berlin, Danzig und Elbing versandt, nachdem die Preise stehen. Das Getreide bestehet in Weizen und Roggen, Gerste wird wenig gebauet, und nicht ausgeführt. Das Holz gehet entweder durch

durch den Canal nach Berlin und Stettin, oder die Weichsel herunter nach Danzig und Elbing. Es kommt größtentheils die Brahe herunter oder durch den Canal, indessen geben sich die Kaufleute in Bromberg mit dem Holzhandel wenig ab, er wird größtentheils durch fremde Holzhändler getrieben. Der Kornhandel ist nicht unbeträchtlich, denn Cujavien ist reich an Getreide, es sind aber nur drey oder vier Kaufleute, die sich damit abgeben, weil er einen großen Fond erfordert, mit Gefahr verknüpft, und genirt ist, weil dieser Handel nicht immer frey bleibt. Ehedessen ging das Getreide aus Cujavien fast sämmtlich nach Thorn, welches beynahe eben so weit als Bromberg ist; da aber für das nach Thorn gehende Getreide, wenn es die Weichsel herab nach Danzig geführt wird, zu Fordon 12 Procent Zoll erlegt werden muß, wenn es aber über Bromberg nach Elbing gehet, nur 8 Procent gegeben werden, hat sich der Getreidehandel etwas nach Bromberg gezogen; indessen ist der brombergsche Kornhandel gegen den thornschen noch immer wie eins gegen funfzig, denn in Thorn sind über funfzig Kaufleute, die sich mit dem Getreidehandel beschäfftigen.

Bromberg ist seit der Preußischen Besitznehmung gleichsam aus dem Schutt gezogen, es ist eine alte Stadt, und das älteste Stadtprivilegium lautet vom Jahr 1346. Vor hundert bis hundert und funfzig Jahren muß es ein bedeutender Handelsort gewesen seyn, denn es soll mit den Vorstädten über 1500 Häuser gehabt haben. Die Stadt selbst kann nie groß gewesen seyn, denn sie liegt mit der einen Seite an der Brahe und an der andern ist sie mit einer Mauer und einem Graben umgeben gewesen, so aber größtentheils verfallen, und nur um Defraudation und Desertion zu verhüten unterhalten wird. Die Stadt selbst hat nur 341 numerirte Häuser oder

Feuer-

Feuerstellen gehabt, jetzt aber sind darin 99 neue massive, 95 alte Häuser und 29 wüste Baustellen, welche, da sie zu anderm Gebrauch aptiret sind, wahrscheinlich nicht werden bebauet werden. Die Vorstädte sind aber viel weiter gegangen als jetzt, weil man in einem weiten Umfang noch die Fundamente von Häusern und Speichern besonders an der Brahe heraus antrifft, welche aber bey der preußischen Besitznehmung nicht mehr existirten. Die Vorstädte haben 289 Feuerstellen, jetzt aber nur 180 Häuser, nemlich 99 neue und 81 alte, folglich bestand bey der Besitznehmung Bromberg überhaupt aus 630 Feuerstellen und hat jetzt 374 Häuser. Fast alle Häuser haben sehr feste Fundamente und Keller, worauf ohne Gefahr gebauet werden kann. Im Anfang dieses Jahrhunderts ist sie von den Schweden größtentheils eingeäschert worden, indem sie die Stadt von dem benachbarten Berge, wo noch die Schweden-Schanzen sind, beschossen und in Brand gesteckt haben, seitdem aber die Häuser nicht wieder aufgebauet und der Schutt nicht einmal weggebracht worden, so daß sie bey der Besitznehmung einer Mördergrube ähnlich gesehen haben soll. Die Beschreibung von diesem Orte, welche gleichzeitige Personen davon machen, ist fürchterlich; mehr als die Hälfte der Bürgerhäuser nebst dem Schloß, wo ehedem die Starosten gewohnt, lag in Schutt, und auf diesen Schutt neben den Straßen wurde der Gassenkoth, verrecktes Vieh ꝛc. hingeworfen, so daß die Haufen zum Theil die Höhe der Häuser erreicht hatten. Die Straßen schwommen von Koth, welcher in die Häuser floß, und in diesen war es eben so säuisch als draußen; die Menschen lebten mit den Schweinen nicht blos unter einem Dach, sondern in einem Zimmer, als wenn sie mit einander eine Republik ausmachten. Nach Preußischer Besitznehmung wurde hier auf Königliche Rechnung viel gebauet, so daß hier jetzt 99 neue zwey Stockwerk hohe massive Häuser

Häuser sind, und wenn der König noch einige Jahre Baugelder gegeben hätte, würde die ganze Stadt neu gebauet seyn. Ueberhaupt hat der König zum Aufbau der Bürgerhäuser über 200,000 Thaler verwandt. Die Straßen sind neugepflastert und reinlich, die Posener-Straße hält 1272 Fuß Länge und 18 Fuß Breite, ist mehrentheils in gerader Linie und beynahe ganz neu gebauet. Der Markt ist ein großes Viereck von 250 Fuß Länge und Breite, und die daran stehenden Gebäude sind in ziemlichem Stande, obgleich die wenigsten neu gebauet. Auf der Mitte des Marktplatzes stehet ein altes Rathhaus mit Thurm, welches den Einsturz drohet, nicht mehr gebraucht werden kann, und um selbiges einige kleine unansehnliche Häuser oder Buden, an der einen Seite aber ist eine neue Hauptwache gebauet. Wenn alle diese Häuser wären weggeschafft worden, würde es ein großer schöner regulärer Marktplatz geworden seyn, dergleichen ein Ort wie Bromberg nicht leicht aufweisen kann. An der einen Seite stehet das Jesuiter-Collegium mit zwenen Thürmen, welches beynahe die ganze Seite einnimmt, und wenn es von dem daran geklebten Anbau gereinigt und abgeputzt würde, ein schönes Prachtgebäude wäre, und die Stadt, vorzüglich aber den Marktplatz verschönern würde. Dis Gebäude hätte für beide Landescollegia eingerichtet werden sollen, welche Raum genug darin gehabt hätten, es ist en quarré gebauet, jede Seite hält 96 Fuß und hat einen großen Hofraum. Itzt ist es zu einem Catholischen Seminario oder Schule geordnet, weil es aber an einem hinlänglichen Fond fehlet, ein so weitläuftiges Gebäude zu unterhalten, wird es von Zeit zu Zeit baufälliger. Ueberhaupt ist es zu bedauren, daß die Klostergebäude, da die Institute nach und nach eingehen, nicht nützlicher angewandt werden, denn da die Einkünfte der Klöster so sehr geschmälert werden, ist es nicht möglich, daß die Gebäude von dem wenigen Einkommen,

men, was ihnen geblieben, im Stande erhalten werden können. An öffentlichen Gebäuden ist in Bromberg das Königliche Hofgericht, welches ehedessen ein Privat-Gebäude war und zum Sessionshause angekauft worden, es ist das größte von den neuen Häusern in der Stadt. Mit diesem hängt die Hofvogtey oder das Gefangenhaus zusammen, welches der König bauen lassen. Es ist zugleich ein Arbeitshaus für die Gefangenen, und werden solche von allen Untergerichten abgeliefert, theils damit ihnen der Prozeß gemacht werde, weil es bey den Untergerichten an festen Gefängnissen fehlt; theils aber auch um die erkannten Strafen zu erdulden, und in so fern vertritt es die Stelle des Zuchthauses. Die Einrichtung ist vortrefflich, die Gefängnisse gesund, und überaus feste. Die Gefangenen, wenn es auch Capitalverbrecher sind, müssen Wolle spinnen bis zum Endurtheil. Ein jeder muß des Tages zwey gute Groschen verdienen, wovon er beköstiget wird, die übrigen Unkosten müssen die Jurisdictionarien bezahlen, wenn die Inquisiten kein Vermögen haben. Die Wolle liefert ein Entrepreneur ab, und empfängt das Garn gegen Erlegung des Spinnerlohns. Die meiste Zeit beläuft sich die Zahl der Gefangenen über funfzig, und wird das Institut durch den öffentlichen Inquisitor dirigirt, welcher einen Gefangen-Inspector, Gefangenwärter und Werkmeister über die Arbeit der Gefangenen unter sich hat. Krankheiten sind bey den Gefangenen sehr selten, weil sie gut wohnen, die Gefängnisse und Arbeitszimmer reinlich gehalten, die Gefangenen gut beköstigt werden, und täglich frische Luft genießen, auch fleißig vom Arzt und Chirurgus visitirt werden.

Ferner ist hier das Sessionshaus der Königlichen Cammerdeputation der Domänen- und Kriegs-Casse, so neu aufgeführt worden.

Die

Die Catholische Parochialkirche liegt in der Stadt nahe an der Brahe, ist finster und im Gothischen Geschmack gebauet, sie wird wenig besucht, indem sich die Catholischen Einwohner mehr zu den Kloster-Kirchen halten. Die Evangelische Kirche liegt auch in der Stadt, ist ein weitläuftiges massives Gebäude ohne Thurm. Vor der Preußischen Besitznehmung war kein Evangelischer Christ in Bromberg, jetzt aber ist die Evangelische Gemeine schon zahlreicher als die Catholische, und diese nimmt von Zeit zu Zeit ab, weil sich die beiden Religions-Verwandten durch einander verheirathen und die Kinder meistentheils Evangelisch erzogen werden.

In der Stadt, jedoch auf der andern Seite der Brahe, liegt ein Carmeliter-Mönchskloster, so aus einem Prior und zehn Ordensgeistlichen bestehet, und in alten Zeiten ein Tempelherren-Kloster oder doch wenigstens eine Tempelherren-Kirche gewesen seyn soll, welches man aus verschiedenen in der Mauer befindlichen Zeichen schließen will.

Die Stadt hat drey Thore, das Posener, Thorner und Danziger Thor, und vor jedem Thor ist eine Vorstadt. Die Posener-Vorstadt hat einige hübsche und neue massive Häuser, die Thorner-Vorstadt ebenfalls, und hier ist auch ein Bernhardiner-Mönchskloster von einem Prior und 12 Ordens-Geistlichen. Die Danziger-Vorstadt formirt eine ziemlich lange Straße, an welcher ein Clarisser-Nonnenkloster liegt, so eine Aebtissin und 14 Nonnen hat, welche kümmerlich leben. Auf dieser Vorstadt, hart an der Brahe, ist ein neues Königliches Magazinhaus mit zween Flügeln, unten massiv und oben von Holz mit fünf Schüttungen auf 6000 Winspel Getreide gebauet, welches über 40000 Rthlr. kostet. Es ist ein schönes Gebäude, und hat zu dem Zweck eine vortheilhafte Lage, weil es hart an der Brahe liegt, so daß das

Getreide

Getreide oder Mehl ohne viel Umstände dahin gebracht werden kann. Ohnweit davon an der Brahe, wo ehedessen die Königliche Münze gestanden haben soll, liegt eine große massive Mühle von sechs Gängen, welcher es nie an Wasser fehlt, und beständig in Gange ist. Auf dieser wird das Getreide größtentheils vermahlen und das Mehl weiter versandt. Die Mühle ist von einem Privatmann angelegt, und soll 18000 Rthlr. gekostet haben, hat auch eine Sägemühle, und jetzt wird noch eine Graupenmühle angelegt. Die Brahe hat hier ein so starkes Gefälle, und ein Arm derselben, welcher die Mühlen treibt, ist mit einem starken Damm versehen, so daß auf eine bequeme Art noch mehrere Mühlen angelegt werden können, ohne daß die eine die andere im mindesten hindert.

Auf der Danziger Vorstadt liegt auch ein neues Königliches massives Remise-Haus von zween Flügeln, zwey Stockwerk hoch, worin die zum Train gehörigen Geräthschaften, Wagen, ledergeschirr u. s. w. aufbewahrt werden. Dis Gebäude ist auch sehr gut gebauet und kostet 24000 Rthlr. An dieser Vorstadt, jedoch binnen der Mauer, ist auch ein Königliches Landgestüt-Haus nebst Stallung massiv angelegt, worin viel Beschäler fürs platte Land gehalten werden, und ohnweit davon liegt an der Brahe eine massive Caserne, welche eigentlich für ein Esquadron Husaren erbauet ist, so hier vorhin in Garnison lagen, jetzt aber mit einem Theil der aus einem Batraillon Füsilier bestehenden Garnison belegt ist. Gegenüber auf der andern Seite der Brahe war sonst das Schloß, wo die ehemaligen Starosten gewohnet. Das alte verfallene Schloß, und der Platz nebst Garten, ist an die Splittgerbersche Handlung in Berlin verkauft, welche hier eine Zuckersiederey ange-

Der Netzdistrict.   H   legt,

legt, und den Platz mit weitläuftigen Gebäuden bebauet hat.

Die Bewohner von Bromberg, welche bürgerliche Nahrung treiben, Kaufleute, Krämer, Brandweinbrenner, Bierbrauer und Schenken, Bäcker, Fleischer, Zimmerleute, Mauermeister und alle Arten von Handwerksleuten, stehen sich hier wegen des großen Zusammenflusses der Menschen, welche theils die Schiffarth, der Canal und andere Bauten herbeyführen, sehr gut, denn es fehlt keinem an Arbeit und Nahrung. Die Wohlhabenheit des Orts ist aus der Consumtion zu ersehen, denn die Accise beträgt hier jährlich über 30,000 Rthlr. Hierunter ist zwar der Zoll und die Accise der Zuckerfabrike mit begriffen, wenn man diese aber auch auf die Hälfte rechnet, so bleibt doch noch ein sehr hohes Quantum für die Consumtionsaccise übrig.

Im vorigen Jahrhundert war in Bromberg auch eine Königliche Münze, so an der Brahe lag, wo jetzt die große massive Mühle stehet, im Schwedischen Kriege aber, wie Bromberg eingeäschert worden, mit niedergeschossen seyn soll. Wie die Mühle angelegt wurde, und man zu dem Ende den Arm der Brahe ableitete, kam man auf die rudera dieser Münze, und fand daselbst theils gemünztes, theils ungemünztes Silber von beträchtlichem Werth. Hieraus muß man urtheilen, daß die Einwohner die Stadt nach dem Bombardement und Brande verlassen haben müssen, weil sie nicht einmal die Münze nachgesucht, bis die Rudera von der Brahe unter Wasser gesetzt worden.

Die Cämmerey von Bromberg hat ansehnliche Besitzungen von Vorwerken, so auf dem Berge liegen, aber sehr geringe in Erbpacht ausgethan sind. Sie macht an einen großen auf dem Berge belegenen Wald, welcher über

über eine halbe Meile im Durchschnitt hat, Anspruch, und ist deshalb mit dem Fisco in Prozeß befangen. Ihre Einnahme beträgt gegenwärtig etwas über 2000 Rthlr., vergrößert sich aber von Zeit zu Zeit, weil immer mehr angebauet wird.

Ein Zeichen der ehemaligen Größe und des Wohlstandes von Bromberg sind die Wasserleitungen, welche zum Theil noch im Stande sind, und erhalten zu werden verdienen. Am Berge, etwa ein Viertel Weges von der Stadt, springt ein schönes Wasser, welches durch Röhren in die Stadt geleitet worden, und womit selbige auf allen Straßen in Ueberfluß versorgt werden kann. Alle Brunnen in der Stadt haben durch diese Wasserleitung ihr Wasser, und es fehlt nie daran. Die Volksmenge von Bromberg betrug nach der im Jahr 1792 aufgenommenen Tabelle ohne das Militair 3915 Seelen, mithin hatte sie sich seit 1788, in welchem Jahr sie 3077 betrug, um 738 Seelen vermehrt.

Die Accise und Zollgefälle in Bromberg betrugen in Jahr 1792. 33,265 Thaler 89 gr. 15 pf., und waren 283 Winspel 12 Scheffel Malz consumiret, daraus gewonnen 4954 Tonnen Bier, 180 Winspel 6 Scheffel Brandweins-Schrot verbraucht, und daraus 51,912 Quart Brandwein gewonnen, und 1495 Stein Wolle verarbeitet worden.

2. Fordon, anderthalb Meilen von Bromberg, hart an der Weichsel, ohnweit davon wo die Brahe in diesen Fluß fällt, ist ein schlecht gebaueter offener Ort, in einer sandigen Gegend, und wird größtentheils von Juden bewohnt, welche in Dürftigkeit leben, wenige Familien ausgenommen. Es ist hiebey weiter nichts merkwürdig, als der sehr importante Zoll, welcher hier von allen die Weichsel herab und heraufgehenden Waaren

entrichtet werden muß, und jährlich gegen 250,000 Thaler einbringt. In Rücksicht dieses Zolls ist hier die Provinzial-Zoll- und Accisedirection angelegt, unter welcher alle Zoll- und Acciseämter im Netzdistrict, in einem Theil von Pommerellen und dem Culmschen Gebiet stehen. Die Mitglieder der Direction wohnen in einem sehr großen weitläuftigen königlichen Gebäude oder Directionshause, welches dem Orte noch einiges Ansehen giebt. Außer diesen sind auch noch einige gute jedoch hölzerne Bürgerhäuser gebauet. Fordon hat 136 Häuser und 845 Einwohner.

Der Ankauf des Getreides für Königliche Rechnung und auch zum Theil für Privatpersonen, welcher hier geschiehet, weil die Kähne hier bequem anlegen können und müssen, da hier die Direction ist, ist beträchtlich, und zur Zeit, wenn dis geschiehet, gleicht Fordon, und die benachbarte Gegend bis Nieuponie und noch weiter so eine gute Viertelmeile von der Stadt, einem großen öffentlichen Markt, einer Handelsstadt an der See. Gewöhnlich führen die Polen ihr Getreide im Frühjahr und Sommer in den Monaten Junius und Julius die Weichsel herunter nach Danzig und Elbing, legen hier an, und wenn sie Gelegenheit haben, und gut bezahlt wird, verkaufen sie hier. Alsdenn liegen hier oft 70 bis 80 Kähne oder breite Fahrzeuge mit Getreide. Die Edelleute selbst oder ihre Commissarien, welche mit diesem Getreide tief aus Polen hinter Warschau her, aus Sendomir und dem Bug kommen, sind dabey, und müssen wegen des zu bezahlenden Zolls anlegen. Wenn nun für Königliche Rechnung gekauft werden soll, wird von den zum Einkauf bestimmten Königlichen Commissarien gekauft; wollen die Polen das Getreide nicht zu dem bestimmten Preise lassen, müssen sie den Zoll bezahlen, und fahren weiter, wobey sie indessen wenig Vortheil haben, weil sie
den

den Zoll bezahlen, und noch 20 Meilen weiter bis Danzig fahren müssen. Die Kähne verkaufen sie gemeinhin in Danzig, und die Leute gehen zu Fuße nach Hause, welches gewöhnlich polnische Bauren sind. Verwichnen Sommer wurden für Königliche Rechnung in den beiden erwähnten Monaten 16000 Lasten, der Scheffel zu 16 bis 18 gr. gekauft. Dis Getreide wird vorerst in die dasigen Speicher gebracht, alsdenn aber die Brahe herauf nach Bromberg, und weiter nach Berlin und Stettin transportiret. Wenn das Getreide aus den Kähnen ans Land gebracht wird, stellen sich die Leute in zwey Reihen, legen breite Laken vom Lande auf den Kahn, und werfen es mit Schaufeln immer weiter, wodurch es gereiniget oder rectificirt wird, alsdenn wird es erst zugemessen, und liegen in dieser Jahrszeit ganze Berge von Getreide an dem Ufer der Weichsel. Vor diesem ging alles aus Polen kommende Getreide die Weichsel herab nach Danzig, weil die Polen allhier alle ihre Bedürfnisse wieder einkauften, und das Geld größtentheils wieder in Danzig ließen, wodurch dieser Ort so reich geworden. Jetzt hat sich der Handel getheilet, und da Elbing vor Danzig viel Handelsvortheile hat, ob es gleich zur Handlung nicht so bequem liegt, gehet ein großer Theil Getreide nach Elbing, indessen wird auch hier viel mit Danziger Gelde gehandelt. Wenn sich in Fordon große Handelshäuser ansetzten, und allerley Bedürfnisse der Polen, so sie aus Danzig zu holen gewohnt sind, zu verkaufen hätten, würde sich der Handel größtentheils nach Fordon ziehen, weil die Polen theils an Zoll, theils an Transport ungemein ersparen, wenn sie nicht nach Danzig gehen dürfen, und würde hier ein guter Tauschhandel etablirt werden können.

3. Schulitz ist ein elender, an der Weichsel, drey Meilen von Bromberg, und beynahe eben so weit von

Fordon belegener Flecken von 36 Häusern und 316 Seelen. Von diesem Ort lässet sich nichts sagen, denn er liegt in einer sterilen Gegend, und es wird hier fast gar kein Handelsverkehr getrieben.

4. Von Gnievkowo, welches 75 Häuser und 497 Einwohner hat, lässet sich eben so wenig was bemerkenswerthes sagen; beide Orte verdienen ihrer Bedeutung nach nicht den Namen der Städte. Zu Schuliß war ehedessen eine Starosten, so eingezogen und größtentheils in Erbpacht ausgethan worden, in Gnievkowo aber ist jetzt ein königliches Amt, und liegt vier Meilen von Bromberg.

5. Inowrazlav ist nächst Bromberg die größte und bedeutendste Stadt im Netzdistrict, sie liegt in der Mitte von Preußisch Cujavien, sechs Meilen von Bromberg, und fünf Meilen von Thorn in einer reichen Korn-Gegend, hat 299 Häuser und 1371 Einwohner. Hier wohnen viel Juden, sie haben 147 eigene Häuser, und ihre Zahl beläuft sich auf 665, es giebt aber hier ungleich mehr Juden, welche sich heimlich hier aufhalten und nicht angegeben werden. Der Handel ist fast allein in den Händen der Juden, welche die Messen besuchen, viel Manufacturwaaren holen und nach Polen vertreiben. Von diesem Handel wird ein großes Wesen gemacht, aber er ist in der That nicht so bedeutend, als man glaubt, denn es leben hievon blos die Judenfamilien, und sind größtentheils arm, etwa 10 oder 12 Häuser können den Handel mit eigenem Gelde betreiben, die übrigen brauchen fremdes Geld, geben hohe Zinsen, und damit gehet der Gewinst weg. Das einzige Gute, was sie stiften, bestehet darin, daß sie viel einländische Fabrikenwaaren nach Polen vertreiben, der meiste Handel bestehet aber in ausländischen Fabrikenwaaren. Unter
den

den christlichen Bürgern giebt es wenig Handelsleute, und überhaupt hat dieser Ort nicht viel wohlhabende Bürger, hat keine Fabriken und Manufacturen, nicht einmal Wollfabriken, und ist im Ganzen ein unbedeutender Ort. Selbst der Kornhandel, als das Hauptproduct von Cujavien, wird nicht durch Jnowrazlav betrieben. Die Cämmerey ist ansehnlich, denn sie hat einige nahe gelegene Dörfer und über 2000 Rthlr. Einnahme, die Polizey aber ist von Herzen schlecht, denn die Strasen sind bey schlechtem Wetter kaum zu passiren, und auf dem Markte ist statt eines Wasserbehälters ein großer Sumpf oder Teich, die Häuser sind schlecht gebauet, und zum Theil mit Brettern oder Schindeln gedeckt. Jetzt fängt man an, hin und wieder neu und zwar massiv zu bauen, es ist aber zu wenig Nahrung, als daß man Fortschritte hoffen könnte.

6. Was soll man von Kruschwiz sagen, dieser ehemaligen Königsstadt, aus welcher Piast, der Stifter einer Königslinie von Polen, welche den Thron einige Jahrhunderte besessen, und noch im Andenken ist, entsprossen seyn soll. Sie liegt zwey Meilen hinter Jnowrazlav, mithin acht Meilen von Bromberg am Gopplo-See, hat 13 Häuser, und der Scharfrichter bewohnt das vierzehnte; die ganze Bevölkerung bestehet aus 79 Seelen, die sogenannten Bürger leben von Ackerbau, und hier herrscht Armuth. An der andern Seite des Gopplo-Sees, welcher hier ganz schmal ist, liegt das Collegiatstift mit einer Kirche, welche noch in gutem Stande, und das Amthaus nebst Vorwerksgebäuden, so aus den Besitzungen des Domstifts erwachsen. Das Capitel bestehet aus 5 Domherrn, oder Canonicis, welche sämtlich auswärts wohnen, und an andern Orten ihre Pfründen verzehren, welche nicht reich sind, denn das ganze Capitel erhält nur 956 Thaler Competenz.

Ehedem soll Kruschwiz eine ansehnliche Stadt gewesen seyn, jetzt verdient sie nicht den Namen, und man siehet auch nicht einmal Spuren ihrer ehemaligen Größe. Das merkwürdigste ist der am Gopplo-See oder in demselben stehende sogenannte Mausethurm, welches ein 190 Fuß hoher im Achteck von Ziegelsteinen erbaueter Thurm ist, welcher in der Höhe von 20 Fuß nur eine kleine Oeffnung oder Thür, und inwendig wenig Raum hat. Es lässet sich nicht bestimmen, wozu er zweckmäßig gebauet und gebraucht worden, dem Anschein nach war es blos ein Wacht- oder Wartethurm, auf welchem man den ganzen Gopplo-See und einen großen Theil von Cujavien übersehen konnte. Wenn die vorhin geäußerte Vermuthung richtig ist, daß ehemals das ganze Netzbruch samt den damit in Verbindung stehenden andern Brüchern ein großes schiffbares Wasser gewesen, welches mit dem Gopplo-See zusammengehangen, so scheint dieser Thurm den See und die Schiffarth commandirt zu haben, und mag es auch wol ein Leuchtthurm, ein Pharus gewesen seyn. Es hat ein Schloß daran gestanden, welches, wie noch zu sehen, vier Ellen dicke Mauern gehabt, aus welchem man im zweyten Stockwerk durch die Oeffnung oder Thür in den Thurm kommen können. Vielleicht hat er samt dem Schloß zu einer Vestung gedient, oder er ist des Nachts erleuchtet gewesen, damit sich die Schiffer darnach richten können, denn die Schiffarth kann ansehnlich gewesen seyn. Inwendig ist wenig Raum, und scheint man davon keinen Gebrauch gemacht zu haben, weil gar kein Licht hinein fällt. Der Thurm ist noch ganz unbeschädigt, und scheint für die Ewigkeit gebauet zu seyn. Er ist wie das alte Schloß von Ziegelsteinen, und am Gopplo-See scheint eine Schanze zu liegen, in welche man durch einen unterirdischen Gang aus dem Schlosse kommen können. Gegenüber in dem See aber liegt eine kleine Insel, so ein Garten

ten gewesen seyn mag. Von hier und von der Schanze hat man die ganze Passage des Sees bestreichen können. Den Namen Mausethurm hat er nach einer Legende davon, weil hier ein gottloser König von Polen von Mäusen gefressen seyn soll, welche in großer Menge durch den Gopplo-See geschwommen, und ihn dorthin verfolgt haben. Der Thurm mag wol viel Schweiß gekostet haben, wodurch sich der Erbauer den Haß seiner Unterthanen zugezogen, und diese Sage entstanden seyn mag. Die Republik der Mäuse hat hier auch aufgehört, denn man trifft keine mehr darin an, und würden sie hier ein kümmerliches Leben führen müssen. Das Alter dieses Thurms lässet sich aus der Bauart desselben nicht bestimmen, er ist ohne alle Verzierung gerade aufgeführt, und kann wol Jahrhunderte alt seyn, hat aber nicht das Gepräge des gothischen Geschmacks.

Eine andere Legende sagt von Piast, er sey ein Ackerbürger aus Kruschwiz oder doch aus der Gegend gewesen, der polnische Adel habe sich versammlet, (es muß wol in heidnischen Zeiten, oder doch zu einer Zeit gewesen seyn, wie man noch an Orakel glaubte,) um einen König zu wählen, die Anwesenden hätten sich aber nicht einigen können, und hätten daher den Beschluß gefasset, das Orakel oder einen weisen Mann um Rath zu fragen. Dis habe ihnen gesagt, sie sollen den Mann zum König wählen, der von einem eisernen Tische esse. Nun wären sie ausgeritten, hätten aber einen solchen Mann nicht erfragen können, bis sie zufällig bey Kruschwiz einen Bauren auf dem Pfluge sitzen gesehen, welcher sein Frühstück von der eisernen Pflugschaar gegessen. Einer von den Edlen habe gesagt: Vielleicht soll dis der Mann seyn, der von einem eisernen Tisch isset, lasset uns ihn zum König machen. Alle hätten ihm beygepflichtet, man hätte den Bauren, welcher Piast geheißen, wider seinen Willen gewählt und auf den Thron gesetzet. Er habe glücklich regiert, und seine Nachkommen hätten die polnische Nation einige Jahrhunderte beherrschet. In der Folge würde dergleichen Wahl viel Widerspruch gefunden haben, damals kannte man aber das ehemalige Palladium des polnischen Adels, das mächtige Veto, welches man nun zu Grabe getragen, und das mächtigere Jubeo noch nicht, es muß damals noch eine patriarchalische Verfassung geherrscht haben.

7. Wilatowo,

8. Kwiekiszewo,

9. Mogilno,

10. Gonsawa, sind vier kleine unbedeutende Städte, wovon sich weiter nichts sagen lässet, als daß sie dasind, erstere 24 Häuser und 389 Einwohner, die zweyte 49 Häuser und 350 Einwohner, die dritte 78 Häuser und 597 Einwohner, und die vierte 45 Häuser und 229 Einwohner hat, welche größtentheils von Ackerbau und bürgerlicher Nahrung leben, ohne sich über den Grad der Mäßigkeit zu erheben. Mogilno hat ein Benedictinerkloster und Abtey. Alle vier Städte liegen hinter und neben Inowrazlav in Cujavien in einer fruchtbaren Gegend.

11. Strzelno, zwey Meilen hinter Inowrazlav, und acht Meilen von Bromberg, nicht weit von der polnischen Gränze, ist eine alte Stadt, hat 136 Häuser und 835 Einwohner, sie scheint ehedem ansehnlich gewesen zu seyn, jetzt ist es eine Ackerstadt, worin wenig bürgerliche Nahrung getrieben wird. Hier ist ein Prämonstratenser-Nonnenkloster. Aus den Besitzungen des Klosters, welches 1723 Thaler Competenz erhält, ist das Domainenamt Strzelno erwachsen, so dicht an der Stadt liegt.

12. Znin,

12. Znin, oder Schnin, eine mittelmäßige Stadt auf einer Insel im See, von 120 Häusern und 705 Einwohnern, nahe an der polnischen Gränze, jenseits der Netze, sechs Meilen von Bromberg. Die Bürger treiben Ackerbau und bürgerliche Nahrung, die Lage ist angenehm. Hier ist ein Dominicaner-Kloster von einem Prior und 10 Ordens-Geistlichen.

13. Exin oder Kzin, ein artiges Städtchen auf einer Anhöhe jenseits der Netze, fünf Meilen von Bromberg, hart an der polnischen Grenze, hat 194 Häuser und 788 Einwohner, welche bürgerliche Nahrung treiben und mit Polen Verkehr haben. Hier ist ein Carmelliter-Kloster von einem Prior und ... Ordensgeistlichen, auch hält sich hier der Provinzial des Ordens auf.

14. Nakel, ein kleiner unbedeutender Ort an der Netze, wo der Canal in selbige fällt, fünf Postmeilen, aber nur drey deutsche Meilen von Bromberg entlegen, hat 107 Häuser und 768 Einwohner. In polnischen Zeiten war hier ein Grodgericht und eine Starostey, aus welcher letztern das Amt Nakel erwachsen. Seit preußischer Besitznehmung hat sich dieser Ort etwas aufgenommen, es sind einige neue jedoch nur hölzerne Häuser gebauet worden, der Verkehr aber, welcher getrieben wird, ist nicht beträchtlich. Bey der Stadt ist eine massive Caserne für die Husaren erbauet, welche noch in gutem Stande ist.

15. Polnisch Crone, oder Coronowo, vier Meilen von Bromberg, ist ein unbedeutender Ort von 156 Häusern und 895 Einwohnern, welche Ackerbau und bürgerliche Nahrung treiben, und ist schlecht gebauet. Hier ist eine Cistercienser-Abtey von einem Abt und 11 Ordensgeistlichen, aus deren Besitzungen das Amt Coronowo erwachsen. Die Abtey ist einträglich, der Abt erhält

hält für seine Person jährlich 1911 Rthlr. 55 Gr. 9 Pf. und das Kloster 2224 Rthlr. 56 Gr. 2 Pf. preußl. an Competenz aus der Domänen-Casse, und ersterer hat eine angenehme Wohnung nebst Garten.

16. Mrotzen, auch vier Meilen von Bromberg, ein schlecht gebauetes Städtchen von 65 Häusern und 655 Einwohnern. Die Stadt ist vor einigen Jahren fast ganz abgebrannt, jedoch wieder aufgebauet, die alten Häuser sind noch mit Stroh gedeckt. Brandschaden ist in andern Ländern ein Unglück, im Netzbistrict aber kann man ihn unter die Glücksfälle rechnen, denn die meisten kleinen Städte verdienen angesteckt zu werden, damit aus der Asche neue Häuser hervorkommen. Die Einwohner verlieren dadurch wenig, denn die Häuser sind größtentheils Chaluppen, und das Mobiliarvermögen, welches die meiste Zeit gerettet wird, ist nicht von Bedeutung, die Abgebrannten erwecken Mitleid und werden unterstützet, wenn auch die Häuser in der Feuer-Societät nicht versichert sind, an Bauholz fehlt es nicht, und in wenig Jahren ist eine abgebrannte Stadt in bessern Umständen als zuvor. Es wäre ein Königliches und Fürstliches Vergnügen, solche Städte anzünden zu lassen, die Baustellen zu vermessen und die Häuser von Grund aus neu aufzuführen, weil alsdenn die Städte feuerfest gebauet werden können, welches nicht geschiehet, wenn ein jeder Bürger nach Gutdünken bauet, und sich nichts vorschreiben lassen will. Ein solches Feuerwerk wäre eine landesväterliche Wohlthat, und die Nachkommen würden den Fürsten segnen.

Sonst war Mrotzen eine ablische Mediatstadt, dem ehemaligen Minister von Görne gehörig, sie ist aber mit dem Guth eingezogen und zum Domänenamt gemacht worden.

17. Wit-

17. **Wirsitz**, sechs Meilen von Bromberg, ein elendes kleines Städtchen, zwischen ein paar Bergen belegen, welches nicht einmal die Form einer Stadt hat. Es war sonst eine adliche Stadt, dem Grafen von Werbno Rydzinski zugehörig, welcher sie aber mit dem Guth an den König verkauft hat, da denn ein Domänenamt daraus gemacht worden. Die Stadt hat 31 Häuser und nur 180 Einwohner.

18. **Schneidemühle**, dreyzehn Postmeilen, aber nur zehn gute deutsche Meilen von Bromberg, an der Küdda belegen, welche etwa eine Meile davon in die Netze fällt. Dieser Ort ist ziemlich gut und regelmäßig ausgebauet, hat einen großen Marktplatz mit Bäumen besetzt, und mittelmäßige Nahrung. Nach der Besitznehmung wurde hier ein Landvogtey-Gericht errichtet, unter welches der Cronesche und Caminsche Kreis gehörte; so aber unter der Regierung zu Marienwerder stand, seitdem in Bromberg aber das Hofgericht als ein Oberlandes-Justiz-Collegium angelegt worden, ist das Landvogtey-Gericht aufgehoben, und statt dessen eine Kreis-Justiz-Commission errichtet. Auch versammlet sich hier die Provinzial-Landschaftsdirection beider Kreise, so wie der Stab des Husaren-Regiments von Trenk hier in Garnison liegt, welches zusammengenommen der Stadt einige Nahrung bringt, im Ganzen aber bleibt es doch ein unbedeutender Ort, hat 281 Häuser und 1611 Einwohner.

19. **Camin**, ein kleiner, aber alter Ort von 82 Häusern und 454 Einwohnern, sechs Meilen von Bromberg entlegen. Es war sonst die Hauptstadt des Caminschen Kreises, der davon den Namen führt, jetzt ist es ein elender Ort. Hier ist ein Catholisches Consistorium, welches in geistlichen, besonders in Ehesachen der Catholiken cognosciret und erkennet.

20. Wis-

20. Wissec, sieben Meilen von Bromberg, ist auch ein unbedeutender, jedoch alter Ort von 63 Häusern und 346 Einwohnern. Es war sonst eine adliche Mediatstadt, dem ehemaligen Minister von Görne zugehörig, wurde aber mit dem Guth Bialaslime eingezogen, und ist zum Domänenamt gemacht worden.

21. Budzin, ein unbedeutender Ort jenseits der Netze, etwa 9 Meilen von Bromberg entlegen, hat 121 Häuser und 827 Einwohner.

22. Uscz, eine alte, aber schlecht gebauete Stadt, dicht an der Netze, etwa eilf Meilen von Bromberg entlegen, hat 112 Häuser und 693 Einwohner, welche sich größtentheils von den vielen Wiesen ernähren, so sie im Netzbruch besitzen. Sonst war es eine Starosten, und hat in alten Zeiten daneben auf dem Berge ein Schloß gestanden, wo zu Zeiten die polnischen Könige residirt; es ist aber nichts mehr davon zu sehen, und blos der Name Schloßberg übrig geblieben.

23. Deutsch-Crone, auch Walsch genannt, vierzehn Meilen von Bromberg in einer fruchtbaren Gegend belegen, hat 305 Häuser und 1414 Einwohner, welche sich größtentheils vom Ackerbau nähren. Sonst war hier ein Grodgericht, welches unter dem Namen Judicium Castrense Vallense bekannt ist. Auch ist hier eine Trivialschule, welche ehedessen berühmt war und Jesuitenlehrer hatte, jetzt ist sie in Verfall gerathen.

24. Jastro, ein ziemlich großer und nahrhafter Ort, siebenzehn Meilen von Bromberg an der Pommerschen und Neumärkischen Grenze belegen, hat 225 Häuser und 1957 Einwohner. Hier wird zweymal im Jahre ein ansehnlicher Pferdemarkt gehalten, wo bisweilen 10,000 Pferde zum Verkauf zusammenkommen.

Die

Die Adlichen oder Mediat-Städte sind:

25. Łabischin, drey Meilen von Bromberg an der Netze belegen, ein offner Ort, von 151 Häusern und 864 Einwohnern, der Gräflich von Skorszewskischen Familie gehörig. Hier wird allerley bürgerliche Nahrung getrieben, es ist dabey eine reguläre Neustadt angelegt, wo blos Tuchmacher wohnen, und da diese evangelischen Glaubens sind, hat die Grundherrschaft eine evangelische Kirche und Pfarre fundirt. Die Netze, welche durchfließet, hat ein starkes Gefälle, und liegt eine große Mühle daran, das Holz, welches die Netze herunter geflößet wird, muß die Mühlenschleußen passiren, und hindert die Mühle die Schiffarth gar sehr. Ehedessen ist hier ein herrschaftliches Schloß gewesen, denn die Güter sind ansehnlich, das Schloß ist aber verfallen, und wohnt die Herrschaft auf Margoninsdorf, zu den Margoninschen Gütern gehörig.

26. Rinardzewo, zwey Meilen von Bromberg, ein offner Ort von 62 Häusern und 439 Einwohnern, zu der Herrschaft Łabischin gehörig. Außer einigen Tuchmachern, welche sich hier angesetzt haben, wird in dieser Stadt wenig bürgerliche Nahrung getrieben.

27. Margonin, sieben Meilen von Bromberg hinter der Netze belegen, der Gräflich von Skorszewskischen Familie gehörig, ein offner Ort von 211 Häusern und 1257 Einwohnern, worunter viel Tuchmacher. Es liegt nicht weit von der polnischen Gränze, und den meisten Handel treiben die Juden, welche zahlreich sind. Die Herrschaft wohnt ohnweit davon auf dem Schloß Margoninsdorf.

28. Szubin, oder Schubin, ein offner Ort, drey Meilen von Bromberg jenseits der Netze, hat 142 Häuser und 852 Einwohner. Es wird hier wenig bürgerliche Nahrung getrieben, außer daß auch hier einige Tuchmacher wohnen, und ein paar bemittelte Juden ihren

ren Handel hauptsächlich nach Polen treiben. Es gehört diese Stadt mit der Herrschaft der polnischen Familie von Mycielski, welche sich aber beständig in Polen aufhält, und dort ansehnliche Besitzungen hat, besonders die Stadt und Herrschaft Ravitsch. Ehedessen war hier ein herrschaftliches Schloß, welches verfallen ist, der vorige Besitzer, welcher hier wohnte, hat viel an den Garten und die Alleen verwandt, welche das Guth angenehm machten, es ist aber in Verfall gerathen.

29. Barcin, ein offnes Städtchen, vier Meilen von Bromberg, nach Cujavien zu, an der Netze belegen, hat 64 Häuser und 496 Einwohner. Es wohnen hier auch einige Tuchmacher, und gehört diese Stadt mit der Herrschaft Barcin dem Graf von Lochatzki, welcher hier die meiste Zeit wohnt, das Schloß ist aber verfallen.

30. Pakosch, ein offner Ort von 64 Häusern und 498 Einwohnern, fünf Meilen von Bromberg an der Netze, und hart an der Cujavischen Grenze belegen. Die Gegend, wo diese letzten 6 beschriebenen Städte liegen, wird Palucker genennt, und gehört nicht zu Cujavien. Pakosch ist wegen der romantischen Gegend, indem man sich nach Jerusalem bezaubert zu seyn dünkt, wegen der vielen Wallfahrten, welche dahin geschehen, und wegen der polnischen Schule oder Akademie berühmt. Einer der vorigen Besitzer, Graf von Dzialinski, welcher eine Wallfarth nach dem gelobten Lande gethan hatte, und zwischen Pakosch und Jerusalem der Lage nach einige Aehnlichkeit gefunden haben mag, hat hier an verschiedenen Orten um die Stadt, welche Anhöhen, einen Fluß und ein Wäldchen enthalten, 25 Capellen angelegt, in welchen zu gewissen Jahrszeiten, wenn gewallfahrtet wird, besonders in den ersten Tagen des Monats May, Gottesdienst gehalten werden muß. Das Reformaten-Kloster, welches an der Stadt liegt, vertritt die

ble Stelle des Tempels und des Synedrii, man trifft da den Oelberg, Gethsemane, den Calvariberg, den Bach Kidron, Emmaus und alle merkwürdige Orte von Jerusalem an. Wer zur Schwärmeren gestimmt ist, findet hier viel Nahrung. In den ersten Tagen des May versammlen sich hier sechs bis achttausend Menschen aus den entlegensten Gegenden Polens, welche hier ihre Andacht verrichten, und nicht wenig verzehren. Die Schule ist nach polnischer Art ansehnlich, und wird von jungen polnischen Edelleuten stark frequentirt, so daß die Zahl der hier studirenden sich bisweilen über 100 beläuft. Den Unterricht ertheilen die Mönche des Reformaten-Klosters, und die meisten Bürger leben von den Studenten. Die Stadt ist sehr alt, und gehörte sonst mit der Herrschaft dieses Namens der Gräflich von Dzialinskychen Familie, welche auch die Herrschaft Flatow und Koschelles besaß, diese Herrschaft Pakosch aber an den von Gerhard verkauft hat, welcher zu Ribetwiz, einem auf der Anhöhe neben der Stadt belegenen Vorwerk, wohnt. Die Gegend ist überaus reizend und das Guth eines der angenehmsten im Netzdistrict. Die Stadt und die umliegende heilige Gegend darf kein Jude betreten.

31. Gembiz, ein kleines Städtchen, sieben Meilen von Bromberg, hart an der polnischen Gränze, der polnischen Familie von Kossowski gehörig, hat 68 Häuser und 388 Einwohner, wovon sich nichts sagen läßt, was der Mühe werth wäre. Die Gembizschen Güter liegen größtentheils in Polen, und gehet die Gränze durch selbige.

32. Vandsburg, fünf Meilen von Bromberg, nach Pommerellen zu, ist ein offner Ort, der stark vom Brande gelitten, und noch nicht völlig wieder aufgebauet ist, hat 82 Häuser und 528 Einwohner. Es ist ein unbedeutender Ort, und wohnen hier einige Tuchmacher.

cher. Die Herrschaft Wandsburg, wozu auch Zempelburg gehört, besitzet die Gräflich von Potulizkische Familie, welche auch in Polen Besitzung hat, und sich dort die meiste Zeit aufhält.

33. Zempelburg, ebenfalls ein offner Ort, sechs Meilen von Bromberg, ohnweit von Wandsburg nach Pommerellen zu belegen, hat 199 Häuser und 1129 Einwohner. Hier wohnen einige Tuchmacher und viel Juden. Dieser Ort mit der Herrschaft gleiches Namens gehört, wie gesagt, der Gräflich Potulizkischen Familie, und sind diese beiden Herrschaften, zusammen genommen, die größte Herrschaft im Netzdistrict.

34. Lobsens, ebenfalls sechs Meilen von Bromberg, hat 196 Häuser und 957 Einwohner, ist ein gut gelegenes artiges Städtchen, wo einiger Handel getrieben wird und Tuchmacher wohnen, hat durch den Brand gelitten, und ist noch nicht völlig wieder aufgebauet. Die Herrschaft Lobsens gehörte sonst der Gräflich von Radelinskischen Familie, sie ist aber vor kurzem an den Graf von Rydzinski verkauft, welcher auf Reckten, einem herrschaftlichen Vorwerk neben der Stadt, wohnt. Ohnweit davon in einem Wäldchen liegt das Bernhardinerkloster Gurki sehr angenehm.

35. Krojanke, ein alter offner Ort, zehn Meilen von Bromberg, hat 157 Häuser und 878 Einwohner. Die Stadt zeichnet sich vor andern ihres Gleichen nicht aus. Die Herrschaft Krojanke gehörte sonst der Fürstin Sulkowska, welche sich die meiste Zeit in Warschau aufhielt, sie ist aber vor kurzem an den Reichsgraf von Flatow verkauft worden.

36. Flatow, ein offner Ort von 301 Häusern und 1052 Einwohnern, neun Meilen von Bromberg entlegen. Hier wohnen viel Tuchmacher, und sehr viel Juden,

den, welche starken Handel treiben. Die Herrschaft Flatow ist nach dem Ertrag zu rechnen gegenwärtig die größte im Netzdistrict, und gehörte sonst den Grafen von
Dzialinski, welche sie vor einigen Jahren an den reichen
Kriegesrath von Farenheit in Königsberg für 100,000
Ducaten verkauft haben. Von den 301 Häusern,
woraus die Stadt bestehet, werden 194 von Christlichen und 107 von Judenfamilien besessen und bewohnt,
die Anzahl der Christlichen und der Jüdischen Einwohner ist sich beynahe gleich).

37. Miastetzko, ein kleiner offner Ort im Gebirge,
von 46 Häusern und 302 Einwohnern, acht Meilen
von Bromberg, ohnweit von der Netze belegen, gehört
dem Guthsbesitzer Arndt, welcher das Guth Brestowo
besitzet, wozu dis Städtchen gehört.

38. Radolin, ein etwa vor 50 Jahren angelegtes
offnes Städtchen am Netzbruch, dreyzehn Meilen von
Bromberg belegen, hat 46 Häuser und 467 Einwohner,
so größtentheils Tuchmacher. Es gehört der Gräflich
von Radolinskischen Familie auf Behl. Die Herrschaft
Behl, Schönlanke, Scharnikow und Scharnikower-
Hammer gehörte vor einigen vierzig Jahren dem von
Poniatowski, Vater des jetzigen Königs von Polen,
welcher auf dem Schloß zu Behl gebohren oder doch seine
Kinderjahre daselbst zugebracht haben soll. Diese ansehnliche Herrschaft, welche jetzt einige dreyßigtausend
Thaler einbringen würde, ist vereinzelt, und sind daraus
vier Herrschaften entstanden, so von verschiedenen Familien besessen werden.

39. Schönlanke, ein großer offner Ort von 242
Häusern und 1964 Einwohnern, funfzehn Postmeilen
von Bromberg in einer großen Ebene belegen. Es ist
ein sehr nahrhafter Ort, denn es wohnen hier fast nichts
als

als Tuchmacher, wovon einige bemittelt sind, und werden das Jahr 13 bis 14000 Stück Tücher, das Stück zu 12 bis 15 Thaler gerechnet, verfertiget, mithin werden jährlich gegen 200,000 Thaler umgeschlagen. Die Wolle wird größtentheils aus den benachbarten Gegenden durch Juden herbeygeschafft, die Tuchmacher lassen sie in ihren Häusern verspinnen und verweben, daher halten sich hier beständig viel hundert Spinnerinnen und Tuchmachergesellen auf. Auch sind hier Tuchfärbereyen, so daß die Tücher bis zum Gebrauch fertig gemacht werden. Die Einwohner sind größtentheils evangelisch, haben eine Kirche und einen Prediger, die Catholiken haben aber auch eine Kirche, und die Juden eine Synagoge. Sonst gehörte, wie schon erwähnt worden, die Stadt und Herrschaft Schönlanke dem von Poniatowski, von diesem kam sie an den von Lassozki, alsdenn an den von Swinarski, und dieser verkaufte sie vor einigen Jahren an des Königs Majestät, als ein Chatoul-Guth, und wird sie als ein solches samt der Herrschaft Schloppe administriret, und ist nicht zu den Domänen geschlagen worden.

40. Schloppe, eine sehr alte Stadt, deren schon im vierzehnten Jahrhundert erwähnt wird, in einer sandigen Gegend siebenzehn Meilen von Bromberg nach der Neumark zu belegen, hat 49 Häuser und 918 Einwohner, worunter viel Tuchmacher. Hier giebt es auch viel Juden, deren Handel aber außer einigen unbedeutend ist. Die Stadt brannte vor einigen Jahren fast ganz ab, ist aber beynahe völlig wieder aufgebauet. Sie gehörte nebst der Herrschaft Schloppe sonst dem Baron von Dulfus, der Reichsgraf von Flatow kaufte sie aus der öffentlichen Versteigerung, und überließ sie vor einigen Jahren des Königs Majestät als ein Chatoul-Guth, worauf sie mit der Herrschaft Schönlanke verbunden wurde.

41. Tietz,

41. Tietz, ein alter offner Ort, welcher auch schon im vierzehnten Jahrhundert vorkommt, siebenzehn Meilen von Bromberg entlegen, hat 138 Häuser und 514 Einwohner, worunter auch einige Tuchmacher. Hier ist ein altes massives Schloß von ungemein starken Mauern, so einer Vestung gleicht. Die Herrschaft Tietz, Marsdorf, klein Nakel, Harmelsdorf, Diek rc. wurde das Tietzer oder Tutznaer Gebiet genannt, welches die Familie von Wedel, die nach der Stadt den Namen Tutzinski angenommen, einige Jahrhunderte besessen, nachdem sie aber ausgestorben, ist diese Herrschaft vereinzelt worden. Tietz besaß sonst ein gewisser Graf von Skarszewski, alsdenn der von Moszenski, welcher diese Herrschaft an den von Zacha verkaufte, dieser sie aber vor einigen Jahren an den Graf Schmettau überließ, der sie noch besitzet.

42. Märksch-Friedland, zum Unterscheid so genannt, weil auch im Conitzschen Kreise ein Ort gleiches Namens liegt, so preußisch Friedland heißet, achtzehn Meilen von Bromberg an der Neumärkschen Gränze belegen, ist ein nahrhafter Ort, hat viel Tuchmacher und sehr viel Juden, worunter einige bemittelt sind, und keinen unbeträchtlichen Handel führen. Der Ort hat 179 Häuser und 673 Einwohner. Die Herrschaft Märksch-Friedland gehört dem Freyherrn von Blankenburg, welcher in der Stadt ein artiges Schloß besitzet.

43. Filehne, ein offner jedoch nicht unansehnlicher Ort, neunzehn Postmeilen von Bromberg an der Netze belegen, hat 189 Häuser und 1229 Einwohner. Es wohnen hier viel Tuchmacher, auch einige bemittelte Kaufleute, und die Nahrung ist mittelmäßig. Dis ist die äußerste Stadt im Netzdistrict nach der Neumark zu, welche nur eine Meile davon entfernt ist, und hat ein modernes herrschaftliches Schloß. Diese Herrschaft,

welche in Ansehung des Umfangs bey weitem die größte im Netzdistrict ist, wenn die Herrschaft Dratzig dazu gerechnet wird, gehörte sonst dem Fürsten Sapieha, und wurde von dessen Erben der verwittweten Fürstin Sapieha überlassen, welche sie vor einigen Jahren an den Prälat von Blankensee verkaufte, der sie noch besitzet, jedoch mit Ausschluß der Herrschaft Dratzig, so auch die polnische Seite der Herrschaft Filehne genannt wird, weil sie jenseits der Netze liegt, welche jetzt davon getrennt ist und dem Fürsten Kasimir Sapieha gehört.

44. Scharnikow, ein offener, jenseits der Netze, hart am Fluß, vierzehn deutsche oder sechzehn Postmeilen von Bromberg belegener Ort, hat 267 Häuser und 1232 Einwohner, worunter einige Tuchmacher. Die Stadt war sonst sehr nahrhaft, sie ist aber in Verfall gerathen, und hat einige male Brand erlitten. Die polnische Gränze ist nur eine halbe Meile davon entfernt, seitdem aber hier die Accise angelegt ist, ungeachtet die Stadt jenseits der Netze liegt, hat sich der polnische Handel verlohren, und hat sich nach andern Städten, vorzüglich nach Chodziesen gezogen, wo keine Accise ist. Ehedessen gehörte diese Stadt und die Herrschaft dieses Namens, wie gesagt, der von Poniatowskischen Familie, und kam an den von Serinowski, welcher sie nebst der dabey belegenen Herrschaft Kruschewo noch besitzet, und auf dem Vorwerk daneben wohnt.

45. Chodziesen, ein offner Ort jenseits der Netze, eilf Meilen von Bromberg nahe an der polnischen Gränze belegen, hat 267 Häuser und 1528 Einwohner, welche größtentheils Tuchmacher sind. Die Judenschaft ist hier sehr zahlreich, und treibt starken Handel mit Polen. Ueberhaupt wird hier viel Verkehr mit Tuch getrieben, weil hier eine Walkmühle und eine ansehnliche Färberey, der Handel aber ganz frey ist. Diese Stadt

Stadt, nebst der Herrschaft dieses Namens, gehört der Gräflich von Grudzinskischen Familie, welche hier ein Schloß hat, so aber verfallen ist. Der rechte Sitz der Herrschaft ist jetzt zu Olesnitz, einem Vorwerk, so eine halbe Meile von der Stadt entlegen, und wo ein modernes Schloß und Garten angelegt worden.

46. Samoszin, ein offner Ort jenseits der Netze, acht Meilen von Bromberg, wo eine starke Passage von Bialaschliwe über die Netze gehet, hat 66 Häuser und 738 Einwohner, welche größtentheils Tuchmacher sind. Die Stadt und das Guth gehört der Familie von Radzinski, welche in Polen wohnt, wo sie mehrere Güter besitzet.

47. Gollanz, ein offner Ort, acht Meilen von Bromberg, hart an der polnischen Gränze, hat 91 Häuser und 597 Einwohner, worunter viel Tuchmacher, auch sind hier viel Juden. Die Stadt, mit der Herrschaft dieses Namens, gehört der reichen von Mielzinskischen Familie, welche hier ein Schloß hat. Die Herrschaft hat weitläuftige Besitzungen in Polen, und hält sich hier selten auf.

Bey der Angabe der Einwohner wird bemerkt, daß hierunter nur die Christen verstanden werden, und die Juden nicht mit darunter begriffen sind, wie auch daß das Jahr 1788 dabey zum Grunde gelegt werden, und sich seitdem die Menschenzahl in allen Städten vermehrt habe, welches bey verschiedenen ganz auffallend ist.

Die Städte im Netzdistrict, außer Bromberg, können nie in großen Flor kommen, weil sie zu sehr mit Juden angefüllet sind, welche den Handel an sich reißen, ferner ein jeder adlicher Guthsherr und Beamter in den königlichen Gütern das Recht hat Brandwein zu brennen, Bier

Allgemeine Beurtheilung über die Städte.

zu brauen, und das Getränk zu verschenken, mithin die Propination in den Städten, wenn sie nicht ausdrücklich dazu privilegirt sind, fast ganz wegfällt, oder doch größtentheils nur auf die Bürger als Consumenten eingeschränkt wird, auf dem Lande auch, wenn es gleich nicht seyn sollte, viel bürgerliche Nahrung getrieben wird, und also für die Städte beynahe weiter nichts überbleibt, als der Detailhandel, Tuchmachen, färben, backen, schlachten, so sie mit der zahlreichen Judenschaft theilen müssen, und die übrigen wenig lucrativen Handwerke. Die Handlung im Großen, besonders der Exporten-Handel, kann von den wenigsten getrieben werden, weil es ihnen dazu an Fond fehlt, und dieser Handel würde sich auch blos auf Getreide, Holz und Tücher einschränken. Andere als Tuchfabriken sind hier fast gar nicht, und Leinwand wird höchstens nur zur Nothdurft gemacht.

Zur Aufnahme dieser Provinz sind seit der preußischen Besitznehmung von der Landesadministration große Summen verwandt, die Aemter sind alle neu gebauet, viel Vorwerker abgebauet, ansehnliche Colonien angelegt, in den königlichen Städten viel Bauhülfsgelder gegeben, die meisten Städte haben jetzt ein weit bessers Ansehn, als in polnischen Zeiten, die Cämmereyen sind ordentlicher eingerichtet, oder gar neu fundiret, die Knechtschaft ist theils abgeschafft, theils eingeschränkt, und in den königlichen Dörfern der Dienst auf was gewisses gesetzt, mithin der Trieb was zu erwerben angefeuert worden, in einigen Städten sind Wochenmärkte angelegt, wo die Landleute ihre Erzeugnisse zu Gelde machen können, und überhaupt sind viel gemeinnützige Anstalten getroffen worden. So sind zum Beyspiel für das in dieser Provinz liegende Husarenregiment 9 Casernen angelegt, welche aber zum Theil schon wieder verkauft, eingerissen, und die Husaren in die Städte verlegt worden, weil man

man das Unbequeme eingesehen. Sämtliche Casernen kosten über 120,000 Thaler, und sind zu Bromberg, Inowrazlaw, Nakel, Barcin, Lobsens, Schneidemühle, Uscsch, Scharnikow, Filehne. Hätte man diese Gelder an die Städte verwandt, davon Baugelder bewilliget, und den Bürgern zur Pflicht gemacht, Stallungen für die Husaren anzulegen, so wäre den Bürgern dadurch geholfen und der Zweck erreicht worden. Es scheint überhaupt nicht gut zu seyn, die Cavallerie in Casernen zu legen, die Leute können in den Städten besser bestehen, kommen mit den Bürgern in mehrere Verbindung, leisten ihnen Handreichung, und erhalten Gegengefälligkeiten, sind mit ihnen in einer Stube, ersparen Feurung und Licht, und tragen ohne lästig zu werden zum gemeinen Besten bey, ohne ihre Berufsgeschäffte zu versäumen. Unter Aufsicht sind sie eben so gut als in den Casernen, und es wird viel dabey erspart, so dem Bürger zufließen kann, ohne daß das Militär darunter leidet. Der Cavallerist wird auch lieber in den Städten als in den Casernen liegen, man siehet ihn mehr als Mitbürger an, und es herrscht zwischen dem Militär- und Bürgerstande mehr Vertraulichkeit.

Durch die vielen königlichen Bauten, durch die Anlegung und Unterhaltung des Canals, so wie durch Beförderung der Schiffarth, ist auch allgemeine Industrie und Wohlfarth durch die Provinz verbreitet, woran beynahe jederman, der eine minder, der andere mehr Antheil nimmt. Die Producte können besser zu Gelde gemacht werden, und viel Menschen haben dabey Arbeit und Brodt.

Das landschaftliche Credit-System, welches auch in dieser Provinz eingeführt worden, hat zum Flor derselben ungemein viel beygetragen, und den Werth der Dinge über alle

Landschaftliches Credit-System.

Maaße

Maaße erhöhet, die Zinsen aber beynahe bis auf die Hälfte herunter gebracht. Allein es ist nicht zu leugnen, daß dies System auch in vieler Rücksicht was nachtheiliges mit sich führt, welches sich je länger je mehr zeigen wird. Da dis Werk nicht blos für Personen geschrieben wird, welche die Provinz und die preußischen Staaten kennen, und mit dem Credit-System schon bekannt sind, sondern auch für andere, welche davon entweder nichts wissen, oder doch unvollständige Begriffe davon haben, welches der Fall fast bey allen Ausländern ist, da die Creditsysteme in dieser Art noch in keinem andern Lande existiren, so wird es wenigstens einigen Lesern nicht unwillkommen seyn, wenn sie davon hier eine kurze Beschreibung finden. Die Veranlassung dazu gab der siebenjährige Krieg, wodurch der Adel in den preußischen Staaten, vorzüglich in der Churmark, Pommern und Schlesien dermaaßen in Schulden gerathen war, daß er sich nicht mehr zu helfen wußte, indem seine Güter größtentheils in den Händen der Gläubiger waren, welchen die Eigenthümer sechs bis sieben Procent Zinsen geben mußten, und zum Theil nur den Namen der Güter führten, im Grunde aber Verwalter ihrer Gläubiger waren. Die Sequestrationen und Concurse nahmen dermaaßen überhand, daß man voraus berechnen konnte, der größte Theil des Adels müsse in Dürftigkeit gerathen und die Güter andern bemittelten Personen zu Theil werden. Es ist hier nicht der Ort, zu untersuchen, ob der Adel mit oder ohne sein Verschulden so sehr gesunken war, daß er auf Hülfe des Staats Anspruch machen konnte, auch nicht der Zweck, in ein helles Licht zu stellen, ob es für Staaten vortheilhaft und nothwendig sey, den Adel auf Kosten der übrigen Staatsbürger zu bereichern und ihm zu Hülfe zu eilen, oder ob es besser sey, den Begebenheiten ihren Lauf zu lassen, und geduldig zuzusehen, daß die Landgüter in Hände anderer vielleicht betrieb-

triebsamerer Staatsbürger kommen. Dis ist ein interessanter Gegenstand, welcher einer weitläuftigen Entwickelung bedarf, und kommt es hieben auf den Ursprung des Adels, dessen Verhältniß gegen den Staat und auf die Dienste an, welche er demselben leistet, denn in der Regel ist der Staat ohne Rücksicht auf Geburt einem jeden Mitgliede verhältnißmäßig Hülfe und Unterstützung angedeihen zu lassen schuldig. Es war einmal ein Zeitalter, wo der europäische Adel den Regenten und den Staaten außerordentliche Dienste leistete, indem ihm die Beschützung der Länder gegen auswärtige Feinde allein oblag. Oeffentliche Abgaben kannte man damals noch nicht, der Adel mußte auf seine Kosten ohnentgeldlich zu Felde ziehen, und die Fürsten mußten ihn dafür belohnen, sie gaben ihm daher Güter, Lehne und geistliche Pfründen, wovon alle übrige Staatsbürger ausgeschlossen wurden. Da ihnen die Last, Krieg zu führen, allein oblag, war nichts billiger als dieses, sie wurden daher in der Folge auch mit großen Immunitäten begnadigt. Dies System hat sich aber gewaltig geändert, seitdem öffentliche Abgaben und stehende Armeen eingeführt worden, denn nun dient der Adel für Sold wie alle übrige Staatsbürger, und hat seine Güter und Lehne noch oben ein. Diesem sey aber wie ihm wolle, es läßt sich viel dafür und dawider sagen, genug der verstorbene König von Preußen hatte eine Vorliebe für den Adel, er sahe ihn wie eine Stütze der Landeshoheit an. Sollte er nun nicht ganz zu Grunde gehen, und ein anders System erwachsen, so mußte auf ein Mittel gedacht werden, dem Adel zu Hülfe zu kommen, und die allzuhohen Zinsen herabzusetzen, den Gütern aber einen sichern Werth zu verschaffen, und dies Mittel wurde durch einen einsichtsvollen Minister, den Freyherrn von Carmer, durch den Entwurf eines Credit-Systems an die Hand gegeben, welches in der Churmark, Pommern, Schlesien und

Ost-

Ostpreußen nach und nach unter Königlicher Bestätigung errichtet wurde, und wozu der König eine ansehnliche Summe schenkte, um einen Fond zu haben, ohne welchen es sich nicht bewirken läßt. Der Erfolg hat der Hoffnung, welche man davon hegte, völlig entsprochen, der Zweck ist erreichet, die Zinsen sind zu vier Procent heruntergebracht, die Güter haben einen ungleich höhern Werth erhalten, der Adel ist gerettet, und befindet sich sehr wohl dabei. In Gemäßheit dieses Credit-Systems in andern Provinzen, und da der Vortheil für den Adel so einleuchtend war, die Zinsen in Westpreußen aber eben so hoch standen, als in Schlesien und Ostpreußen, suchte der hiesige Adel das nemliche nach, es wurde vom König bewilliget, ein Capital von 200,000 Thaler für ganz Westpreußen zum Fond geschenkt, das Reglement, nach welchem das Credit-System eingerichtet werden sollte, entworfen, bestätiget und unterm 19ten April 1787. öffentlich bekannt gemacht. In der Hauptsache ist es mit dem Churmärkschen, Pommerschen, Schlesischen und Ostpreußischen übereinstimmend, in einigen Nebenumständen weicht es aber davon ab. Der Grundsatz, worauf alles beruhet, bestehet darin:

Die adlichen Guthsbesitzer verbinden und associren sich mit einander, daß sie für alle durch den Weg der Landschaftsdirection, nach der vorgeschriebenen Form, auf ihre Güter aufzunehmende Anlehn, einer für alle und alle für einen, ohne Rücksicht, auf welches Guth die Gelder gegeben und die Schuldscheine, welche Pfandbriefe genannt werden, und ohne Ueberweisung auf den Inhaber lauten, mithin von Hand in Hand gehen, sowol wegen der Capitalien, als wegen der halbjährig zu bezahlenden Zinsen in solidum haften wollen, und der Gläubiger seine Zinsen von der Direction fordern, im Miszahlungsfall aber
einen

einen oder mehrere der Associirten, wie ihm gutdünket, soll besprechen können.

Von dieser Association sind auch die Bürgerlichen, welche adliche Güter besitzen, nicht ausgeschlossen. Die Zinsen von dem Anlehn, so zu 4½ Procent festgesetzt worden, bezahlt der Schuldner an die Direction auf den bestimmten Tag, bey Strafe der Execution und Sequestration seiner Güter, die Provinzial-Landschaftsdirection aber in halbjährigen ratis auf eine bestimmte Zeit mit 4 Procent an die Gläubiger, und das halbe Procent, so mehr gegeben wird, fließet in die landschaftliche Creditcasse, um davon die Officianten zu salariren, und die übrigen Bedürfnisse zu bestreiten; was aber hievon und von den Zinsen des Capitals, so der König hergegeben, überbleibt, dient zum Fond, um den etwa zu befürchtenden Ausfall, wenn ein Interessent mit Bezahlung der Zinsen säumig seyn, oder es gar zur Sequestration kommen möchte, zu decken, und um die von den Interessenten zu bezahlenden Zinsen zu 4¼ oder gar zu 4 Procent mit der Zeit herabsetzen zu können.

Um dies Geschäfft zu dirigiren, ist ein General-Landschaftscollegium errichtet, welches in einem Präsidenten, einem General-Landschafts-Director, zween Landschaftsräthen, welche zugleich Repräsentanten der Landschaft sind, einem Syndico und den nöthigen Subalternen, einem Landschaftssecretär u. s. w. bestehet. Der Haupt-Landschafts-Präsident wird vom König selbst ernannt, und ist jetzt der Großcanzler Freyherr von Carmer, als Schöpfer des ganzen Creditwesens. Die General-Landschaftsdirection und die Landschaftsräthe oder Repräsentanten werden von den Deputirten der Stände aus den Departements, alle drey Jahre, durch die Mehrheit der Stimmen gewählt, und auf den Vorschlag des General-Landschaftspräsidenten vom König bestätiget.

Daß

Daß bey der Wahl auf Sachkenntniß gesehen werden müsse, verstehet sich von selbst, sie müssen aber von Adel seyn, das Indigenat der Provinz haben, in guten Vermögensumständen seyn, und wo möglich, in Preußischen Staaten Güter haben. Der Syndicus wird von der Generaldirection dem engern Ausschuß, wovon nachher etwas gesagt werden soll, vorgeschlagen, gewählt und bestätiget, besitzet aber diese Charge beständig. Da dis ein wichtiger Posten ist, muß er zur Justiz qualificirt, in Geschäfften geübt, von gutem Lebenswandel seyn, und darf in keinen andern als des Königs oder Landes Diensten stehen. Die Subalternen ernennt die General-Landschaftsdirection. Der Gehalt des General-Landschaftsdirectors ist auf 800 Rthlr., der Räthe auf 600 Rthlr. für jeden, und des Syndicus auf 800 Rthlr. bestimmt, und geben die Provinzial-Landschaftsdirectionen, wovon gleich gesagt werden wird, was bestimmtes halbjährig ab, zu Salarirung der General-Landschaftsdirection und Erhaltung dieses Collegii. Die Geschäffte werden collegialisch besorgt, und kommt die General-Landschaft in der Regel halbjährig zusammen, und schickt ihre Beschlüsse zur Bestätigung an den General-Landschaftspräsidenten ein. Ihre Geschäffte bestehen in Generalien, die ganze Landschaft betreffend, und was von den Provinzial-Landschaften eingehet, es ist ein Obercollegium, unter welchem die Provinzial-Landschaftsdirectionen stehen, und das Hauptgeschäfft ist, dahin zu sehen, daß alles reglementsmäßig geschiehet, zu welchem Ende vor und nach von ihren Operationen an die General-Landschaft berichtet werden muß. Denn die pünctlichste Beobachtung des Reglements ist die Seele von allem, und die geringste Abweichung bringt Unordnung hervor und schwächt den Credit. Die General-Landschaft dirigirt die Departementsdirectionen, untersucht und entscheidet die Klagen wider selbige, insofern sie sich dazu qualificiren, prüfet

die

die eingesandten Projecte und Taxen, wenn darüber Streit entstehet, macht interimistische Verfügungen, wo das Reglement etwa schweigt, hat die Oberaufsicht über sämmtliche landschaftliche Cassen und allgemein dazu gehörige Fonds, kann Cassenvisitationen vornehmen, auswärtige Anlehne negociiren, correspondirt mit den Landescollegiis und schreibt General-Landtage aus, wenn es nöthig ist.

Der Sitz der General-Landschaftsdirection soll nach dem Reglement in Graudenz seyn, weil solches ohngefähr in der Mitte von Westpreußen liegt, dis ist aber nicht durchaus nothwendig, und sie ist daselbst noch nicht etabliret. Bisher ist Bromberg ihr Versammlungsort gewesen, das letztemal aber ist sie zu Marienwerder zusammengekommen.

Um die Ausschreibung eines General-Landtags zu vermelden, welcher mit Weitläuftigkeit verknüpft ist, kommen alle Jahr aus den Departementscollegiis Bevollmächtigte oder Deputirte zusammen, welches der engere Ausschuß genannt wird, und dieser soll alle Jahr den 25sten September an einem verabredeten Orte sich versammlen. Die Geschäffte des engern Ausschusses bestehen darin: Rechnungen zu revidiren, die Beschwerden über die General-Landschaftsdirection zu untersuchen, die Proponenda des General-Landtags zu reguliren, die Entscheidungen der Landschaftsdirection zu revidiren, die von ihr unentschiedenen Anfragen zu decidiren, die Bedenklichkeiten bey der Correspondenz mit den Landescollegiis zu bestimmen, einen General-Landtag zu veranlassen, und dis temporäre Collegium stehet unter dem Haupt-Landschaftspräsidenten. Es erwachsen an den engern Ausschuß alle Sachen, welche die General-Landschaftsdirection für sich nicht entscheiden kann, es ist gleichsam die

Con-

Controlle von selbiger, und gewissermaaßen stehet sie unter dem engern Ausschuß.

Westpreußen ist in Ansehung des landschaftlichen Creditsystems in vier Departements eingetheilet, nemlich in das Alt-Schottländische, welches aus dem Dirschauer- und Stargarder-Kreise und Pomerellen bestehet, das Marienwerdersche Departement, welches der Marienwerdersche, Culmische, Michelausche und Marienburgsche Kreis constituiren, das Brombergsche Departement, welches durch den Bromberger, Inowrazlavschen und Conitzschen Kreis formirt wird, und das Schneidemühlsche Departement, welches der Camin- und Deutschcronesche Kreis constituiren. Diese vier Departements machen vier Provinzial-Landschaftsdirectionen aus, deren jede für sich arbeitet, die aber mit einander in Verbindung und alle unter der Generaldirection stehen. Die Verantwortlichkeit und Bürgschaft trifft zuerst das Departement, wo der Fall sich zuträgt, in subsidium aber auch die übrigen Departements. Die beiden letzten Departements, das Brombergsche und Schneidemühlsche, sind in Ansehung der großen Herrschaften und Güter, so sie unter sich haben, und der Größe des Verkehrs, beyweitem die wichtigsten in Westpreußen, wenn sie gleich dem Flächen-Inhalt nach beyweitem nicht so groß sind, denn sie enthalten blos den Netzdistrict und von Pommerellen den Conitzschen Kreis.

Eine jede Provinzial-Landschaftsdirection bestehet aus einem Director, zwenen Räthen, einem Syndicus, einem Rendanten, einem Canzellisten, welcher zugleich die Stelle des Calculators vertritt, und einem Boten, versammlet sich halbjährig um Johannis und Weihnachten, die Brombergsche Direction in Bromberg und die Schneidemühlsche in Schneidemühle, und fasset die Beschlüsse wegen der zu ertheilenden Pfandbriefe. Eine
jede

jede Direction hat von den 200,000 Rthlr., welche des Königs Majestät geschenkt hat, zum Fond 50,000 Rthlr. erhalten, von deren Interessen, und dem halben Procent, so sie mehr an Zinsen erheben als auszahlen, dasjenige was sie an die General-Landschaft abgeben, die Salarirung der Officianten und andere Bedürfnisse bestritten werden. Der Director hat 400 Rthlr. die Räthe 200 Rthlr. und der Syndicus 400 Rthlr. Gehalt. Der Landschaftsdirector wird von den Ständen des Departements gewählt und von des Königs Majestät bestätiget, die Stimmen werden von dem ältesten Ritterschaftsrath schriftlich eingeholt und sein Amt dauret 3 Jahre. Bey streitigen Wahlen gebühret die Entscheidung dem engern Ausschuß. Daß der Director Geschäftskenntniß haben, mit Gütern, die nicht über die Hälfte verschuldet sind, angesessen seyn, die teutsche Sprache verstehen, und die nöthigen Einsichten in die Landeswirthschaft überhaupt, in seinem Departement aber besonders haben, auch daß er vorher Ritterschaftsrath oder Deputirter gewesen seyn müsse, verstehet sich zum Theil von selbst und verordnet das Reglement. Auf die an die Landschaftsdirection eingehenden Eingaben um Pfandbriefe wird vom Director verfügt, und wenn Taxen aufgenommen werden sollen, ernennt er dazu einen Rath des Collegii oder einen Deputirten. Sämmtliche Cassen seines Departements stehen unter seiner besondern Aufsicht und muß er solche oft revidiren, auch alles beachten, was dem Chef eines Collegii zustehet.

Die Ritterschaftsräthe werden eben so wie die Directoren gewählt, und zwar so viel möglich aus verschiedenen Kreisen des Departements. Die gewählten, wenn sie die gehörigen Fähigkeiten dazu haben, sind das Amt zu übernehmen schuldig, außer wenn sie drey Vormundschaften haben, die mit wirklicher Administration

Der Netzdistrict. K ver-

verknüpft sind, wenn sie öffentliche Officia bekleiden, so mit Cassenverwaltung zu thun haben, oder wenn Jemand schon zweymal hinter einander Ritterschaftsrath gewesen, als welche 3 Ursachen ihn entschuldigen. Das Amt der Räthe dauret auch 3 Jahre. Die Räthe constituiren nebst dem Director die Departementsdirection, und mit Zuziehung der Kreisdeputirten das Departements-Collegium. Dies versammlet sich jährlich zweymal, nemlich 4 Wochen vor Johannis und 4 Wochen vor Weihnachten zur Bewilligung und Expedition der Pfandbriefe. Die Direction versammlet sich außerdem, so oft es die Visitationes der Cassen, vorläufige Beurtheilung der Pfandbriefsgesuche, Revision und Bestimmung der Taxen, Berathschlagung über Sequestrationen und andere Geschäffte es nothwendig machen, und zwar wenigstens des Monats einmal. Zu jedem Departementscollegio gehören zween Deputirte, diese werden von den Kreiseingesessenen Landständen durch Mehrheit der Stimmen gewählt, haben kein Tractament, sondern nur, wenn sie in Officio sind, täglich 3 Rthlr. Diäten, ihr Amt dauret ein Jahr, können aber bey der anzustellenden Wahl von neuem gewählt werden. Ihre Geschäffte bestehen darin: Sie versammlen sich in der Regel um Johannis und Weihnachten an dem Ort, wo das Departementscollegium seinen Sitz hat, examiniren die Taxen, bestimmen, wie hoch der Werth des Guths anzunehmen, und wie viel Pfandbriefe darauf gegeben werden sollen, expediren die Pfandbriefe, und unterschreiben sie mit dem Director, sehen die Rechnungen der Departementsdirection nach, und nehmen sie ab, und denn wird die Rechnung mit den Monitis an die Generaldirection abgesandt, sie assistiren der Direction in Aufnahme der Taxen und unterziehen sich diesem Geschäffte selbst auf Anweisung der Direction.

Der

Der Syndicus wird vom Departementscollegio nach Mehrheit der Stimmen erwählt, er muß außer der nöthigen Rechtskenntniß in Geschäfften geübt seyn, eine gute Aufführung haben, und die Landwirthschaft einigermaaßen verstehen, auch im Rechnen nicht unerfahren seyn. Wenn er gewählt worden, wird er der Generallandschaftsdirection zum Examen präsentirt, welche seine Kenntniß in der Landwirthschaft, in der Landesverfassung überhaupt und besonders in den Vorschriften des Reglements gehörig prüft. Ist er von einem Landesjustizcollegio noch nicht examinirt, so wird die Prüfung auch auf die ihm beywohnende Rechtskenntniß mit gerichtet. Ueber diese Prüfung erhält er eine Recognition, wird verpflichtet, und ihm eine Bestallung ausgefertiget. Seine Verrichtungen bestehen hauptsächlich darin, daß er den titulum possessionis der Guthsbesitzere, welche ihre Güter mit Pfandbriefen belegen wollen, nach den beygebrachten Hypothekenscheinen genau prüft, und hierüber ein Gutachten abstattet, wornach alsdenn der Pfandbriefssucher beschieden wird, um den etwaigen Mängeln abzuhelfen, und einen purificirten Hypothekenschein beyzubringen. Eben so beurtheilt er, ob und was wegen der in Pfandbriefe einzuschreibenden Posten etwa noch zu erinnern seyn möchte, führt das Protocoll bey landschaftlichen Zusammenkünften, besorgt die Correspondenz des Directoris und Collegii in allen die Landschaft betreffenden Angelegenheiten, führt die Landschaftsregister und besorgt die Eintragung. Er muß der Aufnahme der Taxen mit beywohnen, wenn der Ort der Direction und seines Aufenthalts nicht zu weit von dem zu taxirenden Guth entfernt ist. Sein Amt dauret beständig, bis er seine Entlassung nachsucht oder erhält. Wer sein Guth mit Pfandbriefen belegen will, meldet sich bey dem Landesjustizcollegio, welchem das Hypothekenwesen in der Provinz anvertrauet ist, so im Netzdistrict das Hofgericht ist, und ersucht einen Hypothekenextract an die Provinzial-Landschaftsdirection zu senden. Dies geschiehet, und er meldet sich bey der Direction um so viel Pfandbriefe, als er haben will. Diese beurtheilet mit Zuziehung des Syndicus, ob bey dem titulo possessionis was zu erinnern sey, und was der Besitzer noch zu bewirken habe, ferner was der Eintragung der Pfandbriefe im Wege stehe, ob eine Taxe von dem Guth aufgenommen werden müsse, oder ob es nicht nöthig, und bescheidet den Pfandbriefssucher darnach, oder veranlasset die Taxe nach den vorgeschriebenen Detaxations-Principien. Die Fälle, wo es keiner Detaxation bedarf, sind in dem Reglement bestimmt, es wird aber alsdenn nur ein Drittel des nachgewiesenen Werths darauf gegeben, anstatt daß die Landschaft sonst, wenn der Werth durch eine landschaftliche Taxe ausgemittelt wird, die Hälfte darauf leihet, und auf Verlangen auch noch überdem ein Zehntel, welches aber binnen 10 Jahren mit den Zinsen in jährigen ratis wieder abbezahlt werden muß. Es ist daher jetzt der Fall selten, daß ein Guthsbesitzer seine Güter ohne vorgängige Taxe mit Pfandbriefen belegen wird, weil die Taxe weit höher ausfällt, und er statt eines Drittels die Hälfte des durch die Taxe eruirten Werths darauf bekommen kann. Wer indessen nicht so viel Geld auf sein Guth aufnehmen und sich nur vor der Hand helfen will, kann das Guth noch immer nachtaxiren lassen. Läuft die Taxe ein, so kündiget die Landschaftsdirection die auf dem Guthe stehenden Schulden, lässet sich die quitirten Documente herausgeben, und giebt den Gläubigern vor der Hand Recognitionsscheine, daß sie ihr Geld entweder baar oder in Pfandbriefen nach abgelaufener Kündigungsfrist haben sollen. Dieser Recognitionsschein sichert den Gläubiger so, daß er sich an die Landschaft halten kann. Sollen die auf dem Guthe haftenden Schulden entweder gar nicht oder nicht alle mit

dem

dem landschaftlichen Anlehn bezahlt werden, so muß der Pfandbriefssucher bewirken, daß die Gläubiger der Landschaft die Priorität einräumen, denn sie leihet nur zur ersten Hypothek und leidet keinen Gläubiger vor sich. Haften unablösliche Capitalien auf dem Guth, so werden sie in Pfandbriefe eingeschrieben und diese außer Cours gesetzet, die Documente aber müssen zum Behuf der Löschung herbeygeschafft werden. Mit den geistlichen Capitalien verhält es sich eben so, denn diese werden in Pfandbriefe eingeschrieben, außer Cours gesetzet, und dem Collegio eingeliefert, unter welchem die Geistlichen stehen, so davon die Hebung haben. Unbestimmte Erbtheile müssen erst auf was gewisses bestimmt werden, ehe sie gelöscht und in Pfandbriefe eingeschrieben werden können. Ist noch ein oder andrer Mangel bey den an sich gelöseten Schulddocumenten, fehlt der ausgegebene Recognitionsschein, oder die Zinsquitungen u. s. w. so deponirt die Landschaft das Capital mit den Zinsen ad depositum, und es erfolgt die Löschung auf den Grund der Deposition. Lässet sich der Zinsrückstand nicht bestimmen, so muß eben so viel an Zinsen als an Capital niedergelegt werden, bis der Guthsbesitzer den Mängeln abhilft und die vollständige Quitung einreicht, alsdenn wird das deponirte Geld dem Guthsbesitzer ausgezahlt.

Ist alles gehörig zu Vollziehung der Pfandbriefe, deren Eintragung und Löschung der Schulden präpariret; so meldet die Landschaftsdirection dem das Hypothekenwesen dirigirenden Landesjustizcollegio, welche Güter sie mit Pfandbriefen belegen wolle, wie viel Pfandbriefe auf jedes Guth eingetragen werden sollen, und extrahirt hiezu auf Johannis und Weihnachten jedes Jahrs, da die Versur ist, einen Termin. Die Pfandbriefe sind alsdenn von dem Landschaftsdirector und zweyen Deputirten an einer Seite schon unterschrieben, und werden überreicht. Zur Vollziehung des Geschäffts werden zwey Deputirte und der Syndicus bevollmächtiget, diese kommen mit dem Chef des Justizcollegii und zweyen dazu ernannten Räthen zusammen, nehmen das Hypothekenbuch und die Hypothekenbeylage-Acten zur Hand, letztere prüfen nochmals, ob der titulus possessionis für den Besitzer richtig, ob ihm freye Disposition zustehe, ob die eingereichten Schuldinstrumente nebst Quitung löschungsfähig, oder was dabey zu erinnern, und nehmen hierüber ein Protocoll auf. Ist alles richtig, so geschiehet die Löschung, und alsdenn die Eintragung der Pfandbriefe, diese werden alsdenn durch die Mitunterschrift auf der vordern Seite der Pfandbriefe vollzogen, und die Eintragung derselben in dorso vom Archivario und Ingrossatore attestiret, alsdenn aber den Landschaftsdeputirten zurückgegeben. Die Landschaft behändiget sie alsdenn den Gläubigern gegen Retradition der Recognitionsscheine, oder dem Guthsbesitzer, wenn dieser die Schulden selbst bezahlt hat, oder wenn mehr Pfandbriefe eingetragen worden, als Schulden darauf gehaftet. Da die Pfandbriefe Aufgeld geben, macht der Besitzer gewöhnlich selbst Anstalt zu Befriedigung der Gläubiger, und nimmt die Pfandbriefe, um das Aufgeld zu profitiren, welches leicht zu bewirken, weil sich reiche Particuliers finden, welche das Geld gegen einen Recognitionsschein vorschießen, gewisse Procente gegen die auszufertigenden Pfandbriefe versprechen, und dem Besitzer auf die Art das Aufgeld vergüten. Ist bey einer oder andern Schuldpost noch was zu erinnern, so wird auf vorbeschriebene Art mit der Deposition verfahren; kann aber der titulus possessionis nicht berichtiget werden, so wird das ganze Verkehr zur nächsten Zusammenkunft ausgesetzt, und der Besitzer angewiesen, was er bewirken müsse, um es zu Stande zu bringen. Die Pfandbriefe werden in runden Summen auf 25 Rthlr. 50 Rthlr.

50 Rthlr. 75 Rthlr. 100 Rthlr. bis zu 1000 Rthlr. aus»
gefertiget, sind auf Pergament gedruckt, haben eine
Nummer des Guths, worauf sie eigentlich lauten, ent»
halten die Direction, den Namen des Guths, die Sum»
me und die Zinsen, so halbjährig bezahlt werden, sind auf
Courant ausgefertiget, und unter dem Pfandbriefe stehet
der Name des Chefs des Hofgerichts und zweyer Räthe,
darneben aber der Name des Landschaftsdirectors, und
der beiden Deputirten. Die Zinszahlung geschiehet alle
halbe Jahre von der Landschaftsdirection gleich nach dem
24 Junius und ersten Januar auf Vorzeigung des
Pfandbriefes, und wird die Bezahlung zur Seite ver»
merkt, alsdenn aber zurückgegeben. Wer den Pfand»
brief nicht allemal produciren will, kann sich einen Zins»
schein geben lassen, auf welchem die Zinszahlung vermerkt
wird; wenn diß geschiehet, muß aber auf dem Pfandbrief
notirt werden, daß ein Zinsschein darauf ausgegeben
worden, und wer ihn acquiriret, muß sich den Zinsschein
auch geben lassen, weil er sonst nicht zur Zinshebung ge»
langt. Das weitere und speciellere von diesem landschaft»
lichen Creditwesen ist in dem Reglement vom 19. April
1787 enthalten, diß wird genug seyn, um sich einen
Begriff von der Einrichtung und Organisation desselben
zu machen.

Es ist leicht einzusehen, daß, wo das Hypotheken»
wesen noch nicht ordentlich eingerichtet ist, wo man
nicht wissen kann, ob derjenige, welcher sich für den Ei»
genthümer eines Guts ausgiebt, auch wirklich unum»
schränkter Herr davon sey, ob nicht andere gegründete
Ansprüche daran machen können, ob es nicht mit Ver»
bindlichkeiten oder Einschränkungen belastet ist, welche dem
Besitzer frey darüber zu disponiren nicht erlauben, und
ob nicht Realforderungen vorhanden, wovon die Gerichte
nichts wissen, oder die nicht untersucht worden, wo die

Priorität noch streitig ist u. s. w. ein solches Creditsystem nicht eingeführt werden kann. In den Preußischen Staaten ist durch das Hypothekenwesen schon vorgearbeitet, denn wenn einer im Hypothekenbuche als unumschränkter Eigenthümer aufgeführt wird, so kann sich das Publicum darauf verlassen, daß er es ist, und wenn Realrechte und Forderungen nicht eingetragen sind, ist ein jeder Gläubiger sicher, daß sie ihm nicht vorgehen werden. Denn wenn auch der Fall käme, daß einer das Eigenthum eines Guths vindicirte, welches nicht leicht möglich, weil praeclusoria ergangen, so muß er es doch so annehmen, wie es alsdenn ist, mit den darauf haftenden Realverbindlichkeiten, und muß sich an das sonstige Vermögen desjenigen halten, der die Verbindlichkeiten contrahirt hat, dem eingetragenen Realgläubiger kann es nie schaden. Haben aber die Gerichte was versehen, so müssen diese dafür haften. Die Sicherheit ist daher ganz ungezweifelt.

Was die Sicherheit der Landschaft betrifft, so gründet sie sich auf jene hypothekarische Sicherheit, sie ist aber noch weit größer, und so groß, daß der Fall nicht denkbar, wo Jemand als Inhaber der Pfandbriefe Gefahr laufen könnte. Denn es gehet eine sorgfältige Prüfung der Sicherheit eines jeden Pfandbriefsuchers, und die Ausmittelung des Werths der Güter vorher. Die sämtlichen Guthsbesitzere, als Associirte, verbürgen sich in solidum für jede Forderung, die aus vollzogenen Pfandbriefen herrühret, der Pfandgläubiger kann sich an die Direction oder an Mitglieder halten, die er auswählt, er hat für 25 Rthlr. in Pfandbriefen Millionen Sicherheit, und reicht das ganze Departement nicht zu, so müssen die übrigen Departements mit dafür haften. Gesetzt, es litte die Direction einen nicht denkbaren Schaden von 100,000 Rthlr. ja von einer Million, so hätte

der

der Pfandbrief-Inhaber noch immer Sicherheit genug, den Schaden müssen die associirten Stände und nicht der Gläubiger tragen. Die Sicherheit kann nicht anders als mit Zugrunderichtung der ganzen Provinz verlohren gehen. Selbst alsdenn, wenn sie unter fremde Domination geriethe, würde die Sicherheit bleiben, weil der Landesherr weiter keinen Theil daran hat, als daß er das landschaftliche Credit-System landesherrlich bestätiget hat.

Der Nutzen von diesem landschaftlichen Creditsystem ist wenigstens für die Guthsbesitzere einleuchtend, denn sie sind dadurch bey ihrem Eigenthum conserviret, ihr Credit, als Associés im Ganzen genommen, ist gewaltig gestiegen, die Zinsen sind bis auf die Hälfte gesunken. Die Güter haben einen weit höhern Werth erhalten, denn nach der Classification und Einrichtung des Hypothekenwesens wurde der Werth sämtlicher im Netzdistrict und im Conitzschen Kreise belegenen adlichen Güter beynahe gegen 8 Millionen, und die darauf haftenden Real-Schulden gegen $3\frac{1}{2}$ Million Thaler angegeben, und jenes war beynahe damals der wahre Werth, man konnte die einzelnen Güter für den angegebenen Werth kaufen, und fand oft nicht einmal Liebhaber dazu, jetzt würde der Werth aller adlichen Güter in dieser Provinz, wenn sie landschaftlich abgeschätzt würden, über 20 Millionen betragen, mithin ist das Territorialeigenthum beynahe um $\frac{3}{4}$ gestiegen, ohne daß sich die Schuldenlast vermehrt hat. Durch dis Hülfsmittel haben die Guthsbesitzer den Werth ihrer Güter erst kennen gelernt, sie nutzen sie jetzt ungleich besser als sonst, weil ihnen die Taxen nach dem Ertrag die Augen geöffnet, und sie Einkünfte herausbringen, woran sonst nicht gedacht worden. Sie sind an mehrere Ordnung gewöhnt, und haben haushalten gelernt, denn wer ein Guth mit Pfandbriefen belegt hat,

Butter galt höchstens 2 gr., jetzt 4. 5 bis 6 gr., ein Huhn 1 gr. bis 1½ gr., jetzt 4 bis 5 gr., ein Fuder Holz in der Stadt 8 bis 10 gr., jetzt 16 bis 18 gr. ja bisweilen 1 Thlr., und so sind alle Artikel gestiegen. Der Erfolg hiervon ist dieser, daß der Arbeitsmann, der Handwerker ꝛc. nicht mehr für den alten Preiß arbeiten kann, mithin steigen auch verhältnißmäßig alle Fabrikanten. Der Stein Wolle galt sonst 2½ bis 3 Rthlr. auch wol drüber, jetzt gilt er 7 bis 8 Rthlr. Es ist natürlich, daß, wenn man die Güter theuer kauft oder theuer pachtet, man die Zinsen oder die Pacht heraushaben will und an sich hält. Fabriken können bey diesen Umständen hier nicht in die Höhe kommen, und die einzige Fabrike, die wir hier haben, die Wollenzeug-Manufactur muß zu Grunde gehen, denn die Fabrikanten können mit den Ausländern unmöglich Preiß halten. So lange die Fabriken in Polen und Rußland nicht in Aufnahme kommen, werden sich die Wollmanufacturen noch wol erhalten, alsdenn aber ist es auch aus; denn wo sollen sie die theuren Waaren absetzen, wenn die rohe Materie so gewaltig steigt, und bey den theuren Preißen die Arbeiter weit höher als sonst gelohnt werden müssen? 3) Sind die Zinsen zwar heruntergestimmt, allein dis ist kein beneficium commune, denn wenn einer außer dem Adel Geld nöthig hat, und leihen will, muß er 5 bis 6 Procent Zinsen geben, weil er nicht die vollkommene Sicherheit nachweisen kann, welche der associirte Adel leistet, mithin ist es blos eine Wohlthat für diesen, und nicht für das lasttragende Publicum. Reiche Leute leihen lieber ihr Geld gegen hinreichende Sicherheit zu 4 Procent, als gegen zweifelhafte Sicherheit zu 5 oder 6 Procent Zinsen aus; will nun ein nicht begüterter Mann Geld haben, so muß er ungleich höhere Zinsen geben, als der Adliche, und ihm kommt das hochgepriesene Creditsystem gar nicht zu gute, sondern ist ihm vielmehr schäd-

schieblich. 4) leiden alle Personen darunter, welche von Zinsen leben, und alle geistliche Stiftungen, Unmündige, und dergleichen; denn diesen sind ihre Capitalien gekündiget worden, und sie haben das Geld gegen ganz geringe Zinsen zur Bank schicken müssen, oder es bleibt ihnen soviel liegen, weil sie es selten gut und sicher unterbringen können. Diesem und jenem glückt es zwar, daß sein Capital in Pfandbriefe umgeschrieben wird, das meiste Geld aber, welches die Landschaft braucht, geben die Berliner Juden her, und nehmen dafür Pfandbriefe, denn diese werden so rar, daß man 5 bis 6 Procent Aufgeld geben muß, wenn man sie haben will, es wird ein Handel damit getrieben, welcher der Provinz nichts weniger als vortheilhaft ist. 5) Kann man dagegen nicht einwenden, daß, wenn auch der Vortheil auf Seiten des Adels ist, andere Menschen dadurch mit gewinnen, wenn dieser wohlhabend ist, weil er alsdenn viel verzehrt, und andere davon mit profitiren. Denn die reichen Adlichen halten sich am wenigsten in der Provinz auf, sondern verzehren ihre großen Einkünfte im Auslande, ziehen daher große Revenüen von ihren Gütern, und verthun sie in großen Städten. Wer ein mäßiges Einkommen hat, wird gern auf seinem Gute bleiben, und denn verzehrt er alles in der Provinz, wo er seßhaft ist; wer aber großes Einkommen hat, will besser leben, und gehet in eine große Stadt. Es wäre fürs Land ein Glück, wenn gar keine große Edelleute darin wären, sondern nur solche, die ihr hinreichendes Auskommen hätten, und auf den Gütern wohnten.

Der geneigte Leser wird erlauben, daß der Verfasser hier eine kleine Digression über den Adel mache. Es heißet oft im gemeinen Leben und bey Staatskundigen: der Adel ist der edelste Theil der Nation, er muß daher erhalten und geschützt *Abhandlung vom Adel überhaupt.*

schützt werden, weil sonst alles bunt durch einander gehet, und die Verbindung zwischen Haupt und Gliedern aufhört. Dis sage ich auch, aber nicht darum, weil der Adel mehrere Verdienste hat, als andere Mitglieder des Staats, oder weil er klüger und brauchbarer sey, denn jenes ist gemeinhin ein geborgtes Licht, und dis widerspricht der Erfahrung. Das angeerbte Verdienst ist ein Nebel, welcher vor dem Glanz des eignen Verdienstes verschwindet, und wenn man auf den Ursprung zurückgehet, haben die Ahnen des Adels oft gar kein Verdienst um den Staat gehabt. Viel alte Adliche Familien stammen von einem . . . her, oder der erste Erwerber ihres Adels hatte es der Laune eines Fürsten zu danken. Gesetzt aber, die Ahnherren hätten wirkliche Verdienste für den Staat gehabt, so ist doch nicht abzusehen, warum ihre verdienstlose Nachkommen die Früchte davon noch jetzt genießen sollen. Mancher Bürgerlicher hat sich durch Erfindung einer nützlichen Wissenschaft, durch Gelehrsamkeit, oder durch nützliche Handlungen so verdient gemacht, daß man ihn jetzt noch als einen Wohlthäter der Nation betrachten muß, seine Nachkommen aber leben in Dürftigkeit, und das Verdienst ihres Ahnherrn ist vergessen. Man gehe in die Zeiten des Faust- und Kolben-Rechts zurück, wo ein großer Theil des Adels vom Raube lebte, dessen Nachkommen sich jetzt mit eingebildeten Verdiensten ihrer Ahnherren schmücken, so wird man einen Contrast wahrnehmen zwischen Verdienst und Belohnung, der sich nicht erklären läßet. Von dem jüngern Adel weiß man die Entstehungart meistentheils, ich will keine Beyspiele davon anführen; verlieret sich aber erst das Andenken ihrer Entstehung, so bilden die Nachkommen sich ein, und wollen andere glaubend machen, ihre Ahnherren wären durch ausgezeichnete Verdienste zu der Würde erhoben worden, welche sie vor andern auszeichnet. Ich bin weit entfernt gegen einen in vielem Betracht

tracht ehrwürdigen Stand bitter zu seyn, ich gehe nur der Quelle nach. Es kann wol seyn, daß es einige Familien giebt, deren Stifter sich um den Staat verdient gemacht hat, dis ist aber selten, die meisten haben ihren Adel der Gunst der Fürsten zu danken, oft hat Zufall oder gar eine unedle Handlung Gelegenheit dazu gegeben. Der alte Adel leitet seine Herkunft aus dem Zeitalter her, wo die Lehnsverfassung herrschend war, denn weiter hinaus werden sehr wenige Familien ihr Geschlecht nachweisen können, und was würde es auch helfen, wenn jemand seinen Ursprung von dem König David und Salomo nebst der Königin von Saba herleiten könnte, ohne Güter würde er nicht mehr geschätzt werden, als die Nachkommen des Mephiboseth. Vor jener Epoche des Ursprungs der Lehnsverfassung gab es nur Kaiser, Könige, Fürsten und Unterthanen, man kannte den Mittelstand noch nicht, wenigstens war der Adel noch nicht erblich. Denn wie die große Völkerwanderung war, hatte ein jedes Volk seinen Heerführer, und bahnte der Heldenmuth und ausgezeichnete Vernunft und Thaten den Weg zu dieser Würde; sie war anfangs nicht erblich, denn nach Abgang eines Heerführers folgte ihm nicht sein Sohn aus Grundsatz, sondern der Tauglichste, ob man gleich gegen den Stamm des Heerführers, wenn er große Thaten verrichtet hatte, besondere Achtung hegte, oft auch aus Noth einen aus diesem Geschlecht wählen mußte, weil er die Gewalt in Händen hatte, zum Grundsatz war es noch nicht geworden. Ein großes Heer kann nicht von einem allein angeführt werden, es müssen mehrere seyn, welche unter einem General-Commando stehen. Zu diesen Unterfeldherren wurden wieder die Geschicktesten aus dem Volk gewählt; es kann wol seyn, daß man bey den Mächtigsten im Volk geblieben ist, diese Würden waren aber eben so wenig erblich, und hieraus erwuchsen Herzoge und kleinere Würden bis zum gemeinsten Streiter. Die

Ver-

Verfassung war völlig militärisch, die Nationen waren frey, und der eine hatte so viel Anspruch auf die geringern und höhern Würden, als der andere, ein erblicher Adel war ihnen unbekannt. Wie die Fluth der Völkerwanderung sich legte, die herumziehenden Horden sich in bestimmten Ländern niederließen, blieb diese Verfassung anfänglich Grundsatz, die Heerführer, so wie die Unterfeldherrn und übrigen Staatsbedienten, hatten eine temporaire Gewalt, suchten selbige aber bald bey ihren Stämmen erblich zu erhalten, so bildeten sich Reiche und Staaten, und dis um so mehr, als die sich niederlassenden Völker die unterjochten Nationen beherrschten, und solche an den Staatswürden keinen Theil nehmen ließen, sondern sie davon ausschlossen. Die zu Königen erhobenen Feldherren regierten jetzt mit Strenge über freye Völker, ihre Söhne und Nachkommen hatten nicht die Talente und die Geschicklichkeit der Eroberer, sie überließen sich der Unthätigkeit und Weichlichkeit, man wurde ihrer müde, die alte militärische Verfassung war noch in frischem Andenken, und es stürzte eine Familie die andere vom Throne, weil sie eben so viel Anspruch daran zu haben vermeynte. So wurde der Merovingische Stamm der Frankenkönige nach einigen Generationen gestürzt, und setzten sich die Carolinger auf den Thron, welche sich aber auch nur einige Generationen durch darauf erhalten konnten. So wie indessen die Krone erblich wurde, so suchten auch die Staatsbedienten ihre Aemter bey ihren Nachkommen zu erhalten, setzten sich während den vielen Staats-Revolutionen fest, erweiterten ihre Gouvernements und ihre Gewalt, rissen große Besitzungen an sich, und hieraus erwuchsen Herzoge, Grafen, Dynasten und andere mächtige Herren, welche Aemter und Länder erblich besaßen. Die geringern Staatsbedienten, welche wieder von den Großen abhängig waren, folgten ihrem Beyspiel, und so ging es mit den niedrigsten Staatsbedienten

dienten bis zum Thron stuffenweise, ein jeder suchte sich zu vergrößern, mehr Gewalt an sich zu reißen, sich so viel möglich unabhängig und erblich zu machen. Man verstand damals noch nicht die Kunst, einen Staat zu organisiren, und alle die Gewalten, welche eigentlich precär waren, in der Abhängigkeit zu erhalten. Den Königen waren die Herzoge und Haushofmeister, den Herzogen oder Gouverneurs die Grafen und Dynasten, und diesen wieder die geringern Staatsbedienten gefährlich. Das gemeine Volk aber, welches größtentheils in der unterjochten Nation bestand, lebte unterm Druck, und konnte gegen diese Gewalten gar nicht aufkommen. Diese Verfassung dauerte über 400 Jahre, und hier scheint der Ursprung des höhern und niedern Adels zu seyn; es ist aber noch nicht der jetzige Adel, welcher sich erst in spätern Zeiten gebildet, wozu die Lehnsverfassung, welche in der Folge eingeführt, und zum System wurde, die Veranlassung gab. Denn der niedere Adel wird seinen Ursprung mit Gewißheit nicht bis zu jenem Zeitalter, welches bis zum zehnten Jahrhundert der christlichen Zeitrechnung hinausgehet, beweisen können; selbst den jetzigen fürstlichen Häusern wird es schwer werden, ihr Geschlechtsregister so weit hinauf zu führen. Die ältern Stämme sind nach und nach gesunken und ausgestorben, oder sie sind durch den spätern Adel gestürzt, oder dergestalt verdunkelt, daß sie in den Stand des geringern Adels oder gar der Gemeinen gefallen, und die Thaten und Würden der ersten Stifter in Vergessenheit gerathen sind. Das königliche Ansehen war durch die Gewalt der vielen Großen im Reich so sehr geschwächt, daß die königliche Würde in Teutschland am Ende des Carolingischen Kaiserstammes eine Zeitlang ganz aufhörte. Dadurch wurde die Kette zerrissen, welche eine große und mächtige Nation verbunden hatte, ein jeder Großer sah sich für unabhängig an, und despotisirte in seinem

Der Netzdistrict. K Gou-

Gouvernement oder Bezirk, die niedern Staatsbedienten oder auch Besitzer von Gütern ahmten dem Beyspiel der Großen nach, welche nun schon wirkliche Landesherren waren, und die Könige nicht mehr fürchteten, rissen eine große Gewalt an sich, und wurden den Herzogen und Gouverneurs gefährlich, welche zur Zeit der Könige noch immer eingesetzt oder doch bestätiget waren, wenn sie sich gleich schon größtentheils erblich gemacht hatten; denn es gab noch Beyspiele, daß die Könige dem einen ein Herzogthum nahmen, und es dem andern verliehen. Wie die königliche Würde in Deutschland eingegangen war, kam die Reihe an die Herzoge, welche in die Stelle der Könige traten; diese befürchteten bey dem Anwachs der Gewalt der Grafen, Dynasten und Herren, welche theils die Könige unmittelbar, theils die Herzoge selbst angeordnet hatten, theils aber, als mit großen Gütern Angesessene, die Gewalt usurpirten, daß es ihnen eben so gehen werde, als sie es den Königen gemacht hatten. Sie suchten daher die königliche Gewalt wieder herzustellen, sich dadurch zu verstärken, ein Ganzes auszumachen, und die ihnen gefährlich werdenden Grafen, Dynasten und Herren in ihre vorige Abhängigkeit zu bringen, um sich bey ihren Herzogthümern zu conserviren, weil sonst das Reich in lauter kleine unabhängige Despoten, wovon der eine sich auf Kosten des andern, und alle auf Kosten der Herzoge zu vergrößern suchten, zerrissen seyn würde. Die geringste Aufopferung, um dis zu bewirken, war die Aufgabe der Unabhängigkeit, welche sie erst kürzlich errungen hatten, weil sie vieles weggeben mußten, um nicht alles zu verlieren. Es war damals schon der Gang der Dinge, daß die Herzoge den König, die Grafen die Herzoge, und der niedere Adel die Grafen und Dynasten klein zu machen und zu stürzen suchten, um dadurch unabhängig zu werden; denn der Geist der Freyheit belebte die europäischen Nationen, welche an die Knechtschaft

schaft nicht gewöhnt waren. Nur von der geringsten Classe der Nation, dem gemeinen Mann, der das Land bauete, denn Städte waren damals fast gar nicht vorhanden, findet man nicht, daß er empor gestrebt habe; er bestand größtentheils in der unterjochten Nation, welche in beständigem Druck erhalten wurde, und welchem die Knechtschaft zur andern Natur geworden zu seyn scheint. In einem Theil des jetzigen Frankreichs war noch ein Abkömmling von dem gemeinschaftlichen König Carl dem Großen, dem Stifter des mächtigen Reichs der Deutschen, Franzosen und Italiäner, welcher aber in eine solche Verachtung gerathen war, daß die Deutschen ihn nicht als König anerkennen wollten. Italien war schon verlohren, und war in einzelne kleine unabhängige Staaten zerfallen. Die französischen Herzoge dachten nur daran, sich selbst noch mehr unabhängig zu machen, und dazu hatten sie einen schwachen König nöthig. Dis gelang ihnen auch; endlich warf sich aber ein Graf von Paris zum Ersten des Reichs auf, seine Nachkommen brachten alle übrige Herzoge und Großen unter ihre Gewalt, so bildete sich nach und nach in Frankreich ein unabhängiger Staat, und dis große Land wurde auf ewig von Deutschland getrennt. Carl der Große hatte den Grund zur hierarchischen Gewalt in seinem weiten Reiche gelegt, indem er viel Bisthümer gestiftet, und ihnen, außer großen Provinzen, viel Gewalt eingeräumt. Er ahndete die gefährlichen Folgen nicht, welche der Krone dadurch droheten, es war ihm nicht sowol um die Ausbreitung der christlichen Religion zu thun, und hatte nicht die Absicht, eine Hierarchie zu gründen, sondern er wollte nur den rauhen Character der barbarischen Nationen sanfter machen, und sie durch die Religion besiegen, dis schien sein Plan zu seyn. Er bereicherte aber die Bischöfe zu sehr, und räumte ihnen so viel Gewalt ein, daß sie schon seinem Sohn des Reichs ent-

entsetzten, und der Krone gefährlich geworden waren. Um sie auf ihre Seite zu ziehen, schenkten seine Nachfolger den Bischöfen, Kirchen und Klöstern noch mehr Güter, und sie wurden den Herzogen beynahe an Gewalt gleich, hatten daher mit ihnen gleiches Interesse, schlossen sich an die Herzoge, und da sie sich der Grafen, Dynasten und übrigen Großen im Reiche, welche nach Unabhängigkeit strebten, nicht mehr erwehren konnten, wählten sie aus der Zahl der Herzoge einen König, welchen alle dafür anerkannten, es sey mit gutem Willen, oder weil sie der Gewalt nicht länger widerstehen konnten. Nun traten die Herzoge und Bischöfe unter ein Oberhaupt zusammen, und mit verbundener Kraft konnten sie den übrigen Grafen, Dynasten und Herren Widerstand leisten, und sie in der Abhängigkeit erhalten. Ob dieser erste König der Deutschen aus dem carolingischen Kaiserstamm entsprossen, ist in der Geschichte zweifelhaft. Die Herzoge und Bischöfe opferten aber, um ihrer Erhaltung willen, ihre errungene Unabhängigkeit auf, ließen sich in ihren Herzogthümern und Bisthümern bestätigen, und räumten ihrem König die Gewalt ein, solche zu vergeben, wenn sie erlediget würden, oder wenn sich einer dem König nicht unterwerfen wollte, und was feindseliges gegen die Krone unternahm. In Ausübung dieser Gewalt verpflichteten sie sich, dem König beyzustehen, und diese übten auch die ihnen ertheilte Gewalt mehrmalen aus, indem sie dem einen ein Herzogthum oder Bisthum nahmen, und es einem andern wiedergaben, denn einziehen durften sie es nicht. Auch ertheilten sie dem König die Gewalt, in den Herzogthümern und Bisthümern gewisse Regalien zu besitzen, Schlösser zu bauen, Zölle anzulegen, Hoftage zu halten u. s. w., um alle Theile des Reichs in der Abhängigkeit zu erhalten. Nun erweiterten die Könige ihre Gewalt über die Herzoge und Bischöfe, diese aber wieder über die Grafen, Dynasten

nasten und Herren, wovon jedoch viele unmittelbar unter den Königen standen, und von ihnen eben so als die Herzoge und Bischöfe bestätiget wurden.

Hier gehet eine neue Epoche an, und scheinet in diesem Zeitalter der Grund zur Lehnsverfassung gelegt zu seyn. Es kann zwar schon vorher was ähnliches gewesen seyn, jetzt wurde es aber zum System. Man statuirte, daß der König die Quelle aller Würden, daß alle damit verknüpfte Herzogthümer, Bisthümer, Marggrafschaften, Burggrafschaften, Grafschaften, Herrschaften, Schlösser und Burgen dem Reiche gehören, und vom König vergeben werden könnten, daß diesem, als in seinem Reiche, gewisse Regalien zustehen, daß er Hof halten, und Recht sprechen könne, wo er wolle, daß er, zur Erhaltung der Ruhe, Schlösser anzulegen, Festungen zu unterhalten, Zölle zu erheben und zu verleihen ꝛc. befugt sey. Wie weit die königliche Gewalt in allen diesen Gerechtsamen gehe, war nicht ausgemacht, denn es war hierüber kein Grundgesetz vorhanden; um sich aber sicher zu stellen, eilte ein jeder zum Throne, und ließ sich verleihen, was er schon besaß, ließ sich Anwartschaften auf noch nicht erledigte Reichsländer geben, vertrieb seinen Nachbar, suchte über seine Länder die Belehnung nach, und machte sich abhängig. Wenig Länder ausgenommen, wurde alles zu Lehn gemacht, man nahm und gab zu Lehn, was schon erblich war, und so wurde die Lehnsverfassung allgemein. Die Herzoge, Bischöfe, Marggrafen, Burggrafen, Grafen und Herren, welche ihre Länder zu Lehn gegeben und genommen hatten, folgten diesem Beyspiel mit ihren Untergebenen, verliehen denselben ihre Besitzungen auch zu Lehn, und so wurden diese Großen des Reichs in ihren Ländern im Kleinen, was der König im Großen war. Alles drängte sich zum Throne, oder zu dem Fürsten, diente demselben im Krieg und Frieden, um Lehne zu erwerben. Anfänglich wurden die Lehne nur auf Lebenszeit, und zwar an Männer, welche im Felde oder am Hofe dienen konnten, verliehen, bald aber wurden sie erblich, und wurden auch an Weiber verliehen. Die Lehnsverbindlichkeit war und blieb reciprok, von Seiten des Lehnsherrn bestand sie in der Beschützung des Vasallen, von Seiten des Vasallen in unverbrüchlicher Treue, Ergebenheit und unentgeldlichem Dienst im Kriege und am Hofe. Die Dienste wurden in der Folge näher bestimmt, die Könige und Fürsten konnten kein Geld geben, sie gaben daher Lehne unter bestimmten Verbindlichkeiten, und, um die Vasallen in der Treue zu erhalten, war der Verlust des Lehns auf einen Lehnsfehler gesetzt, die eröffneten Lehen wurden andern verliehen, und so hatten der König und die Fürsten des Reichs beständig Gelegenheiten, die Vasallen zu stürzen, und Dienste zu belohnen. Wie die Lehne erst erblich waren, entstanden darüber Kriege, wenn einer seiner Lehen für verlustig erklärt wurde, ein jeder suchte sich so lange als möglich bey dem Besitz zu erhalten, und einigen glückte es sogar, sich der Lehnsverbindlichkeit zu entziehen, oder sich andern Lehnsherren zu unterwerfen. In der Regel unterwarf sich jetzt ein jeder freyer Gutsbesitzer der Lehnsverbindlichkeit, die Vasallen wurden zu Kriegsdiensten gebraucht, man hielt es für ehrenvoll, man nannte sie Edelknaben, und so ist der Adel erwachsen. Die vielen Kriege, besonders die Kreuzzüge, und auch der eheloße Stand der Geistlichkeit, welchem sich der Adel, wegen der zu hoffenden reichen Pfründen, widmete, indem er den geistlichen Stand dem Kriegsstande gleichschätzte, und dafür hielt, daß er in einem beständigen Kriege mit dem Teufel befangen sey, schwächte den Adel, und hatten die Lehnsherren von Zeit zu Zeit Gelegenheit, neue Edelleute zu machen, indem sie die erledigten oder verwirkten

Lehne

Lehne an ihre Lieblinge gaben. Wer sich die Gunst eines Fürsten erwerben konnte, es sey auf welche Art es wolle, war sicher, daß er ein Lehn davontrug, und denn wurde er ein Edelmann, weil der Adel mit dem Lehn verbunden war. In der Folge wurde die Standeserhöhung ein Prärogativ des Kaisers, allein es hielt doch nicht schwer, ein Edelmann zu werden, denn der Fürst empfahl ihn dem Kaiser, und dieser schlug es nie ab, den Günstling zum Edelmann zu machen. Der viele Ueberlauf, welchen die Kaiser deshalb hatten, veranlaßte sie sogar, den Pfalzgrafen, welchen sie die Vollmacht ertheilten, gewisse kaiserliche Prärogativen auszuüben, und welche in dem heiligen römischen Reiche zum Theil als Marktschreyer herumreiseten, zu erlauben, daß sie Edelleute machen konnten, wodurch Deutschland mit Adel überschwemmt wurde, ohne das Verdienst zu untersuchen. Dis Recht wurde in der Folge, wegen der vielen Mißbräuche, eingeschränkt, es giebt aber noch viel adliche Familien, welche nur ein pfalzgräfliches Adelsdiplom aufweisen können. Der Adel war also ein wirklicher militärischer Stand, welcher dem Lehnsherrn in seinen Kriegen unentgeldlich dienen mußte, weil er dafür die Lehen genoß. Die Kriege bestanden größtentheils in Befehdungen und Räubereyen unter einander, weil sich ein jeder mit den Waffen in der Hand Recht verschaffen mußte, da die Justizpflege noch nicht eingerichtet war. Wer viel Vasallen oder Edelleute hatte, war mächtig, und auf dessen Seite war das Recht. Auswärtige Kriege wurden wenig geführt, und wenn dergleichen nothwendig waren, bedankten sich die Vasallen, mit zu Felde zu gehen, oder sie blieben nur eine kurze Zeit beym Heer, wenn sie nicht das Versprechen hatten, ein gutes Lehn zur Belohnung zu erhalten. Der Adel wurde jetzt dem Kaiser und den Fürsten zu mächtig, sie suchten sich daher durch den sich nach und nach gebildeten Bürgerstand gegen

gen den Adel zu verstärken, ertheilten den Städten große Privilegien, und erhielten diese dadurch in der Treue. Nun gingen die Befehdungen zwischen dem Adel und den Städten an; diese waren durch den Alleinhandel mächtig geworden, und schrieben dem Adel nicht allein Gesetze vor, sondern es verbanden sich viel Städte mit einander, und widersetzten sich auch den Fürsten, welchen sie gefährlich geworden seyn würden, wenn sich nicht die Fürsten wieder des Adels angenommen hätten. Die drey Kräfte rieben sich beständig an einander, und die Fürsten bekriegten wechselsweise den Adel mit den Städten und die Städte mit dem Adel, und suchten keine von den beiden Ständen allzu mächtig werden zu lassen; indessen nahm ihre Autorität gewaltig ab, weil sie die Hülfe beider Stände durch Privilegien erkaufen mußten. Der Bauernstand lebte noch immer unter dem Druck, auf ihn wurde kein Betracht genommen; er machte zwar einigemal den Versuch, sich auch empor zu heben, und es entstanden Bauernkriege, sie waren aber nicht von langer Dauer, und die Bauern mußten wieder in die Knechtschaft wandern. Die Fürsten wurden dieses unseligen Zustandes müde, und errichteten nach und nach ein stehendes Heer, welches anfänglich aus allerley Menschen ohne Unterscheid der Stände bestand, und unter welchem sich viel Abenteurer befanden. Dis erhielt indessen Consistenz, sie unterwarfen sich den Adel und die Städte, führten Abgaben ein, trieben sie mit Gewalt bey, wo sie Widerstand fanden, und es bildete sich eine Landeshoheit, so wie sie jetzt ist, die Lehnsverfassung und die Bündnisse der Städte hörten nach und nach auf, es wurden Schlösser und Festungen angelegt, und der Erfolg war, daß sich alles unter den Landesherrn beugen mußte. Der Adel, welcher sich Jahrhunderte den Fürsten widersetzet hatte, schloß sich nun an die Fürsten, ging an die Höfe, trat in Kriegsdienste, und erhielt
sich

sich bey seinen Privilegien, ließ sich dabey besolden, und riß nach und nach die besten Militär- und Staatsbedienungen, wozu nicht viel Wissenschaft erfordert wird, an sich, und auf die Art bildete sich die gegenwärtige Verfassung, nach welcher der Adel das Uebergewicht über den Bürgerstand erhalten hat. Es haben sich daher eigentlich vier Stände gebildet, der Fürstenstand, oder der Stand der Landesherren, der Adel, der Bürger- und der Bauernstand. Letzterer ist bisher immer im Druck erhalten worden, der Adel hat ihn beherrschet, und der Bürgerstand hat auch nicht recht emporkommen können, weil zwischen ihm und dem Adel eine beständige Eifersucht geherrscht. Es ist eine gewisse Eminenz an den fürstlichen Höfen eingeführt, nach welcher der Bürgerstand dergestalt in Verachtung gerathen, daß die Fürsten sich schämen mit einem Bürger umzugehen, und der Adel sucht diesen Ton zu erhalten. Ein Bürgerlicher wird nur geschätzt, wenn er ausgezeichnete Vorzüge und Verdienste vor den Adlichen hat, und wenn man bis an den Höfen einsiehet, welches selten geschieht, außer wenn sich der Bürger unentbehrlich gemacht hat, so heißet es doch, es ist Schade, daß der Mann nicht von Familie ist, und wenn sich der Fürst nicht anders zu helfen weiß, erhebt er ihn lieber in den Adelstand, um sich nicht mit den Bürgerlichen encanailliren zu dürfen. Zur Ehre der Fürsten und des vernünftigen Adels muß man gestehen, daß dis Vorurtheil jetzt merklich abnimmt, und daß man anfängt andere Gesinnungen zu hegen; allein es ist noch nicht ganz ausgerottet, denn der Adel will den Glanz nicht gern verlieren, wodurch er sich Jahrhunderte von dem Bürgerstande ausgezeichnet hat. Die Zeit ist nicht mehr, wo der Adel allein Soldat war, wo er auf seine Kosten für die Sicherheit und Erhaltung des Landesherrn und des Staats streiten mußte, in welcher Rücksicht er die großen Vorzüge und

Prärogativen vor den andern Ständen genoß, und das Vorurtheil hat sich beynahe verlohren, der Damm, welcher zwischen beiden Ständen aufgeführt worden, ist niedergerissen, man betrachtet den Staat als ein aus vielen Gliedern zusammengesetztes Ganzes, wo das eine Glied so nützlich ist, als das andere, und alle Mitglieder zum gemeinschaftlichen Besten beytragen müssen, die Beschützung und Erhaltung des Staats aber auf gemeinschaftliche Kosten geschiehet. Dadurch sind die beiden Stände zusammengeschmolzen, beide haben einerley Interesse. Die Erfahrung hat gelehrt, daß ohne Unterscheid der Stände kein Staat bestehen und keine Ordnung erhalten werden kann, es ist der Natur der Dinge angemessen, die Gleichheit der Menschen ist eine Chimäre und ein Unding; wenn man auch alle Stände übern Haufen würfe und eine Gleichheit einführen wollte, so würde sie doch nicht lange bestehen, und die Nothwendigkeit würde wieder andere Stände hervorbringen. In einem Walde sind nicht alle Bäume gleich groß und gleich stark, einer erhebt sich über den andern; haue ich den ganzen Wald nieder, so ist alles egal, es ist aber kein Wald mehr; lasse ich ihn wieder wachsen, so erhebt sich abermals einer über den andern, sie bleiben sich nicht lange gleich. Die eine Blume ist größer, als die andere, und man kann auf einem Blumenbette die Blumen nicht von einerley Größe oder Qualität erhalten; die Mannichfaltigkeit macht aber das Vollkommne aus, die eine verdunkelt die andern in der Höhe, Majestät und Glanz, die andere in der Mischung der Farben, die dritte im Wohlgeruch, und dieser Unterschied findet sogar bey einerley Gattung statt. Im Thierreich ist es eben so, das eine Thier ist größer und stärker als das andere, dis ist klüger als jenes, und wieder ein anderes ist nützlicher als alle übrige. Mehrere Thiere von einer Gattung machen eine Heerde, aber kein Reich aus; die Zusammenmensetzung dieser Thiere von mehrerer Gattung macht ein Reich). Da dis ein Grundgesetz der Natur ist, warum sollte das nemliche nicht auch bey den Menschen stattfinden? Diese distinguiren sich von andern Geschöpfen vorzüglich durch die Vernunft, und diese muß sie zu vernünftigen Zwecken leiten. Der Hauptzweck einer Republik, eines Staats oder Reichs, ohne Rücksicht auf diese oder jene Regierungsform, ist die gemeinschaftliche Glückseligkeit. Ein jedes Mitglied muß hieran Theil nehmen können, es muß kein erblicher Unterscheid unter den Ständen seyn, sondern sein Stand muß nach dem Maaß bestimmt werden, als er zur gemeinschaftlichen Glückseligkeit beyträgt. Der adliche Stand bleibt, in Rücksicht der Besitzungen, welche er im Staat hat, und nicht in Ansehung seiner Geburt, ein ehrwürdiger Stand, denn so weit seine Besitzungen reichen, hat er Gelegenheit, Glückseligkeit zu verbreiten, weil alle Menschen, welche in seinen Gütern wohnen, durch ihn glücklich gemacht werden können. Daß er sie gegen den großen und ersten Zweck des Staats nicht unglücklich machen kann, dafür muß dieser sorgen. Der erbliche Adel, zumal wenn er nicht mit Besitzungen verknüpft ist, kann hierin keinen Einfluß haben; denn das ist nichts wesentliches. Es wird zugegeben, daß den Besitzern der Güter einigermaßen Vorzug gebühren muß, weil sie die wichtigsten Interessenten des Staats sind, und die übrigen Menschen nicht daran gebunden sind, diese können verziehen, und haben nicht ein so fortdaurendes Interesse, als die Gutsbesitzer. Diese sind aber jenen gleich, in sofern man nicht die Idee damit verknüpft, daß sie einen gewissen Flächeninhalt des Reichs besitzen. Hierauf ruhet eigentlich ihr Interesse, und wenn ich dis wegnehme, sind sie nicht besser, als andere Menschen im Reich, sie stellen daher eigentlich moralische Personen vor. Warum erlaubt man aber nur einer gewissen Classe von Menschen

den

den Besitz der Güter? Hiedurch wird alle Verbindung der Einwohner in Ansehung des Staatsinteresse aufgehoben, es wird ein Damm zwischen den Ständen aufgeführt und erhalten, gleichsam Casten eingeführt, und Eifersucht erregt. Man erlaube daher lieber einem jeden, aus dem einen Stande in den andern zu treten, wenn er es bewirken kann; man lasse den Bauern Bürger, den Bürger Gutsbesitzer werden, und lasse ihn alsdann alle die Prärogativen genießen, welche mit diesem Stande verknüpft sind, man sehe nicht auf die Geburt. Ein Bauer kann ein ganz nützlicher Bürger werden, und ein Bürger, wenn er ein Landgut besitzet, kann darin mehr Glückseligkeit verbreiten, als ein Edelmann, der sich mit dem Verdienst seiner Vorfahren brüstet, und selbst von allem Verdienst entblößet ist. Man läuft hieben nicht Gefahr, daß es an Bauern oder Bürgern fehlen werde, denn Millionen von Menschen haben das Vermögen oder die Gelegenheit nicht, Güter zu acquiriren, die Zahl der Güter nimmt nicht zu, sie bleibt die nemliche, und wer kein Gutsbesitzer werden kann, bleibt, was er ist, es sey Bauer oder Bürger, und treibt seine Nahrung, so gut er kann. Der Adel ist einmal im Besitz der Güter, und wenn er es darnach anfängt, behält er sie auch, keiner wird ihn daraus vertreiben; nur wenn er verkaufen will oder muß, warum soll er gerade an einen Edelmann verkaufen? Hat nicht ein jeder anderer Staatsbürger, wenn man auf die Natur der Staaten zurückgehet, eben das Recht, seinen Zustand zu verbessern, als der Edelmann? Ein weiser Monarch hatte hieben die Idee, der Adel solle vorzüglich zum Kriegsdienst gebraucht werden, er solle sich nicht mit bürgerlicher Handtierung abgeben, und da er in dem Kriegsstande Unterstützung bedürfe, welche der Staat wegen der vielen Bedürfnisse nicht geben könne, so müsse er bey dem Besitz der Güter ausschlußweise erhalten werden; ferner,

wenn

wenn man dem Bürgerstande erlaube, Güter zu kaufen, werde er bald den Adel auskaufen, und das Geld, welches er eigentlich in den Handel, in Fabriken und Manufacturen stecken solle, werde er zu Ankaufung der Güter verwenden, die Fabriken, Manufacturen und der Handel aber werde in Verfall gerathen. Allein die Regenten würden übel daran seyn, wenn sie bloß mit dem Adel Krieg führen sollten, die Bürgerlichen müssen das Beste thun, und es ist für sie kränkend, daß sie keine oder doch nur entfernte Hoffnung haben, weiter zu kommen. Die Zeiten, da der Adel allein den Kriegsstand formirte, sind nicht mehr, und warum soll der Adel grade mehr Fähigkeit besitzen, Krieg zu führen, als der Bürgerliche, liegt denn diese Eigenschaft im Blut, und ist dis Blut denn immer so rein, daß es sich nicht mit bürgerlichem Blut vermischet? Wird der Zweck nicht eben so gut erreicht, wenn die Söhne des Gutsbesitzers, der ein Bürgerlicher ist, sich dem Kriegesdienst widmen, als wenn er ein Adlicher ist? Die Besorgniß, daß der Bürgerstand den adlichen Stand auskaufen werde, und daß darunter der Handel, Fabriken und Manufacturen leiden würden, ist auch ungegründet; denn der Adel legt sich jetzt eben so gut auf den Handel, als der Bürgerstand, und ein Bürgerlicher, der bey dem Handel, Manufacturen und Fabriken sein Conto findet, wird keine Güter ankaufen, das Geld bleibt im Lande, und ein jeder sucht es so gut zu nutzen, als er kann. Wenn der Bürgerliche ein Gut kauft, tritt er aus dem bürgerlichen Stande in den Stand der Gutsbesitzer, und wechselt nur seinen Stand, ein Nachtheil für den Staat ist daraus nicht zu besorgen. Für den Staat würde es von großem Nutzen seyn, wenn der Stand der Gutsbesitzer, man mag ihn den Adel nennen, der Zahl nach verstärkt werden könnte, wenn ein jedes Gut seinen Gutsbesitzer hätte, und wenn nicht erlaubt würde, große Herrschaften

ten zu acquiriren, denn diese taugen nichts. Besäße ein jeder Gutsbesitzer nur Ein Gut, so würden die Einkünfte hinreichend seyn, ihn standesmäßig zu ernähren, er würde darauf wohnen, und die Landwirthschaft zum größten Grad der Vollkommenheit zu bringen suchen, er würde sein Geld nicht in großen Städten, auf Reisen und in fremden Ländern verthun, die Menschen, die in seinem Gute wohnen, und die er glücklich machen soll, würden größtentheils wieder erhalten, was er von ihnen erhebt, es würde eine gewisse Vertraulichkeit zwischen ihnen herrschen, und sie würden in mehrerer Abhängigkeit erhalten werden. Eine Empörung wäre nicht leicht denkbar, weil der Gutsbesitzer alles selbst übersiehet, und die Landescollegia die Einwohner für Unterdrückungen schützen würden. Nicht so ist es mit großen Herrschaften, oder wenn ein Gutsbesitzer mehrere Güter besitzet, wovon das eine hier, das andere dort liegt; denn er kann doch nur auf einem wohnen, die andern lässet er verwalten, oder hat sie verpachtet, und oft bewohnet er gar keins, verzehret seine Einkünfte am Hofe, in großen Städten, auf Reisen, oder sonst außer Landes, sauget seine Leute, die in den Gütern wohnen, aus, und das Geld kommt nie in die Quelle wieder zurück, die Landwirthschaft wird vernachlässiget, die Leute werden durch die Verwalter und Pächter mishandelt, es herrschet keine Vertraulichkeit zwischen dem Herrn und den Leuten, jener kennt sie nicht, verlässet sich auf die Verwalter und Pächter, und so entstehet Mismuth, und endlich Empörung. Bey dem jetzt überhandnehmenden Freyheitssinn und Hang zur Insubordination würde es ein wirksames Mittel seyn, wenn der Adel, welchen ich für den Stand der Gutsbesitzer annehme, der Zahl nach verstärket, und ihm nicht erlaubt würde, viel Güter zusammen zu kaufen, es würden die Menschen alsdenn unter näherer Aufsicht seyn, die Vertraulichkeit

zu=

zunehmen, und das Wohl des Ganzen mehr befördert werden. Wenn ein Gutsbesitzer eine Herrschaft von 20 bis 30 Dörfern besitzet, und das Geld an einem andern Orte verzehret, so leiden die Prästantiarien ungemein, weil in der Herrschaft nichts verzehrt wird, es ist niemand, der die Leute zum Fleiß und zum Gehorsam ermuntert, die Pächter und Verwalter regieren wie die Baßen in der Türken, und wie die Fermiers in Frankreich; dis macht die Leute schwierig, es werden zwischen der Herrschaft und den Einsassen der Güter Processe aus Habsucht oder Leidenschaft eingeleitet, welche der Herr, wenn er selbst zugegen wäre, vermeiden würde, und es erwächst eine Trennung der Gemüther, Mistrauen und Feindschaft. Das Ganze leidet auch hieben einleuchtend, denn von einer großen Herrschaft lebt nur Eine Familie, statt deren, wenn sie vereinzelt wäre, zehn bis zwanzig Familien ihr gutes Auskommen haben könnten. Ohne hart zu seyn, kann nun zwar die Landesregierung niemand zwingen, eine Herrschaft, die einmal zusammengehört, zu vereinzeln, aber sie kann es vorbeugen, daß nicht mehrere in der Folge erwachsen, und daß nicht reiche Familien die Güter in einer Provinz, so wie sie feil werden, wegkaufen dürfen, wenn sie verordnet, daß niemand in einer Provinz mehr als Ein Gut besitzen darf, und wenn eine Herrschaft verkauft wird, sie vereinzelt werden muß, um mehrern Familien dadurch ein Auskommen zu verschaffen. Durch das eingeführte Credit-System ist es eingerissen, daß Familien mit wenigem Vermögen viel große Güter bloß auf Speculation zusammenkaufen. Denn sie kaufen erst ein Gut, oder besitzen es schon, lassen es taxiren, nehmen darauf so viel Geld, als sie von der Landschaft erhalten können, und kaufen ein zweytes, lassen dis wieder taxiren, und nehmen Geld darauf, sind also im Stande, ein drittes zu kaufen, und so verdrängen sie andere Familien, welche auch gern ein
Gut

Gut haben möchten. Es wird zwar dagegen eingewandt, man müsse in jedem Staat große Familien haben, die man dazu brauchen könne, um ihnen solche Posten zu geben, welche großen Aufwand erfordern, z. B. Gesandtschaftsposten, u. s. w. Allein die Erfahrung lehret, daß man die Personen, welche darauf ausgehen, ihr Vermögen zu vergrößern, am wenigsten zu dergleichen Staatsbedienungen brauchen kann, weil sie entweder die Fähigkeit dazu nicht haben, oder keine Lust dazu bezeigen; denn man kann sie doch nicht zwingen, einen solchen Posten anzunehmen, und denn muß der Staat doch ein geschicktes Subject wählen, und es in den Stand setzen, den Posten mit Würde zu bekleiden. Aus der Verstärkung der Gutsbesitzer lässet sich nichts Nachtheiliges für den Staat, am allerwenigsten aber Empörung befürchten, weil die Unterthanen oder Einsassen ihrer Güter, welche nicht mehr ihrer willkührlichen Behandlung unterworfen sind, sondern unter dem unmittelbaren Schutze der Gesetze und der Landes-Administration stehen, nie mit ihnen gemeinschaftliche Sache machen werden. Ueberhaupt lehrt die Erfahrung, daß die Empörungen ihren Grund theils in Bedrückungen haben, theils in ungleicher Vertheilung der Güter und des Staatsvermögens, welches den Erfolg hat, daß einige Menschen im Ueberfluß, und andere im äußersten Elend leben. Dis empöret die Gemüther, wenn erst die Menschen ihr Schicksal fühlen, und sie suchen daher ihren Zustand zu verbessern, es koste, was es wolle, weil sie wenig zu verlieren, und viel zu gewinnen Hoffnung haben. Eine völlige Gleichheit des Vermögens kann und darf nicht bewirkt werden, in Ansehung des Grundeigenthums aber ist es nicht allein möglich, sondern auch gut; denn die reichen Personen im Staat können ja ihr Vermögen auf andere Art nutzen, und dürfen nicht geradezu alle Güter allein besitzen, wozu es

end-

endlich kommen muß, wenn sie ankaufen können, so viel sie wollen. Vorausgesetzt nun, daß ein jeder im Staat ein Landgut ohne Einschränkung anzukaufen berechtiget wäre, müßte er auch alle damit verknüpfte Rechte und Privilegien genießen, und träte der Acquirent dadurch gleichsam in den Stand des Adels oder der Gutsbesitzer, so wie ein anderer, der sein Gut verkauft, auch alle damit verknüpfte Rechte und Freyheiten verlieren müßte, weil kein erblicher Adel nach dieser Verfassung stattfindet. Dagegen aber würde ein persönlicher Adel, mit gewissen Vorzügen und Distinctionen verknüpft, noch immer bleiben können, um ausgezeichnete Verdienste für den Staat zu belohnen, welcher Adel aber, seiner Natur nach, nicht auf Kinder und Nachkommen vererbt werden kann. Dieser Adel würde nie verächtlich werden können, weil er ein zuverläßiges Kennzeichen des wahren Verdienstes um das Vaterland oder um die Menschheit seyn müßte. Man distinguire dergleichen Personen durch Ertheilung eines äußern Zeichens, durch einen Stern, oder ein anderes Merkmal, welches auf sein Verdienst Beziehung hat. Die Kinder eines großen verdienstvollen Mannes würden in Rücksicht ihres Vaters so lange geschätzt werden, als sie sich dessen durch Laster nicht unwürdig gemacht hätten, und es würde für sie ein Sporn seyn, um ihrem Vater ähnlich zu werden, und zu edlen Thaten anzufeuern. Der erbliche Adel führt das Uebel mit sich, daß er auch durch verächtliche und oft schändliche Handlungen nicht verlohren gehet, und dadurch geräth er in Verachtung; denn ein Edelmann muß es schon sehr arg machen, wenn er des Adels für verlustig erklärt werden soll. In Rücksicht dessen, daß der Adel im Besitz sämtlicher Landgüter des Staats ist, bleibt der Grundsatz richtig, daß er den edelsten Theil oder die vorzüglichste Classe der Nation ausmacht; denn keiner ist mehr dabey interessirt, daß es dem Staate wohl

..Der Netzdistrict. M gehet,

gehet, als der Grundeigenthümer. Der reiche Mann ohne Grundeigenthum ist ein temporärer Staatsbürger; gefällt es ihm in dem einen Lande nicht mehr, so ziehet er mit seinem Vermögen in ein anderes; der Grundeigenthümer aber kann das Grundeigenthum nicht mitnehmen, die Substanz bleibt, und wenn er auch wegziehet, so tritt ein anderer an seine Stelle, welcher das nemliche Interesse hat, es ist daher eine moralische Person, welche nie aufhören kann zu existiren.

Vom polnischen Adel insbesondere. Der polnische Adel scheint von ganz anderm Ursprung zu seyn, als der deutsche; denn in Polen ist nie das Lehns-System eingeführt gewesen, und die ehemaligen polnischen Fürsten und Herzoge haben so wenig als die nachherigen Könige eine Adelsfabrik gehabt, wie in den meisten andern europäischen Staaten im mittlern Zeitalter angelegt wurde. Es hielt in Polen sehr schwer, das Indigenat zu erhalten, und ein Edelmann zu werden, denn dis konnte der König nicht willkührlich geben, sondern es geschahe auf dem versammelten Reichstage. Unter der Regierung der sächsischen Könige wurden auf die Art einige deutsche Familien naturalisirt. Der polnische Adel hat sich daher seit Jahrhunderten ziemlich rein erhalten, seine Entstehung aber lässet sich nicht mit Gewißheit bestimmen; es scheint aber ein militärischer Adel zu seyn, denn Polen ist, so wie fast alle europäische Reiche, durch eine morgenländische Völkerschaft, die ursprünglich ein nomadisches Leben führte, unterjocht worden. Diese Völkerschaft hat sich in das Reich getheilet, ein jeder Streiter hat sich einen Flächeninhalt, der eine einen größern, der andere einen kleinern, angemaaßet; hieraus sind die Güter entstanden, und aus den Gütern, so dem Anführer oder Herzog ausgesetzet wurden, sind die Starosteyen erwachsen, so die Natur der Domänen haben. Die unterjochta Na-

Nation wurde zu Sklaven, zu leibeigenen gemacht. Es war daher in Polen alles Adel oder Sklave, und man kannte keinen Mittelstand, alle Staats- und geistliche Bedienungen verwaltete der Adel, und schloß den Bauernstand davon aus, und Städte waren damals noch nicht vorhanden. Die alleraltesten Städte wurden von nicht begüterten adlichen Familien gegründet, und wurden die Bürger dem Adel gleichgeschätzt. In der Folge aber erwuchsen mehrere Städte, größtentheils von eingewanderten Deutschen, und diese erhielten bestimmte Privilegien, welche bald erweitert, bald wieder eingeschränkt wurden, sie konnten nie recht emporkommen. Den ältesten Städten, welche aus adlichen Familien bestanden, erlaubte man, Repräsentanten zu den Reichstagen zu schicken, und die Bürger wurden für besitzfähig adlicher Güter gehalten, die übrigen aber waren davon ausgeschlossen. Der Adel allein hatte das Wahlrecht bey erledigtem Thron, und gab Gesetze, woran ein jeder Edelmann Theil nehmen konnte, er mochte groß oder klein, reich oder arm seyn. Der kleine oder arme Edelmann hatte bisweilen einen wesentlichen Vorzug vor dem reichen, wenn er diesem beweisen konnte, daß er nicht wahlfähig sey. Das Wahlrecht verlohr er dadurch, wenn er drey Condemnate in einer Sache gegen sich hatte, und ihm dies bewiesen wurde. Die großen Edelleute nemlich, welche viel Güter besaßen, und unter dem Namen Magnaten bekannt sind, übten oft gegen die Kleinen Gewaltthätigkeiten aus; wenn diese sie alsdenn verklagten, so erschienen sie nicht, um den Proceß in die Länge zu ziehen, und den armen Edelmann müde zu machen. Alsdenn erfolgte ein Condemnat oder eine Contumacial-Resolution, welches kein Erkenntniß war, und worauf noch keine Execution nachgesucht werden konnte; es mußte also wieder geklagt werden, und so konnten drey Condemnate erfolgen, bevor ein Endurtheil abgefaßt wurde,

wurde, worüber viel Jahre hingingen. Erfolgte nun dis, so konnten die großen Edelleute die Vollziehung desselben noch sehr in die Länge ziehen, und es dem armen Edelmann sauer machen, Recht zu erlangen. Traf es sich nun, daß ein Reichs- oder Wahltag gehalten werden sollte, so wollten die großen Edelleute oder Magnaten gern Theil daran nehmen, und gaben sich Mühe, zu Repräsentanten oder Landboten gewählt zu werden, oder sie waren als Senators schon dazu berechtiget, mit zu wählen, und nun war es für die kleinen Edelleute Zeit, sich zu melden, und ihre Stimmen theuer zu verkaufen. Trat einer auf, und sagte: der Magnat ist nicht wahlfähig, er hat in einer Sache drey Condemnate gegen sich ergehen lassen, und konnte dis beweisen, so wurde jener von der Wahl ausgeschlossen. Um dis zu vermeiden, wurde viel Geld spendirt, oder der reiche Edelmann sagte zu dem armen: ich will dir gern alles geben, weshalb du gegen mich klagbar worden bist, verschweig nur, daß ich drey Condemnate gegen mich habe, und gieb mir deine Stimme. Dieser ließ sich beruhigen, erhielt, was er im Wege Rechtens nicht erhalten können, und erreichte seinen Zweck. Hatte sich der Magnat mehr dergleichen Gewaltthätigkeiten zu Schulden kommen lassen, so kam es ihm oft theuer zu stehen, wenn er an der Wahl Theil nehmen wollte. Diese Verfassung war nicht übel, es war ein executivisches Mittel, welches den mächtigen Adel und die Magnaten im Zaum hielt, und welches man in andern Ländern nicht kennt, wenn gleich nicht zu leugnen, daß es eine Art von Bestechung, welche aber bey Wahlen unmöglich ganz zu vermeiden ist.

Die Gewaltthätigkeiten der großen Edelleute gingen bisweilen sehr weit, wovon folgende Anecdote, welche dem Verfasser von glaubwürdigen polnischen Edelleuten oft erzählt worden, ein Beyspiel ist.

Ein

Ein Magnat hatte große Besitzungen in einer Wonwodschaft, und ein kleiner Edelmann besaß zwischen denselben ein Gut, welches der Magnat, um sich zu arrondiren, gern haben wollte. Er bot ihm dafür eine große Summe und mehr als das Gut werth war, der Edelmann wollte sich aber nicht dazu verstehen, es abzutreten. Jetzt fing der Magnat viel Processe mit ihm an, um ihn dadurch zu bewegen, das Gut zu verkaufen; alles war aber umsonst, der Edelmann wehrte sich hartnäckig. Jener sann daher auf ein anderes Mittel, ging auf einen freundschaftlichen Fuß mit ihm um, besuchte ihn, und bat ihn oft zu sich, sprach von dem Gute weiter nicht, und suchte ihm unter freundschaftlichen Versprechungen Zutrauen einzuflößen. Endlich trug er ihm an, als Commissarius mit einem ansehnlichen Gehalt in seine Dienste zu treten, rühmte seinen guten Character, und seine Kenntniß in Geschäfften, versprach ihm Unterstützung, wenn er solche bedürfe, und erlaubte ihm, auf seinem eigenen Gute zu wohnen. Der Edelmann traute diesen süßen Worten, und trat in die Dienste des Magnaten. Wie dieser ihn ganz sicher gemacht hatte, sagte er ihm, er habe eine wichtige Angelegenheit auf seinen in einer andern Provinz über hundert Meilen weit entlegenen Gütern, welche er keinem andern, als ihm, anvertrauen könne, er möge ihm den Gefallen thun, und reisen dahin. Der Edelmann verstand sich dazu, weil ihm das Vertrauen schmeichelte, welches der Magnat in ihn zu setzen schien, und reisete, mit Authorisation versehen, ab. Wie er weg war, suchte der Magnat ihn dort ein halbes Jahr und länger zu beschäfftigen; mittlerweile aber ließ er Frau und Kinder, und alles, was auf dem kleinen Gute war, auf eins seiner andern Güter bringen, riß die Gebäude ab, und ließ das Dorf zu Lande machen, so daß keine Spur übrig blieb, und ließ genau Achtung geben, daß die Frau oder andere Leute dem Edelmann davon keine Nachricht geben konnten, welches in Polen auch nicht so leicht möglich, da die Posten nicht so eingerichtet sind, als in andern Ländern. Wie der Edelmann die Geschäffte beendiget hatte, kam er zurück, und eilte den letzten Tag seiner Reise, um die Nacht in den Armen seiner geliebten Gattin auf seinem Gute zuzubringen. Hierüber wurde es Abend, er kam in die Gegend, wo sein Gut gelegen, fand verschiedene Gegenstände, welche ihn überzeugten, daß er bey seinem Gut seyn müsse, fand aber kein Haus, keine Spur vom Gut, es war alles Acker und voll Getreide. Er fuhr in die Kreuz und in die Quere, sprach mit seinen Führern und Leuten, so er bey sich hatte, und diese versicherten ihm, daß sie auf dem Gute seyn müßten, konnten aber nicht begreifen, wo die Gebäude geblieben, sie glaubten alle bezaubert zu seyn, keiner ahndete, was vorgegangen war. Endlich entdeckten sie in einiger Entfernung Licht, fuhren darauf zu, kamen an ein Haus in des Magnaten Gütern, sagten dem Bewohner, sie wären in der Nacht irre gefahren, könnten sich nicht nach dem Gute finden, er möge sie doch zurecht weisen. Dieser hob an zu lachen, und erwiederte, sie wären nicht irre gefahren, denn das Dorf sey schon vor einem halben Jahre abgebrochen, und einige Meilen davon wieder aufgebauet, sie möchten nur dahin fahren, es werde ihnen schon gut gefallen. Der Edelmann war wie vom Wetter gerührt, spie Feuer und Flammen, tobte und drohete dem Magnaten Rache, fuhr in der Hitze nach dem Schlosse, und hatte sich vorgenommen, seine Wuth gegen den Magnaten auszulassen. Dieser nahm ihn aber freundschaftlich auf, dankte ihm für die gute Ausführung des Geschäffts, und suchte ihn durch Wein zu besänftigen. Das zweyte Wort des Edelmanns war immer, der Magnat solle ihm sein Dorf, sein Weib und Kinder wiedergeben, und fluchte fürchterterlich. Dieser antwortete aber ganz gelassen, ersteres kann ich nicht, letztere sollt ihr aber, nebst einem Gut, welches nicht schlechter, als euer Gut war, wieder haben. Den andern Tag fuhr er mit ihm nach dem neuen Gut; hier fand der Edelmann eine bequeme Wohnung, seine Frau und Kinder, und alles, was er verlohren hatte. Das Gut gefiel ihm, er wurde reichlich beschenkt, und beruhigte sich beym Tausch.

Anstatt daß man in andern Ländern seine Besitzungen gern in Einer Gegend hat, und sich zu arrondiren sucht, haben die polnischen Magnaten lieber in jeder Provinz und Woywodschaft ein oder mehrere Güter, um Einfluß in das Wahlgeschäfft zu haben. Die Großen des Reichs haben daher fast in allen Woywodschaften Güter, um sich dadurch in vorkommenden Fällen der Stimmen zu versichern. In ältern Zeiten machte sich auch ein jeder polnischer Edelmann Hoffnung zum Thron, wenn er erlediget, denn es war kein Unterscheid zwischen dem höhern und niedern Adel, welches erst in neuern Zeiten entstanden ist. Ein armer polnischer Edelmann diente einstmals viele Jahre bey einem deutschen Edelmann, ohne daß dieser von seiner Geburt und seinem Stande was wußte. Der Pole erfuhr von ungefähr aus den Zeitungen, daß der König von Polen todt sey, und daß ein Wahlreichstag ausgeschrieben worden. Er bat den deutschen Edelmann um den Abschied. Dieser wußte die Ursach nicht, wollte ihn nicht gern verlieren, und frug, was ihn bewege, aus seinem Dienst zu gehen, ob er etwa worüber zu klagen habe. Nein! erwiederte der Pole, das eben nicht, ich bin aber ein Edelmann, und habe erfahren, daß ein Wahlreichstag ausgeschrieben worden, diesem muß ich beywohnen; denn das Loos, König zu werden, kann mir eben so gut treffen, als jedem andern Polen. Werde ich nicht gewählt, so komme ich

M 4   wieder

wieder zurück. Alle aus der Unwahrscheinlichkeit hergenommene Gründe waren nicht vermögend, ihn auf andere Gedanken zu bringen; er trat seine Reise an, besuchte den Reichstag, fiel durch, kam zurück, und setzte seinen Dienst fort. Die Umstände haben sich geändert, die Wahlfreyheit ist gesetzlich nicht aufgehoben, sie wird aber dirigirt, und die Hoffnung des niedern Adels, zur höchsten Würde im Staat zu gelangen, ist verschwunden.

Bürgerstand in Polen. Die Bürger machen in Polen keinen besondern Stand aus, und haben keine Stimmen, sie sind von aller Theilnahme an dem Wahlgeschäfft ausgeschlossen, außer den Städten Danzig und Thorn, Krakau, Wilna, Lemberg und Posen, welche das Prärogativ haben, Deputirte zum Reichstag zu schicken, wenigstens haben sie es bey einigen Reichstagen gethan, und sind zugelassen worden. Die übrigen Städte sind mittelbar, und entweder königliche, so unter den Starosten stehen, oder adliche, so den Edelleuten unterworfen. Ehedessen waren den Städten schon mehr Prärogativen eingeräumt, und sie machten einen Stand aus; sie haben dis Recht aber in der Folge wieder verlohren. Durch die neue Constitution von 1791 haben sie wieder sehr viel Rechte erhalten, indem die Bürger sogar adliche Güter sollen acquiriren können; allein die Constitution ist vernichtet, und nun stehet zu erwarten, ob sie die ihnen zugestandenen Rechte durch die zu entwerfende neue Constitution erhalten werden.

Bauern in Polen. Die Bauern formiren gar keinen Stand, sie sind ursprüngliche Unterthanen, und hängen von den Starosten oder von den Edelleuten ab, haben aber hin und wieder in neuern Zeiten, besonders die deutschen Bauern, Privilegien erhalten, welche ihre Gerechtsame und Verbindlichkeiten bestimmen. Der polnische

sche Adel hatte in ältern Zeiten eine unumschränkte Gerichtsbarkeit über die in seinen Gütern wohnenden Einsaßen, sowol in civilibus, als in criminalibus; und da ging es oft scharf her. Der Bauer konnte mit der Grundherrschaft nicht zu Recht stehen, er war der Willkühr seines Herrn allein überlassen. Die deutschen Bauern, welche Privilegien hatten, so wie die Bürger, konnten zwar mit der Grundherrschaft Processe führen, wegen des Uebergewichts des Adels kam aber selten was dabey heraus. In criminalibus standen auch die freyen leute, Bürger und Bauern unter der Gerichtbarkeit der Grundherrschaft, und es paßirten oft die größten Ungerechtigkeiten, wo es auf Tod und leben ankam; daher wagte es so leicht keiner, sich mit der Grundherrschaft in Proceß einzulaßen. Jetzt ist die willkührliche Gewalt der Grundherrschaften auch in Polen eingeschränkt, und kann kein Todesurtheil ohne Bestätigung vollzogen werden. In civilibus aber hat der Adel noch die völlige Gewalt, und es werden keine Processe zwischen den Unterthanen und der Grundherrschaft gestattet; die freyen Bauern und Bürger aber haben gegen ihre Grundherrschaften rechtliches Gehör, wenn sie aus ihren Privilegien klagen. Diese freyen Bauern und Bürger sind größtentheils Emigranten aus andern Ländern, so sich in Polen niedergelaßen haben, und werden ihre Rechte und Verbindlichkeiten aus ihren Privilegien beurtheilet. Nach preußischer Verfaßung ist ein jeder unter dem Schutz der Gesetze, und kann gegen die Grundherrschaft klagen, wenn er auch ein Schaarwerksbauer ist, jedoch sind diese noch glebae adscripti, und können nicht verziehen. Die Grundherrschaft hat die Patrimonial-Gerichtbarkeit, mithin die erste Instanz, und finden gegen die Erkenntniße alle gewöhnliche Rechtsmittel statt.

Verschiedene Classen der Einwohner im Netzdistrict.
Der Netzdistrict hat noch keine ständische Verfassung, und man kann nicht sagen, daß er aus gewissen Ständen bestehe, welche durch Deputirte repräsentiret werden. Selbst dem Adel fehlt es daran, wenn solcher gleich unter sich Kreistage und Versammlungen hält. Es dürfte auch schwerlich eine ständische Verfassung zu Stande kommen. Indessen giebt es verschiedene Classen von Einwohnern in dieser Provinz, nemlich Edelleute, Geistliche, Exim irte, Bürger, Bauern und Juden, wovon wir jetzt handeln werden.

Der Adel ist die ansehnlichste Classe der Staatsbürger in dieser Provinz, sowol in Ansehung der Besitzungen, als der Prärogativen, so er hat. In Rücksicht des Verhältnisses sind sich die Edelleute alle gleich, sie stehen in Justiz-Sachen unmittelbar unter dem Landes-Justizcollegio, dem königlichen Hofgericht zu Bromberg, in Cammersachen unter der Cammerdeputation, in geistlichen und Landessachen unter der Regierung zu Marienwerder, in Ehesachen, wenn beide Eheleute catholisch, unter dem catholischen Consistorio und unter der geistlichen Gerichtbarkeit, wenn sie aber evangelisch, oder nur einer catholisch ist, unter dem königlichen Hofgericht.

Prärogativen des Adels.
Die Prärogativen des Adels sind so groß, wie in irgend einem andern Lande. Der begüterte Adel ohne Unterschied hat die hohe und niedere Gerichtbarkeit, die hohe und niedere Jagd, die Brau- und Branntweinsbrennerey-Gerechtigkeit, die Propination oder das Ausschenken des Getränkes in den Gütern, den Abschoß von den Einsassen, welche aus ihren Gütern ziehen und emigriren, oder wenn Erbschaften herausgehen, nach polnischer Verfassung auch das Bergwerks-Regal (in wie fern sie dies beybehalten haben, ist noch nicht

nicht zur Sprache gekommen, weil es hier keine Bergwerke giebt), ferner die Befreyung der Hälfte von der Consumtionsaccise, in so fern sie ihre Bedürfnisse aus einem accisbaren Orte nehmen; die Befreyung drey viertel des großen Stempels beym Verkauf und Verpachtung adlicher Güter; die Befreyung vom Brückenzoll, und die Befreyung vom Enrollement u. s. w. Dagegen aber müssen sie den vierten Theil des Ertrags ihrer Güter, so wie er bey der Classification ausgemittelt worden, an Contribution, und der Adel jenseit der Netze, wo keine Accise ist, den bestimmten Zoll erlegen, auch zu den Festungszuschußgeldern mit beytragen. Die Patrimonial-Gerichtbarkeit wird durch die Justitiarien, welche sie wählen, und auf die Justiz-Verwaltung verpflichtet werden, verwaltet, sie müssen zu deren Gehalt einen verhältnißmäßigen Beytrag geben; dagegen werden ihnen aber auch die eingehenden Sporteln berechnet, so daß ihnen die Justiz-Pflege wenig oder gar nichts kostet.

Der Adel im Netzdistrict ist zahlreich und ansehnlich begütert, denn es sind darin über 300 Herrschaften und adliche Güter, wovon die erstern zum Theil aus vielen Gütern bestehen, so nur für Eine Herrschaft gerechnet werden. Zur Uebersicht des begüterten Adels dient folgende Tabelle.

Nachwei-

184

Tabelle von den adlichen Gütern und deren Besitzern im Netzdistrict.

Nachweisung und Verzeichniß sämtlicher im Camin- und Croneschen Kreise belegenen adlichen Herrschaften, Güter und deren Besitzer.

Namen der Güter.	Namen der Besitzer.	Name des Kreises.
1 Battrow. Beck. 2 Behl.	Von Osten Sacken.	Cammin.
Lemniz. Butzig incl. Holländer. Stadt Radolin. Radschif. Runow. Stieglitz.	Gräflich von Radolinskische Erben.	Crone.

3 Boes

Anmerkung. Bey den polnischen Namen der Städte, Dörfer und Besitzer (nominibus proprijs) dient dem geneigten Leser zur Nachricht, daß, wenn sich ein Name mit 3 oder Cz anfängt, solches wie Sch ausgesprochen werden muß; so schreibt man nemlich Czarnikow und wird ausgesprochen Scharnikau, Zelendowo wird ausgesprochen Scholendowo. Die Polen haben sch, und geben diesen Laut entweder mit einem z oder mit sz oder mit cz, auch bisweilen mit scz an. Der Laut ist bey den Polen verschieden, allein die Deutschen können es nicht gut unterscheiden, und sprechen es bloß mit sch aus, wenn aber ein scz stehet, muß es so ausgesprochen werden, als wenn noch ein t davor stünde; z. B. Gembicz spricht man aus Gembitsch, Uscz wird lang ausgesprochen Usch, Pacocz heißet Pakosch, Labiszin heißet Labischin, Szubin heißet Schubin, Kruczwiz heißet Kruschwiz, Mroczen wird ausgesprochen Mrotschen, Strzelno heißet Strschelno,

185

Namen der Güter.	Namen der Besitzer.	Name des Kreises.
3 Boeskau	Oberst Carl Friedrich v. der Goltz	Crone.
4 Brostowo Stadt Mlastezko	Peter Arendt	Cammin.
5 Brotzen A. Appelwerder	verwittwete v. Kleist	Crone.
6 Brotzen B.	verwittwete von der Goltz	Crone.
7 Brutzen Groß Popplow	Major v. Putkammer.	Crone.
8 Büschke A.	catholische Kirche zu Flatow	Cammin.
9 Groß Butzig Klein Butzig Czieszkowo Dziembowo Morszewo	Andreas v. Götzendorf Grabowski und dessen Ehefrau	Cammin.

Strschelno, und Znin heißet Schien. Ferner wird in der Mitte des Worts das c wie tz ausgesprochen, und schreibt man z. B. Potulicki, spricht es aber aus Potulitzki; Potocki heißet Potozki. Die Polen verstehen viel Consonanten ohne Vocal auszusprechen, welches einem Deutschen schwer fällt; z. B. Dobrzniewo heißt Doberschniewo, die erste Hälfte des Worts ist aber nur Eine Sylbe; Wrzeszino spricht der Deutsche aus Wreschino, der Pole aber lässet das z wie ein sch hören; Krepczin wird ausgesprochen Krepschin. Stehet ein c am Ende des Worts, so wird es wie ein z ausgesprochen; z. B. Radzic heißet Radschiz. Zuweilen wird auch bloß das c wie ein tsch ausgesprochen; z. B. Barcin wird ausgesprochen Bartschin. In einigen Namen wird auch das ck wie im Deutschen ausgesprochen, z. B. Kobelnicki würde der Regel nach Kobelnitzki ausgesprochen werden müssen, es heißt aber Kobelnikki.

Namen der Güter.	Namen der Besitzer.	Name des Kreises.
Nietuszkowo, Rzadkowo, Glubczin, Bonsk, Paraszke, Sokolno, Buschke B.	Andreas v. Götzendorf Grabowski und dessen Ehefrau.	Cammin.
10 Stadt Chodziesen, Kamionke, Milsch, Milsch Holländer, Olesznize, Struszewo, Struszewer Holländer, Studzin	Graf v. Grudzinski	Crone.
11 Chwaliszewo	von Lakinski	Cammin.
12 Clausdorf, Neu-Goltz	Cammerherr v. Unruh	Crone.
13 Cucharz	von Dembinski	Cammin.
14 Czaycz	von Lakinski	Cammin.
15 Stadt Czarnikow, Demben, Alt-Hütte, Pianowke, Smiszkowo, Belsin, Kruszewo, Briesen, Zarben, Walkowiz, Piezerie oder Marianowo	Graf v. Swinarski	Crone.

Namen der Güter.	Namen der Besitzer.	Name des Kreises.
16 Czerbin Wirsa	Adelbert in Łakno Łakinski und dessen Ehefrau	Cammin.
17 Cieszkowo Gultz Guran Guren	von Koszminski	Crone.
18 Drahno Trzebin	von Falkenhain	Crone.
19 Dembogurra und Holländer Jankowo Tupadli	Fiscus, ist aber mit den von Baranowski deshalb in Proceß	Cammin.
20 Dembowo	von Bienkowski	Cammin.
21 Dobieszewo Klein Slupowo	von Wiesiolowski	Cammin.
22 Dobrin Kappe	— — —	Cammin.
Zolendowo Czernezke	Ignaz von Götzendorf Grabowski und dessen Ehefrau	Bromberg.
23 Halb Dombke Glisno	Geheimer Kriegsrath v. Billerbeck	Cammin.
24 Falmirowo Dobrzniewo Klein Gromaden Kruszke Mlotkowo Mlotkowke	von Kittnowskische Geschwister	Cammin.
25 Stadt Filehne Uscherbude	Prälat v. Blankensee	Crone.

Corda

Namen der Güter.	Namen der Besitzer.	Name des Kreises.
Corda Gerrin Ludwigsdorf Folstein Neuhöfen Grünfier Kottenhammer Kotten Groß Drensen Klein Drensen Hansfelde Eichberg Selchauer Hammer Selchau Glashütte Fisahn Ehrbarsdorf Mariendorf Lukasz Prussekel	Prälat von Blankensee	Crone.
26 Drazig oder Drasko Haust Neuteich Pankowo Mialla Jori oder Sorge Marianowo Pilta od. Schneidemühlchen Kamienick	Fürst Casimir Sapieha	Crone.

Men-

189

Namen der Güter.	Namen der Besitzer.	Name des Kreises.
Menzick Wrzesziono Rosko 27 Stadt Flatow Blankwitt Glumseck Gresonze Kelpin Klukowo Kujahn Lanken Linde	Fürst Casimir Sapieha	Crone.
Kleszin Ossowo Pottliz Proch Polnisch Ruden Swente Skiez Slawianowo Smierdowo Stewniz Wonsow Wyrsk Alt Wyszniewke Zakrzewo	Kriegsrath v. Fahrenheit.	Cammin.
28 Stadt Märksch Friedland Althof Appelwerder Schloß Friedland Henkelsdorf	Baron von Blankenburg	Crone.

Der Netzdistrict.   N   Lobles

Namen der Güter.	Namen der Besitzer.	Name des Kreises.
Lobitz, Nierosen, Zadow	Baron von Blankenburg	Crone.
29 Fußlbeck, Büssen, Klein Hansfelde, Neugut, Domlang	Geschwister von Unruh	Crone.
30 Giesen	von der Golz	Crone.
31 Gollanz, Chawladen, Choina, Hoch Jezurke, Potulink, Schmogulitz, Schmolarn	Kron-Großnotarius von Mielzinski	Cammin.
32 Grabionne, Grabowo	Generallieutenant Graf v. d. Golz	Cammin.
33 Grocholin, Hoch Gromaden, Szipior	Hieronymus v. Baranowski	Cammin.
34 Grunau, Lindebusch	Major von Pellet	Cammin.
35 Czarnikower Hammer		Crone.
Stadt Krojanke, Bontowo, Krojanker Hammer, Ossowo oder Wengerze, Pedzewo	Reichsgraf von Flotow	Cammin.

Pedzin,

Namen der Güter.	Namen der Besitzer.	Name des Kreises.
Pedzin, sonst Zalesie Padriesen Smierdowo Tarnowke	Reichsgraf von Flotow	Cammin.
36 Harmelsdorf	Zimanski	Crone.
37 Heinrichsdorf	von der Goltz	Crone.
38 Hofstädt	General v. Ditmar, jetzt dessen Erben	Crone.
39 Hohenstein Appelwerder	Boeck	
40 Jackterowo	v. lipskische Erben	Cammin.
41 Jablonowo Kahlstedt Mieroslaw	Amtsrath Krisenius	Crone.
42 Jaszkowo Waldowo Klein Klonia	von Sadowski	Cammin.
43 Jeziurke Krostowo Kostkawo	von Trompzinski	Cammin.
44 Jwno Plawin	Albrecht von Mieczkowski	Cammin.
45 Kamnitz Bagnitz Klein Klonia Prucz	von Heiden	Cammin.
46 Keesburg	Baron von d. Goltz	Crone.
47 Groß Klonia	von Kossowski	—
48 Tluckum	Paul von lakinski	Cammin.

Namen der Güter.	Namen der Besitzer.	Name des Kreises.
49 Komierowo	von Komierowski	Cammin.
50 Klein Koszerzin	von Lenski	
51 Kowalewke	Gebrüder v. Radziminski	Cammin.
52 Crepczin	Kirche zu Crin	Cammin.
53 Landeck	von Osten Sacken	Cammin.
54 Langhof Lazig	} Baron von Blankenburg	
55 Lankowize	Canonicus v. Bentkowski	Crone.
56 Liszkowo Radzis Groß Koszerzin Dombrowke Liszkowke	} von Flemming	Cammin.
57 Stadt Lobsens Blugnowo Luchowo Pisnow Ratten Dembowke Rzenskowo	} Graf von Werbno Rydzinski	Cammin.
58 Groß Losburg Klein Losburg	} von Zawadzki	Cammin.
59 Lüben	von Falkenhain	Crone.
60 Maliz	Alexand. v. Brodzki	Cammin.
61 Stadt Margonin Borowo Lypihn Margoninsdorf Witkowiz	} Graf von Skorszewski	Cammin.

Stadt

Namen der Güter.	Namen der Besitzer.	Name des Kreises.
Stadt Łabischin Oborki Oporowo Orzanno Psolczin Pilatowo Ruda Stadt Rinarsjewo Smogerszewo Walowize Zalochowo Zamosz Klein Siepniewo	Graf von Skorzjewski.	Cammin.
62 Marzdorf Brunk Lübsdorf Mellentien Rüschendorf Stibbe Stralenberg	von Wiganowska	Crone.
63 Mozilz	von Lucomski	Cammin.
64 Klein Nakel Stranz	von Sacken	Crone.
65 Diek	von Zychlinski	Crone.
66 Nieszuchowo	Graf v. Werbno Rydzinski	Cammin.
67 Obodowo Sosno	von Kalkstein Oslowski	Cammin.
68 Oleszno Dobieszewke	von Bielski	Cammin.

Namen der Güter.	Namen der Besitzer.	Name des Kreises.
69 Pietrunke	von Chmielewski	Crone.
70 Groß Poburke Klein Poburke	von Kierski	Cammin.
71 Groß Popplow	von Manteuffel	Crone.
72 Prellwiz Drahno Trzebin Zuzer Schönau	Baron v. d. Goltz	Crone.
73 Preußendorf	von der Goltz	Crone.
74 Radawniz Hohenfier Krumflies Straßforth	von Osten Sacken	Cammin.
75 Reppaw Blumenwerder	Rittmeister von der Goltz	Cammin.
76 Rospenteck	Justizcommissarius Schachtmeier	Cammin.
77 Runowo Dreydorf Güntergost Isdepke Wiele	Graf Scholtzki	Cammin.
78 Salesch	von Zielinski	Cammin.
79 Salm Gollin	von Derzen	Crone.
80 Stadt Samoszin Vorwerk Samoszin Samosziner Holländer Luskowo	General v. Radzinski	Cammin.

Namen der Güter.	Namen der Besitzer.	Name des Kreises.
81 Samostrzell		Cammin.
Krazke		
Mrossowo		
Zielaszne		
Halb Dombke	Castellan v. Bninski	Bromberg.
Smiellin		
Strzellewo		
Gogolin		
Kruszin		
Pawlowke		
82 Groß Siepniewo	Starost Adam von Götzendorf Gra-	
Jasdrowo		Cammin.
Iglowo	sowski, jetzt des-	
Radonsk	sen Erben	
83 Stadt Schloppe		
Eichsier		
Jagliz		
Krumpohl		
Stadt Schönlanke		
Hüttchen	des Königs Maj. als	Crone.
Neuendorf	Chatoul-Güter	
Miekorze		
Dorf Schönlanke		
Strabuhn		
Theerosen		
Rychlich		
84 Siernick	Stanisl. v. Brodzki	Cammin.
85 Skarpe	Jacob Schmekel	Cammin.
86 Groß Stupowo	Graf Ignaz v. Lo-	Cammin.
Krompiewo	chozki	
87 Schmogulsdorf	Matthias v. Miesz- kowski	Cammin.

Namen der Güter.	Namen der Besitzer.	Name des Kreises.
88 Staaren	Gräfin v. Werbno Rydzinski	Cammin.
89 Strelitz Knarhütte Ostrowke Radwonke Slomke Strelitzer Holländer	Kreis-Justizcommissions-Rath von Zacha	Crone.
90 Scepicz Rastrzembowo	Woywodin v. Radziminski	Cammin.
91 Topolla	von Ulatowski	Cammin.
92 Trzeboun	Krieges- u. Domänenrath Berndt	Cammin.
93 Trzlanny	Felix Kegel	Cammin.
94 Stadt Tietz Flate Knakendorf Marte Mehlgast Schulzendorf	Graf Schmettau	Crone.
95 Ujast	Probst zu Exin	Cammin.
96 Stadt Wandsburg Jastrzembke Groß Neuhof Niekorsz Pempersin Sakrzewke Schittnow Smielowo Sucharenszeck Szkorsz	Graf Potulizki	Cammin. Wittuhn

Namen der Güter.	Namen der Besitzer.	Name des Kreises.
Wittuhn		
Groß Wiesniewke		
Klein Wiesniewke		
Wyssoka		
Zbosen		
Stadt Zempelburg		
Rogalin		
Klozbude		
Groß Welwiz	Graf Potulzki	
Klein Welwiz		
Lindebude		
Samsiezno		
Gonsarszewo		
Schlessin		
* Gorzin		Bromberg.
Minikowo		
97 Walbruch		
Machlin		
Niederhof		
Schönhölzig	Oberst Graf von der Goltz	Cammin.
Klein Wisseck		
98 Waldowke	von Zychlinski	Cammin.
99 Zempelkowo	von Sidow	Cammin.
100 Wietoslaw		
Dembno		
Demblonne oder Debehnke	von Krzyski	Cammin.
Jezlurke		
Orle		
Breniewo		
101 Womwelno		
Klein Tonnin	Graf v. Grabowski	Cammin.
Mieruszin		

Namen der Güter.	Namen der Besitzer.	Name des Kreises.
102 Wordel	von Herzberg	Crone.
103 Worlang	Rittmeister Chartron.	Crone.
104 Borkendorf Quiram	} von Koslowski	Crone.
105 Seegenfelde	verwittwete v. Blankenburg	Crone.
106 Rose Kappo	} Landes-Director v. Oppel Brunikowski	Crone.

Im Brombergschen und Inowrazlawschen Kreise.

Namen der Güter.	Namen der Besitzer.	Name des Kreises.
1 Balszewo	von Wolski	Inowrazlaw.
2 Stadt Barcin		
Vorwerk Barcin		
Bialawke		
Kirschkowo		
Kneya ob. Konzen		
Krotoszin	} Graf Joseph v. Lochoski	Bromberg.
Mloboszin		
Ostroweck		
Obubno		
Piechzyn		
Ptur		
Ptureck		
Wolis		
3 Bendzitowo	von Trzeblinski	Inowrazlaw.
4 Bombolino	von Slubizki	

5 Bon-

Namen der Güter.	Namen der Besitzer.	Name des Kreises.
5 Bonkowo, Glonkowo	Andreas v. Slubizki	Inowrazlaw.
6 Branno, Markowo, Wilkostowo	von Kownazki	
7 Brzescz, Kasperal	von Gonsiorowski	——
8 Bristkoristowo, Bristkoristewko	von Sulerszizi	Bromberg.
9 Broniewize	von Bientowski	Inowrazlaw.
10 Chomionze, Nowawies	von Sulerszizki	——
11 Chronstowo	von Sablnski	——
12 Chronstowo	von Lutomska	Bromberg.
13 Cieslino	Commissions-Rath von Colbe	Inowrazlaw.
14 Charnatul	von Slavianowski	——
15 Polnisch Czerk, Deutsch Czersk, Flötenau, Salvin	Jacob Schmidt	Bromberg.
16 Czyste, Lonkzin	von Cienski	Inowrazlaw.
17 Dziennize	von Wolski	——
18 Dobieszewize	von Zlotnizki	——
19 Dombrowke	von Komierowski	Bromberg.
20 Neu Dombrowke		
21 Dobrilewo, jetzt guten Werder	Landrath v. Brunn	Bromberg.
22 Dombrowke	siehe Krulikowo	
23 Dombrowke	Joseph von Czaspi	

Namen der Güter.	Namen der Besitzer.	Name des Kreises.
24 Stadt Gembiz Dzierzonke	von Kossowski	Inowrazlaw.
25 Gensowo	von Przewoski	—
26 Gisewo	von Rosniejki	—
27 Glemboka Massinize	v. Glembozkische Geschwister	—
28 Grzanowo Czernianer Mühle Tarnowe Klein Kelluba Halb Sieleck Jankowo	Castellan von Zakrzewski	Inowrazlaw.
29 Golejewo	von Potozki	Inowrazlaw.
30 Gondesz oder Gondsch Gondscher Niederung Kussowo	v. Niewieszinskische Erben, ist jetzt in Concurs	Bromberg.
31 Gostonin Marczinkowo	von Zbyszenski	Inowrazlaw.
32 Alt Grabia Kawenczin Osniszewo Zdunowi Slawenczin	Rittmeister v. Gerhard	Inowrazlaw.
33 Gumnowize	Schliever	Bromberg.
34 Jablowo Buschkowo	von Sulerzizki und v. Grochowizki	Bromberg.
35 Jablowke Chomentowo	Matthias von Sulerszizki	Bromberg.
36 Jankowo Wierzewize	Theodora von Markowska	Inowrazlaw.

37

Namen der Güter.	Namen der Besitzer.	Name des Kreises.
37 Janowiße	Oberstin v. Szekeli	Inowrazlaw.
38 Janoszino	Gebrüder v. Bielizki	Inowrazlaw.
39 Jastrzembie	von Karlowski	Bromberg.
40 Jaronty	von Kolszinski	Inowrazlaw.
41 Jurkowo Lesze Halb Ostrowke	von Bogatko	Inowrazlaw.
42 Jezewo Jezewer Holländer Obielewo	von Kielszewski	Bromberg.
43 Jordanowo	des Königs Majestät	Inowrazlaw.
44 Karnowke Kozagora		
45 Kaczkowo Kaczkower Holländer Kaczkower Neudorf Dobieslawiße Miegurowiße Plankowo	Castellan von Dombski	Inowrazlaw.
46 Kiewlze Lopleniße		
47 Kiewo		
48 Kobelnicki Kraszize Lojewinicki Rosniati	Kriegesrath Sartorius von Schwanenfeld in Warschau	Inowrazlaw.
49 Lachmierowiße	von Malechowski	———
50 Niemojewko	von Paruszewski	———
51 Wrobble	Bernstorffsche Eheleute	———
52 Kobelnika Schlachetna		

53

Namen der Güter.	Namen der Besitzer.	Name des Kreises.
53 Kobelnicki, Lissewo, Ruzewko, Mochelleck	Criminal-Rath von Colbe.	Bromberg.
54 Kobellin, Jaruszin	Toporski	Bromberg.
55 Kolladzkowo	Joseph von Grabski	Inowrazlaw.
56 Groß Kolluda, Halb Sieleck	von Boruzki	Inowrazlaw.
57 Kolladziejewo	von Kosmowski	———
58 Komaszije	von Wolski	Inowrazlaw.
59 Konary	von Dombski	Inowrazlaw.
60 Kunowo, Gurra	von Boruzki	———
61 Koszielles, Dziarnowo, Gorzanny, Lesznje, Rizerszewo, Halb Wengerze	Graf v. Dzialinski	Inowrazlaw.
62 Koszeski, Mietlize	von Rudnizki	———
63 Kozuzkowo, Kozuskowo Wola	von Gorski	Inowrazlaw.
64 Krzekotowo	v. Kurzewskische Erben	———
65 Krulikowo, Alt Dombrowke, Cienskowo, Smardzikowo, Zurzin	Gräfin von Grabowska auf Womwelno	Bromberg.
66 Krusza Samkowa, Krusza Podludowa	von Bielska	Inowrazlaw.

67

Namen der Güter.	Namen der Besitzer.	Name des Kreises.
67 Łąkowo	Nehring	— —
68 Lenze Baranno	} Paul v. Chmielewski	— —
69 Lenartowo	von Domski	Inowrazlaw.
70 Łese	siehe Jorkowo	
71 Łesze	von Biesielinski	— —
72 Lieszkowo Bergbruch Lieszkowka Wola Zelechlin	} v. Mieszkowskische Erben	Inowrazlaw.
73 Lippie	von Gosizki	Bromberg.
74 Klepari	Oberst von Szekeli	— —
75 Ludzisko Balize Gurski Kopanie Paluszin Pietrkowize	} Castellan v. Biesiekierski	Inowrazlaw.
76 Marszinkowo		
77 Mamliz Kania oder Konnin Mieroslawize Wittkowo Proszizka Rojewo Altdorf Ibranowo Kaczkowo Neudorf Sanddorf Zlottowo Dombrowke	} von Mieroslawski	Inowrazlaw. Bromberg.

78

Namen der Güter.	Namen der Besitzer.	Name des Kreises.
78 Marszinkowo		
79 Markowize	von Malszewski	Inowrazlaw.
80 Mierswien	von Chmielewski	
81 Misleszineck	von Zwiewski	Bromberg.
82 Modliborzize Olszewize Stonsk	Gebrüder von Za- krzewski	Inowrazlaw.
83 Mruczin	von Baranowski	Bromberg.
84 Nieszlszewo		
85 Niesponie Miedzin Saß Palsch	Geheimer Justiz- Rath Wüsten- berg	Bromberg.
86 Ossowize Wengerze	Joseph von Kori- towski	Bromberg.
87 Noszissin	von Tomicki	
88 Ostrowo Piszin	Uladislaus von Nie- wieszinski	Inowrazlaw. Bromberg.
89 Ostrowo	siehe Wierezbizano	
90 Palczin	von Minuwski	Inowrazlaw.
91 Stadt Pakosch Dombrowo Laski Lankowo Mockro Radlaweck Ribitwy Wielowies	Landschaftsrath von Gerhard	Inowrazlaw.
92 Pieranie	von Slubizki	---
93 Piaski A	von Lubowiezki	---
94 Piaski B	von Limezki	---

Namen der Güter.	Namen der Besitzer.	Name des Kreises.
95 Popowo, Kokoszin, Ostrowo, Orbikowo	Taddäus v. Trzinski	Inowrazlaw.
96 Przylubie	Hofgerichts-Präsident v. Kleist	Bromberg.
97 Przylauke	v. Prznzieckische Geschwister	Bromberg.
98 Radlowo	von Golecki	
99 Radajewice	Eleutrius v. Trzinski	Inowrazlaw.
100 Polanowice, Jankowo, Rucewo, Sokolnicki	von Massau	— —
101 Sukown	von Rakowski	— —
102 Reßnze A, Baranno	von Markowski	— —
103 Reßnze B	von Sluzęki	
104 Reßnze C	von Wobeser	Bromberg.
105 Rzegotki	Johann Busse	Inowrazlaw.
106 Reszino, Reszinno	von Wodzinski	Inowrazlaw.
107 Rucewo, Dobrogoszcz, Krenzoli	v. Plawinskische Erben	Bromberg.
108 Łonkoszin	von Zawadzki	Inowrazlaw.
109 Plawinek	Witwe v. Zawadzka	— —
110 Rusinowo	von Konneska	— —
111 Sadlagocz, Zalesie	Lorenz v. Dzialinski	— —
112 Groß Samoklens, Klein Samoklens	von Goszimirski	Bromberg.

Der Netzdistrict.

Namen der Güter.	Namen der Besitzer.	Name des Kreises.
113 Slaboszewke	siehe Pakosch	Bromberg.
114 Stanomin	von Wolski	Inowrazlaw.
115 Stanomska Wola	von Trebnitz	———
116 Skalmirowice	von Zakrzewski	———
117 Szarly, Gurra, Karszin, Niemojewo, Wittowy, Bozegowice, Buszkowice, Dziernia	von Koszielski	Inowrazlaw.
118 Sziborze, Topolla, Bellino, Oporowke, Deserta, Ionszinek	von Wolski	Inowrazlaw.
119 Sendowo, Sendowke	von Zlottnicki	———
120 Strelitz, Kottomirs	von Moszenski	Bromberg.
121 Sienno	von Wysocki	Bromberg.
122 Siemionke	Rittmeister v. Passau	Inowrazlaw.
123 Sobiejuchi	Sebastian v. Slotnizki	———
124 Sobieszziernik, Pieszisko	von Slubizki	———
125 Suchorens, Suchorenszek	von Poleski	Bromberg.
126 Sluppi, Bonk	Franz von Poleski	Bromberg.

Namen der Güter.	Namen der Besitzer.	Name des Kreises.
127. Stadt Szubin Kowalewo Lachowo Pinsk Rzemieniewice Szaradowo Wolwark Wonsosze Alt Zalesie	Starost von Miezielski	Bromberg.
128 Tarkowo Tarkower Holländer	von Kroszewski	Bromberg.
129 Trzebin	von Cielecki	
130 Terlong	von Zagozewski	Bromberg.
131 Klein Tupadli Przewodzewice	Ignaz von Zaleski	Bromberg.
132 Wiersbiszano Gonski Ostrowo Srubsk	von Schöning	Inowrazlaw.
133 Wierszcholawice	von Wolskische Geschwister	Bromberg.
134 Wierszegewice		
135 Wittowice A	von Zaleski	Bromberg.
136 Wittowice B	von Krzeszinski	Bromberg.
137 Winiez Chwalower Holländer	von Coritowski	Inowrazlaw.
138 Wienslawice A	v. Wolski	Bromberg.
139 Wienslawice B	Franciscanerkloster zu Inowrazlaw	Bromberg.
140 Wierchuszin Trzemiontawke	Ignaz von Lochozki	Bromberg.

Namen der Güter.	Namen der Besitzer.	Name des Kreises.
141 Wonnowo Groß Schittno Klein Schittno	Kammerherr Franz von Chmielewski	Bromberg.
142 Wronowo	Christoph Busse	Bromberg.
143 Zabawnik	von Slabuszewski	Inowrazlaw.
144 Zagazewice	von Biesiekierski	Inowrazlaw.
145 Zagazewiski	von Dzialowska	
146 Mochyln	Marcus von Chmielewski	Bromberg.
147 Rombino	des Königs Majestät	Inowrazlaw.

Die Güter, welche hier auf Einen Namen zusammengeschrieben sind, formiren nicht immer eine Herrschaft, wenn sie nicht bey einander in Einem Kreise liegen, sie sind aber zum Theil zusammengekauft, und gehören jetzt Einem Herrn, können aber wieder getrennet und einzeln verkauft werden, welches auch häufig geschieht. Hievon kommt es, daß nicht völlig 300 Herrschaften und Güter und so viel Gutsbesitzer herauskommen. Wenn man aber jedes Gut einzeln nimmt, so sind beynahe 700 adliche Güter, Städte und Vorwerker im Netzdistrict vorhanden.

Die wirklichen Herrschaften, so aus mehrern Dörfern und Vorwerken, auch zum Theil aus Städten bestehen, sind ansehnlich im Ertrag; denn man kann rechnen, daß bey guter Bewirthschaftung, und ohne die Waldungen, womit beynahe alle Güter reichlich versehen sind, übermäßig anzugreifen,

 1. die Herrschaft Behl gegen   10,000 Thlr.
 2. die Herrschaft Dzembowo, sub n. 9, wozu viel andere Güter geschlagen sind, so der jetzige Eigenthümer besitzet und mit aufgeführt worden, auch 10,000 —

                3. die

3. Die Herrschaft Chodziesen gegen   8500 Thaler.
4. Die Herrschaft Czarnikow mit
   den dazu gehörigen Kruszewer
   Gütern und Smiczkowo   14000 —
5. Die Herrschaft Filehn ohne die
   Herrschaft Drazig oder die polnische Seite   16000 —
6. Die Herrschaft Flatow   22000 —
7. Die Herrschaft Märksch-Friedland   6000 —
8. Die Herrschaft Krojanke   12000 —
9. Die Herrschaft Lobsens mit dem
   dazu gehörigen Gut Rzenskowo   9000 —
10. Die Herrschaft Margonin und
    Labischin   16,000 —
11. Die Herrschaft Samasstezell
    mit den dazu gelegten Gütern   10,000 —
12. Die Königlichen Chatul-Gü-
    ter Schönlanke und Schloppe   10,000 —
13. Die Herrschaft Vandsburg
    und Zempelburg   20,000 —
14. Die Herrschaft Barcin   8000 —
15. Die Herrschaft Mamlitz und
    Rajemo nebst Dombrawke   10,000 —
16. Die Herrschaft Pakosch   8000 —
17. Die Herrschaft Schubin   14000 —
eintragen.

Außer diesen giebt es sehr viel kleinere Herrschaften und Güter, welche gegen vier bis sechs tausend Thaler und noch mehr einbringen. Dahin gehören:

Die Dobrinschen Güter mit Zolendowo.
Die Herrschaft Drazig, Filehnschen Gebiets.
Die Herrschaft Gollanz.
Die Herrschaft Grabowo und Grabionne.

Die Herrschaft Kamnitz.
Die Lieszkower-Güter.
Die Herrschaft Marzdorf.
Die Herrschaft Falmirowo.
Die Herrschaft Runawo.
Die Slupower-Güter.
Die Herrschaft Strelitz.
Die Herrschaft Wallbruch.
Die Herrschaft Wietoslaw.
Die alt Grablaschen Güter.
Die Wiersbizanischen Güter.
Die Herrschaft Kaszkowo.
Die Kobelniaschen Güter

und mehrere andere, welche 100,000 bis 150,000 Thaler werth sind. Wenn mehrere Güter zusammengehören, welche nicht füglich getrennt werden können, so nennt man es einen Schlüssel, und aus mehreren Schlüsseln, oder auch nur aus mehrern Dörfern, erwächst eine Herrschaft. Es stehet aber nicht einem jeden frey, aus mehrern Gütern eine Herrschaft zu formiren, denn hiezu wird ein königlicher Consens erfordert. So wie, wenn die Güter in verschiedenen Kreisen liegen, daraus gar keine Herrschaft gemacht werden kann. Die angeführten Herrschaften aber liegen in Einem Kreise, wenn sie gleich zum Theil aus mehrern Gütern erwachsen sind, und noch nicht sämmtlich zu Herrschaften erhoben worden. Aus den vielen Dorfschaften, woraus die Herrschaften bestehen, ist zu entnehmen, daß es weit vortheilhafter wäre, wenn sie in viel kleine Güter zergliedert würden, weil alsdenn mehr Familien davon leben könnten, und die Güter weit besser cultiviret werden würden. Der Cronesche und Caminsche Kreis zeichnet sich in Ansehung der großen Herrschaften, gegen den Brombergschen und Inowrazlawschen Kreis besonders aus, denn in diesen sind nur vier dergleichen große Herrschaf-

schaften, und in ältern Zeiten sind die Herrschaften in jenen beiden Kreisen noch größer gewesen. So besaß zum Beyspiel der von Poniatowski, des jetzigen Königs von Polen verstorbener Vater, die Herrschaft Czarnikow, Czarnikower-Hammer, Behl, Schönlanke und die Kruszewer Güter zusammen, theilte sie aber im Jahr 1748 und vereinzelte sie in verschiedene Herrschaften. Diese Güter würden jetzt über 25000 Thaler eintragen, wenn sie noch zusammengehörten. Die Familie von Wedel, so den Namen Tuszinski angenommen hatte, besaß viel Jahrhunderte das ganze Tietzsche Gebiete; welches aus der Herrschaft Tietz, Marzdorf, klein Nakel, Dieck, Harmelsdorf und Strahlenberg bestehet, woraus verschiedene Herrschaften und Güter erwachsen.

Die Herrschaft Filehn ist auch getheilt, indem die deutsche Seite dem Prälaten Blankensee und die polnische Seite oder die Herrschaft Drazig dem Fürsten Casimir Sapieha eigenthümlich zugehört. Die Besitzere großer Herrschaften handeln gegen ihr eignes Interesse, wenn sie solche im Ganzen verkaufen, denn es finden sich dazu nicht so viel Mitwerber, als wenn sie solche vereinzeln, und jedes Gut, so sich vom Ganzen trennen lässet, allein verkaufen.

Man wird nicht leicht in einer andern Provinz so viel Gräfliche und so ansehnlich begüterte Familien finden als im Netzdistrict. Denn außer den Gütern, welche des Königs Majestät als Chatulgüter besitzet, ist hier der Fürst Casimir Sapieha, der Reichsgraf von Flotow, der Graf von Swinarski, der Graf von Scholtetzki, der Graf von Potulitzki, der Graf von Skorszewski, der Graf von Grudzinski, zwey Grafen von Rydzinski, die Grafen von Radolinski, der sehr reiche Graf von Mielczinski, die Grafen von Lochotzki, die Grafen von der Golz, der Graf von Grabowski, der Graf von Schmettau

tau und die Grafen von Dzialinski mit ansehnlichen Gütern angesessen, wovon einige noch große Besitzungen in Polen haben. Ueberhaupt sind im Netzdistrict 235 Adliche und begüterte Familien, wovon 28 in Polen, die übrigen aber im Lande wohnen. Indessen ändert sich dis von Jahr zu Jahr, indem einige Güter zusammenschmelzen, andere aber wieder vereinzelt werden. Wie viel deutsche Familien sich seit der Besitznahme in der Provinz ansäßig gemacht haben, ist aus der Tabelle und aus den deutschen Namen zu ersehen. Dis wird von dem hiesigen Abel genug seyn, und kommen wir wieder auf die übrigen Classen der Einwohner.

Geistliche. Die Kloster-Geistlichen haben sehr verlohren, indem sie aufgehört haben Güter-Besitzer zu seyn, denn oben ist schon vorgetragen worden, daß aus ihren Besitzungen die königlichen Aemter erwachsen sind, und ihnen aus der Domänen-Casse eine Competenz gereicht wird. Die Clöster lagen zum Theil in der Provinz, zum Theil aber in Polen, und diese hatten mit jenen gleiches Schicksal. Die Besitzungen des Dom-Capitels zu Gnesen, des Bischofs von Cujavien und Erzbischofs zu Gnesen, und anderer Geistlichen wurden sämmtlich eingezogen. Diese Güter werden jetzt weit besser genutzet, indessen haben die Ordens-Geistlichen dadurch nicht so sehr verlohren, als man glauben möchte, denn sie konnten ihre Güter nicht so hoch nutzen, als sie von der königlichen Cammer genutzet werden. Nur die Contribution ist sehr hoch gesetzet worden, indem sie 50 Procent des Ertrags geben müssen. Die Clöster stehen in dinglichen und persönlichen Sachen unter dem Landesjustiz-Collegio, dem königlichen Hofgericht, in Ansehung der Aufnahme der Geistlichen, Bestätigung und Verwaltung des Closter-Vermögens unter der Regierung, und in Spiritualibus, ihren Ordens-Gelüb-

Gelübden u. s. w. unter dem Provinzial. Die wenigsten Clöster werden sich auf die Dauer halten können, denn ihr Einkommen ist der Anzahl der Closter-Geistlichen und dem jetzigen Zeitalter nicht angemessen, und sie müssen die Zahl einschränken, werden aber kaum die Gebäude in der Folge unterhalten können. Es ist noch zu verwundern, wovon die Bettelmönche jetzt leben, da der Enthusiasmus für das anachoretische Leben mehr und mehr abnimmt. Im Grunde schaffen sie auch keinen Nutzen, und wenn die Verträge es nur erlaubten, wäre es gut, daß alle Bettel-Orden aufgehoben, und statt dessen Schulanstalten errichtet würden.

Die Weltgeistlichen stünden sich sonst in dieser Provinz sehr gut, denn es waren viel Probsteyen, die 1000 bis 2000 Thaler einbrachten. Allein sie haben an ihren Einkünften auch merklich verlohren, ungeachtet ihnen nichts genommen worden. Die catholische Weltgeistlichkeit stehet auch in dinglichen und persönlichen Sachen unter dem Hofgericht, in Ansehung ihrer Bestätigung und Verwaltung der Probsteylichen Güter unter der Regierung, und in Amtssachen und Spiritualibus unter dem Consistorio. Die evangelischen Pfarren sind größtentheils seit der Besitznehmung fundirt, und haben die Geistlichen ihr Forum eben so wie die catholischen Geistlichen unter dem Hofgericht und unter der Regierung, in Amtssachen aber unter dem mit der Regierung verbundenen Consistorio.

Exmirte. Außer dem Adel, worunter auch der nicht ansässige Adel zu verstehen, und außer der Geistlichkeit beider Religionen, bestehen die Exmirten aus den königlichen Officianten, deren Anzahl groß ist. Die Exemtion derselben betrifft blos den Gerichtsstand, weil sie unmittelbar unter dem Landes-Justiz-Collegio stehen.

stehen. In Ansehung ihrer Besitzungen stehen sie unter demjenigen Gericht, worunter das Grundstück liegt.

Bürger. Die Bürger bewohnen entweder königliche oder adliche Städte. Die königlichen Städte haben entweder ihre eigene Stadtgerichte, wohin Bromberg, Inowrazlaw, Deutsch-Crone und Jastro gehören, welche die größten Städte in der Provinz sind, oder sie sind mit den Kreisgerichten verbunden, haben aber ihre eigene Stadtgerichte. Die adlichen Städte haben keine Jurisdiction, sondern stehen unter dem Patrimonial-Gericht der Grundherrschaft, wovon in der Folge mehr geredet werden wird. Die Bürger in den Städten, außer den vielen Juden, sind größtentheils deutschen Ursprungs.

Bauren. Der Bauren-Stand ist der weitläuftigste, und ihre Rechte sind verschieden. Es giebt hier, wie schon vorhin erwähnt worden, Unterthanen, Schaarwerks- oder polnische Bauren, welches dem Anschein nach die alte ursprüngliche Nation ist. Diese haben nichts eignes, alles gehört der Grundherrschaft, die Höfe mit allen Gebäuden sowol als die Inventaria, und ihre Pflichten bestehen darin, daß sie der Grundherrschaft ihre Vorwerke bauen, das Getreide einscheuren, dreschen und verfahren müssen. Gefälle geben die wenigsten, sie müssen blos dienen. Nach polnischer Verfassung sind es Knechte, die Herrschaft kann sie ab- und ansetzen, kann sie auf andere Güter etabliren, kann ihre Höfe größer und kleiner machen, kann über ihren Einschnitt und ihr Inventarium disponiren, wie sie will, denn es tritt die Regel ein, quicquid acquirit, acquirit domino. Indessen würde ein Gutsherr sich selbst schaden, wenn er seine Bauren ruinirte, weil alsdenn seine Vorwerke liegen bleiben, und er keine Dienste von ihnen hat. Daher findet man wenig Beyspiele, daß die

Grundherrschaften von ihren Rechten Gebrauch machen. Dagegen aber standen in polnischen Zeiten diese Bauren beständig unter dem Kantschuh oder Peitsche, wenn sie dienten, und waren von den Negers in Westindien wenig unterschieden, welches auch noch jetzt unter grausamen und unmenschlichen Herrschaften, Pächtern und Wirthschaftern hin und wieder stattfinden mag, jedoch denkt der polnische Adel jetzt größtentheils menschlich, und sucht den unglücklichen Bauren ihr Schicksal erträglich zu machen. Seit Preußischer Besitznehmung hat sich dies im Netzdistrict so wie in ganz Westpreußen sehr geändert; denn da die Bauren ohne Unterscheid dem Enrolement unterworfen sind, und zu den öffentlichen Landeslasten beytragen müssen, haben sie Rechte der Staatsbürger erhalten, und sind der Disposition des Adels nicht unbedingt unterworfen, die Grundherrschaft kann sie nicht willkührlich ihrer Höfe entsetzen, kann sie nicht auf andere Güter bringen, ihnen nicht nehmen was sie außer dem Inventario besitzen; dies ist ihr Eigenthum, worüber sie disponiren können; mishandeln und schlagen ist aufs schärfste verboten, wenn gleich bey den Dienstverrichtungen Zwang seyn muß, und wenn ein Bauer widerspenstig ist, derselbe eine wichtige Züchtigung zu erwarten hat. Sonst aber haben die Bauren in ordinären Rechtssachen sowol als über Gewaltthätigkeiten und Bedrückungen gegen die Grundherrschaften zu klagen Befugniß, und finden rechtliches Gehör. Diese Classe von Bauren aber ist so an die Knechtschaft gewöhnt, daß man fast kein Beyspiel hat, wo einer gegen seine Grundherrschaft klagbar geworden, und so lange es von diesen nicht zu arg gemacht wird, müssen dergleichen Klagen nicht begünstiget werden, weil durch Widerspenstigkeit die Landes-Cultur zu sehr leidet. Der Dienstzwang kann auch ohne großen Schaden der Grundherrschaften nicht ganz abgeschafft werden, und die polnischen

Bau-

Bauren sind in ihren sclavischen Stand so verliebt, daß sie selten eine Aenderung verlangen, denn es gefällt ihnen, daß diese ihnen alles geben muß, was sie nöthig haben, Häuser, Vieh, Saat und Brodkorn, wenn es erfordert wird, und Feurung. Müssen sie weite Reisen thun, so nehmen sie die Futterung mit, und wenn sie mit ihrer Erndte nicht auskommen, schießet die Grundherrschaft vor, oder giebt es ihnen ohnentgeldlich; fällt ein Pferd oder Ochse, und der Bauer kann es selbst nicht wieder anschaffen, so muß die Herrschaft es ihm geben, wenn sie Dienste von ihm haben will, und der Bauer siehet einen solchen Unglücksfall gern, weil er alsdenn mit den Dienst übersehen wird. Diese Verfassung macht die polnischen Bauren so sorglos, daß sich die meisten für glücklich schätzen, weil sie das Dienen nicht achten, zum Arbeiten gebohren sind, und von Freyheit keinen Begriff haben. Allein die militärische Einrichtung wird mit der Zeit schon einen andern Geist in sie bringen, denn da sie dem Enrollement unterworfen sind, und in andere Provinzen kommen, wo sie Freyheit sehen, lernen sie aus einem andern Ton reden, wenn sie zu Hause kommen.

Eine andere Gattung von Bauren sind die sogenannten Contracts-Bauren, welche keine Unterthanen sind, indessen auch bestimmte Dienste leisten müssen. Diese unterscheiden sich wieder dadurch, daß bey einigen blos die Unterthänigkeit aufgehoben ist, die Höfe mit den Gebäuden und Inventario ihnen gegen bestimmte Dienste und Prästanda übergeben worden, sie aber nicht nach Willkühr verziehen können, die Gebäude und Inventarium aus eigenen Mitteln unterhalten müssen, wozu ihnen die Grundherrschaft das benöthigte Bau- und Geschirrholz reicht, wenn sie aber ihre Pflichten nicht erfüllen, der Höfe durch Urtheil und Recht entsetzet wer-

werden können. Ihr Contract ist eigentlich immerwährend, was sie erwerben, gehört ihnen eigenthümlich, es findet eine ordentliche Erbfolge nach Grundsätzen bey ihnen statt, so daß der älteste oder jüngste Sohn dem Vater succedirt, und der Herr nicht befugt ist, einem von den Kindern den Hof zu geben, und den rechten Erben davon auszuschließen, es sey denn daß er untauglich ist. Die übrigen Kinder werden ordentlich abgefunden, und es wird eine Erbtheilung zugelegt, bey den Schaarwerks- oder polnischen Bauren hängt dies mehr von dem Grundherrn ab, und findet mehr Willkühr statt. Andere hingegen haben einen bestimmten Contract auf gewisse Jahre, und wenn diese um sind, können sie verziehen, ihr Recht an den Baurenhof hört auf, und sie können nicht gezwungen werden zu bleiben. Diese Bauren haben entweder herrschaftliche Gebäude und Inventarium, so sie zurücklassen müssen, und nur ihr Super-Inventarium, und was sie erworben haben, mitnehmen, oder es gehört auch das Inventarium den Bauren, ja bisweilen auch gar die Gebäude, so ihnen bezahlt werden muß, wenn sie abziehen, welches jedoch selten der Fall ist. In den Königlichen Aemtern ist die Knechtschaft ganz abgeschafft, die Bauren haben Königliche Gebäude und Inventarien-Stücke, diese müssen sie im Stande erhalten, alles übrige ist ihr Eigenthum, und können es mitnehmen, oder sie müssen von neuem contrahiren. Einige Herrschaften nehmen auch ein gewisses Einkaufs-Geld, und übergeben ihnen die Höfe mit den Gebäuden und Inventarien-Stücken auf bestimmte Jahre, und wenn diese abgelaufen sind, wird entweder von neuem contrahirt, die Pflichten bestimmt und von neuem ein Einkaufs-Geld bezahlt, oder sie ziehen ab mit Zurücklassung der Gebäude und des Inventarii. Ueberhaupt sind in der Provinz 10,669 freye,

Schaar-

Schaarwerks- und halb Bauern, 2873 Kossäten und 4926 los-, Instleute und Einlieger.

In den meisten Gütern und Dörfern sind Freyschulzen, welche weit größere Höfe als die Bauren besitzen, und vom Dienst frey sind, dagegen aber einige geringe Prästanda leisten müssen. Die Freyschulzen waren in ältern polnischen Zeiten Dorf-Richter, und hatten aus der Zahl der Bauren ein paar Gerichtsmänner zur Seite, welche gewählt und vom Grundherrn bestätiget wurden. Dis nannte man Schulzen und Gericht, sie schlichteten die Streitigkeiten der Bauren unter sich, erkannten, und straften, jedoch selten an Gelde, sondern an Bier, der Straffällige mußte eine ganze, halbe, oder viertel Tonne geben, ferner legten sie Erbtheilungen unter den Kindern der Bauren an, regulirten Vormundschaften, setzten die Alters halber unvermögenden Bauren auf Leibzucht, und bestimmten ihren Altentheil, schlichteten Gränz-Streitigkeiten der Bauren unter sich, wenn einer dem andern zu nahe gekommen, seinen Zaun zu weit ausgesetzet, die Gränzen verpflüget, oder sonst seinen Nachbar gekränket hatte. Es war das Polizey-Collegium des Dorfs, sie mußten auf Ordnung sehen, einen jeden zu seiner Pflicht anhalten, die herrschaftlichen Befehle bekannt machen und zur Ausübung bringen. Stand der Freyschulz mit dem Grundherrn in gutem Vernehmen, und hatte sich dessen Zutrauen erworben, so hatte er viel Authorität im Dorfe, und die Bauren fürchteten ihn mehr als den Grundherrn selbst, denn alles erwuchs durch ihn an die Grundherrschaft, welche sich mit den Bauren nicht abgab. Waren sie mit dem Ausspruch des Freyschulzen und der Gerichtsmänner nicht zufrieden, so appellirten sie gleichsam an die Grundherrschaft; weil diese aber keine Justiziarien hielt, und es ihr gewöhnlich an Einsicht fehlte, oder sie
sich

sich nicht die Mühe geben wollte, es selbst zu untersuchen, blieb es die meiste Zeit bey dem Erkenntniß des Schulzen und Gerichts. Die Dörfer hatten auch ihr eignes Jus statutarium, wornach verfahren wurde, und da die Schulzen zwey Assessoren hatten, konnten sie nicht leicht nach Willkühr verfahren, und ging es so ziemlich ordentlich dabey her. In einigen Dörfern war auch der Gebrauch, daß die Schulzen von den Bauren die Abgaben erheben und an die Grundherrschaft abliefern mußten, in der Regel aber war dis mit ihrem Amt nicht verbunden, sie mußten nur auf Ordnung und Ruhe im Dorfe halten, auf gute Wirthschaft der Bauren Achtung geben, sie allenfalls der Höfe entsetzen, und einen guten Wirth wieder ansetzen, damit der Dienst nicht leide, die Bauren zum Dienst bestellen, sie zusammenberufen, ihnen die herrschaftlichen Befehle bekannt machen, und vollziehen, wie es auch in andern Ländern mit den Dorf-Schulzen gebräuchlich ist. Die meisten Schulzen sind freye Leute und Deutsche, welches wol daher rührt, weil ein Schulz etwas schreiben muß, unter den Polen aber selten ein Bauer es so weit bringt, daß er seinen Namen schreiben kann, und überhaupt so stupide ist, daß nichts damit anzufangen.

Diese Deutschen ließen sich von der Herrschaft zum Theil vortreffliche Privilegien geben, sie vergrößerten ihre Höfe nach und nach, ließen sich solche nebst dem Schulzen-Amt erblich verleihen, gaben nur was geringes an die Herrschaft, erhielten freyes Bau- und Brennholz, konnten sich zu ihrem eigenen Bedarf Bier brauen, einige hatten sogar freye Fischerey in den Gewässern des Dorfs, sie konnten verziehen, wenn sie wollten, und ihre Höfe verkaufen. Diese Verfassung hat sich in den meisten Dörfern geändert, die Freyschulzen besitzen noch ihre Höfe mit den ihnen anklebenden Rechten und Gerechrechtigkeiten erblich, thun aber nichts dafür, denn es wird in den meisten Dörfern außer dem Frey-Schulzen noch ein Dorf-Schulz gewählt, und von der Grundherrschaft oder vom Amt bestätiget, weil die Bauren, welche auf die vielen Freyheiten der Frey-Schulzen eifersüchtig sind, Mistrauen hegen und sich von ihnen nicht befehlen lassen wollen, glauben, daß sie parteyisch wären, und daß sie besser fahren würden, wenn sie einen Dorf-Schulzen aus ihrem Mittel wählen. Dadurch haben die meisten Schulzen ihr Schulzen-Amt verlohren, das Beste aber, nemlich die freyen Höfe, ist ihnen geblieben, sie tragen nichts zu den Dorfslasten bey, geben wenig an die Grundherrschaft, und die öffentlichen Gefälle sind auch geringe. Die Schulzen-Gerichte, so wie sie ehedessen in Polen beschaffen waren, haben ganz aufgehört, seitdem eine ordentliche Patrimonial-Justiz-Pflege angelegt worden. Jetzt sind die Frey-Schulzen mittelbare freye Guthsbesitzer in den königlichen und adlichen Dörfern geworden, formiren einen besondern Stand oder Classe, verheirathen sich unter einander, sind größtentheils vermögend, und da sie über ihre Höfe frey disponiren können, wird ein solches Schulzen-Gut, nachdem es groß oder mit vielen Privilegien begabt ist, für 4 bis 8000 Thaler verkauft. Viel Frey-Schulzen haben sich große Privilegien zu erwerben gewußt, zum Beyspiel freye Holzungs-Gerechtigkeit in den herrschaftlichen Wäldern, sowol zum Brennen als zum Bauen, für sich und ihre Leute, freye Hütung in den Wäldern, und die Erlaubniß, eine gewisse Anzahl Schaafe zu halten, das Recht der Fischerey in gewissen Bezirken, die Erlaubniß Bier zu brauen und Branntwein zu brennen zu eignem Bedarf u. s. w. Ihre Höfe sind an Saatländereyen gewöhnlich noch einmal so groß, als die der größten Bauren, und halten zwey, auch noch mehr Hufen Culmsch in jedem Felde. Diese großen und zum

Theil

Theil in Ansehung der Holzungs-Gerechtigkeit den Grundherrschaften lästigfallenden Privilegien, haben diese eifersüchtig gemacht, und es entstehen hierüber von Zeit zu Zeit kostbare Processe, denn mancher Frey-Schulz kann besser leben als ein kleiner Edelmann, indessen sind sie der Patrimonial-Gerichtbarkeit eben so gut als die übrigen Bauren unterworfen. Die Zahl der sämtlichen Frey-Schulzen in der Provinz beläuft sich auf 355.

Eine andere Art von freyen Bauren sind die deutschen Emphyteuten, deren Anzahl nicht geringe ist. Im vorigen und im Anfang dieses Jahrhunderts müssen Pest und Krieg die Menschen in dieser Provinz, so wie in ganz Polen, gewaltig aufgerieben haben. Die Deutschen sind daher haufenweise eingewandert, und haben die von Polen verlassene oder ausgestorbene Dörfer nach schriftlichen Contracten, welche sie Privilegien nennen, auf beständig oder auf bestimmte Jahre, die meiste Zeit auf 40 Jahre übernommen. Den Herrschaften muß damals sehr damit gedient gewesen seyn, Leute zu bekommen, welches man aus den emphyteutischen Contracten einsehen kann. Selten nahmen die deutschen Bauren einzelne Höfe, sondern es mußte ihnen ein ganzes Dorf eingeräumt werden, damit sie eine Commune ausmachten. Die Herrschaften nahmen daher aus den Dörfern, wo noch polnische Unterthanen waren, solche weg, wiesen ihnen anderwärts in den Gütern Höfe an, und verliehen das ganze Dorf den sich meldenden Deutschen. Oft erhielt nur einer oder ein paar Deutsche ein ganzes Dorf, mit der Erlaubniß mehrere Familien anzusetzen, und hieraus erwuchsen viel und zum Theil große deutsche Colonien, welche jetzt die größten Dörfer sind. Theils weil die Zeitumstände keine größere Abgaben erlaubten, theils aber um die Deutschen anzulocken, wurden die

Dienste und Abgaben sehr geringe gesetzt, und begingen die Herrschaften hieben den Fehler, daß sie die Abgaben größtentheils in baarem Gelde bestimmten. Hätten sie selbige in Naturalien vestgesetzt, so würden sie jedem Zeitalter angemessen seyn, nun aber stehen sie mit den Höfen in keinem Verhältniß, denn mit einem Thaler kann man jetzt kaum so viel ausrichten, als vor hundert Jahren mit einem polnischen Gulden. Die Herrschaften sahen dis zu spät ein, wenn daher ein Grundherr starb, war der Gebrauch, daß sein Erbfolger die Privilegien und Contracte bestätigte, eine Aenderung zum Nachtheil der Bauren war in der Regel nicht zulässig, es wurden ihnen aber andere Contracte aufgedrungen, und hierin andere und mehrere Pflichten bestimmt. Dis waren Bedrückungen, die Bauren aber konnten nicht leicht Recht erhalten, mußten der Gewalt nachgeben, und prästiren was ihnen auferlegt wurde, wenn sie nicht ihre Besitzungen verlieren, und weggejagt werden wollten. Wie nun durch die Preußische Besitznehmung ihre Rechte hergestellet wurden, sind hierüber viel kostbare Processe entstanden, wobey einige Herrschaften ansehnlich verlohren, indem ihnen die mit Gewalt den Bauren aufgedrungene Abgaben aberkannt, und diese nach den ersten Contracten bestimmt wurden. Sind die in dem Contract bestimmten Jahre abgelaufen, so müssen sich die Bauren gefallen lassen, von neuem zu contrahiren, oder sie müssen abziehen. Diese emphyteutischen Bauren sind freyen Standes, haben zum Theil eigene Häuser und Gebäude, und eignes Inventarium, so sie mitnehmen können, es fällt der Herrschaft schwer sie zu vertreiben, diese darf keine Familien eingehen lassen, darf die Höfe nicht zu Vorwerken machen, lässet sich daher gewöhnlich neues Einkaufs-Geld geben, und continuirt den Erbpachts-Contract unter gewissen Einschränkungen. Uneigentlich werden diese Bauren Emphyteuten genannt, denn die

Natur

Natur des emphytentischen Contracts bringt es mit sich, daß dem Emphyteuten nicht urbare Gründe sub lege meliorationis gegen einen gewissen Canon auf beständig verliehen werden. Diese Bauren aber haben schon urbare Aecker, gewöhnlich auf bestimmte Jahre gegen gewisse Abgaben erhalten, und es ist daher vielmehr als ein Contractus colonarius ad longum tempus anzusehen; wirkliche Emphyteuten giebt es wenig, außer denen, welche in Preußischen Zeiten in den Wäldern oder im Netzbruch angesetzet worden.

Mit diesen Bauren haben die sogenannten Holländer viel Aehnlichkeit, welchen schon in polnischen Zeiten, noch mehr aber in preußischen Zeiten, nicht urbare Gründe, größtentheils Brücher, gegen gewisse Abgaben eingeräumt worden. Diese sind auch freyen Standes und deutschen Ursprungs, haben kleine Höfe, und zum Theil besitzen sie solche erblich, die Gebäude und das Inventarium gehört ihnen eigen, zum Theil aber haben sie die Höfe nur auf bestimmte Jahre. Gewöhnlich gab die Herrschaft ihnen das Holz zum Aufbau der Gebäude aus ihren Waldungen unentgeldlich, bestimmte leidliche Abgaben, und accordirte ihnen einige Freyjahre. Vorzüglich legen sich diese Leute auf Viehzucht, weil die Brücher am besten zu Wiesen aptirt werden können, und daher haben sie den Namen Holländer erhalten. Diese Leute stehen sich hin und wieder auch gut, ihre Abgaben können nicht erhöhet werden, und sie sind eigentlich, da bey den meisten die Jahre nicht bestimmt sind, Emphyteuten. Auch in den Wäldern sind hin und wieder Wohnungen angelegt worden, welche Pustkarien oder Bütner Wohnungen genannt werden, und mit den Holländereyen viel Aehnlichkeit haben. Diese sind gewöhnlich auch Deutsche und freyen Standes, formiren hin und wieder ganze Dörfer, und sind zahlreich.

Endlich kommen wir auf die Colonisten, welche größtentheils in den Königlichen Domänen-Aemtern seit Preußischer Besitznehmung angesetzt worden. Hierauf hat die Landes-Regierung vorzüglich ihr Augenmerk gerichtet, denn es sind angesetzet:

in den Städten 506 Bürger, deren Seelenzahl jetzt beträgt   1478

auf dem Lande 151 Bauren und Koßäten, deren Zahl jetzt beträgt   563

an Reichs-Colonisten sind angesetzt 561 Familien, deren Seelen-Zahl beträgt   2588

mithin sind angesetzt 1218 Familien, welche 4629 Seelen betragen. Diese haben ins Land gebracht 67,285 Thaler, 432 Pferde, 964 Stück Rindvieh, 3311 Schaafe, und 610 Schweine. Außer diesen sind 91 Familien Einländer mit 368 Personen als Colonisten angesetzt. Ob es mit dem Eingebrachten so ganz richtig, lässet der Verfasser dahin gestellet seyn. Zuverlässig aber ist es, daß die Ansetzung dieser Colonisten dem König über 180,000 Thaler gekostet hat. Diese Colonisten sind auch deutschen Ursprungs, und die Landesregierung hat durch sie theils etwas entfernt gelegene Vorwerke oder wüste Gründe anbauen lassen. Sie sind aus allen Gegenden von Deutschland hergeholt, haben Reisegelder erhalten, es sind ihnen Häuser gebauet, Inventarien-Stücke geschenkt, Freyjahre accordiret, ihre Abgaben geringe bestimmt. Da sie aber aus entfernten Gegenden, größtentheils vom Rhein und Oberdeutschland gekommen, wo ein ander Clima und eine andere Landes-Cultur herrscht, haben sich viele davon wieder verlaufen, demohngeachtet aber ist im Ganzen die Bevölkerung dadurch merklich befördert worden. Die ersten Colonisten werden selten auf den Höfen fertig, ihre Nachkommen aber erhalten sich, denn wenn sie auch ihre ersten Colonien verlassen,

so

so setzen sie sich doch anderwärts wieder an. Anfänglich wollte der König nichts als ausländische Colonisten, vorzüglich Reichs- und Rheinländer haben, er bezeigte eine Vorliebe gegen diese Nationen, jetzt wird aber so genau nicht mehr darauf gesehen, ob die sich als Colonisten meldende Leute wirklich Ausländer sind. Die Einländer genießen eben die Privilegien, und es werden viel Familien auf die Art mit weit besserm Effect angesetzt. Ohnstreitig wird der Zweck eher erreichet, wenn nicht so genau darauf gesehen wird, ob es wirklich Ausländer sind, denn der Staat gewinnet doch immer Familien, und zwar solche, die an das Clima und an die Landes-Cultur gewohnt sind, von den Ihrigen Unterstützung haben, und sich fortpflanzen. Wenn man die Eingebohrnen und die in den benachbarten Provinzen wohnende ledige Leute von den Vorzügen der Colonisten ausschließet, erhält man größtentheils ausländische Bettler, und die ledigen Leute in der Provinz, oder in der Nachbarschaft, welchen die Gelegenheit sich ansässig zu machen fehlt, gehen außer Landes und versuchen ihr Glück anderwärts, mithin verliert der Staat dadurch doppelt, was er durch Ansetzung auswärtiger Colonisten zu gewinnen hofft. Der Trieb was eignes zu besitzen ist so groß, daß, wenn einer Hoffnung hat, diesen Trieb zu befriedigen, er an dem Ort bleibt, und sein eingebildetes Glück mit einer Gattin theilt; wenn er aber keine Hoffnung hat, seinen Trieb zu befriedigen, sucht er die Erfüllung seiner Wünsche in einer andern Gegend. Nichts bindet einen Staatsbürger stärker, als Weib und Kind und ein eigner Heerd; die Gelegenheit bis zu erhalten, muß bey allen Ständen befördert werden, hier liegt ein wahres National-Interesse zum Grunde. Die jungen Bäurinnen wollen gern Männer, und die jungen Bauren wollen gern Weiber haben, dem Staat ist damit gedient, daß sie ihren Zweck erreichen, damit sie Kinder zeugen, den Staat innerlich verstärken, und die Glückseligkeit genießen, welche ihr Ziel ist. Der Natur-Trieb ist mächtig, und es gehört in der That nicht viel dazu, diesen Trieb zu befriedigen, denn dergleichen Menschen haben nicht viel Bedürfnisse. Ein paar Morgen Acker und Wiesen, eine Hütte, ein Bette und eine Kuh gründen eine ganze Familie, und machen sie oft unaussprechlich glücklich. Der ganze Aufwand bestehet in 80 bis 100 Thaler, denn in einem Lande, welches noch so wenig wie der Meßdistrict bevölkert ist, sind einige Morgen Acker ein unbedeutender Gegenstand, und nach der Güte des Bodens gewähren sie doch einer ganzen Familie den Unterhalt, weil es nicht an Arbeit und Verdienst fehlt. Hundert Thaler ist aber ein großer Gegenstand für ein paar junge Leute, die nichts haben; lassen sie sich ohne Unterstützung in eine eheliche Verbindung ein, so bleiben sie Zeitlebens in dürftigen Umständen, und werden zuletzt Bettler. Man verstärke aber den Colonisten-Fond, theile jährlich eine bestimmte Morgen-Zahl wüster Gründe unter dergleichen junge Leute aus, baue ihnen ein Haus, oder vors erste eine Hütte, gebe ihnen ein Bette, eine Kuh, ein Schwein, nebst einigem Federvieh, schaffe ihnen die benöthigten Geräthschaften zu der Lebensart, so sie treiben, und verwende für jede Familie 100 Thaler, so ist sie fundirt und wird sich gewiß erhalten. Dis muß von weit besserm Effect seyn, als aus entfernten Gegenden mit schweren Kosten Colonisten in die Provinz zu ziehen, die ganz fremd sind, und sich weder an das Clima, noch an die hiesige Landwirthschaft gewöhnen können. Der Reichs- und Rheinländer redet beständig vom Weinbau, welcher hier nicht getrieben werden kann, er hat als Fremder nicht die geringste Unterstützung, statt dessen ein angehendes Ehepaar aus der Provinz von seinen Verwandten und Freunden Beystand zu hoffen hat, welche eine Familie nicht leicht zu Grunde werden gehen lassen.

Ein

Ein jährlicher Fond von 10,000 Thaler würde hinreichend seyn, jährlich 100 Familien ansäßig zu machen, und die Bevölkerung würde sehr dadurch gewinnen. Der Netzbruch bietet ein weites Feld dar, zur Ansetzung vieler tausend Familien, und wenn es auch in den adlichen Gütern geschähe, würde der Staat dadurch unendlich gewinnen.

Endlich giebt es noch im Netzdistrict zwo Classen von Menschen, welche sich fast in allen Ländern von den übrigen absondern, und zwo besondere Casten formiren. Dis sind die Müller und Schäfer.

Die meisten Mühlen sind auf eine der Grundherrschaft lästige Art in Erbpacht ausgethan, aller Vortheil ist auf Seiten der Müller, und aller Schaden auf Seiten der Grundherrschaft. Sie geben einen gewissen Mühlenzins, gewöhnlich an Getreide, und mahlen das herrschaftliche Getreide frey. Diese Abgabe kann nicht erhöhet werden, wenn gleich die Mahlgäste, bey der allgemein zunehmenden Volksmenge, sich von Zeit zu Zeit vermehren. Die Grundherrschaft muß ihnen gewöhnlich das Holz zur Unterhaltung der Mühle unentgeldlich verabfolgen lassen, dis ist jetzt im Werth ungemein gestiegen, und die Mühlen kosten wegen des stärkern Gebrauchs jetzt ungleich mehr zu unterhalten als ehedem, der Canon aber bleibt sich gleich. Außerdem haben die Müller gewöhnlich noch andere stattliche Privilegien, welche der Herrschaft lästig fallen, und ihr Wohlstand hat diese eifersüchtig gemacht, daher auch mit den Müllern viel kostbare Processe entstehen. Die Müller haben eine besondere Innung, formiren eine Caste, und verheirathen sich gewöhnlich unter einander, sind auch größtentheils deutschen Ursprungs.

Mit den Schäfern hat es beynahe eine gleiche Bewandtniß. Sie haben unter sich besondere Gesetze und Gewohnheiten, wovon sie nicht abweichen, und welche den Grundherrschaften oft äußerst schädlich sind. Die Schäfer-Ordnungen haben die eingeschlichenen Misbräuche nicht völlig abgestellet, sie halten ihre eigene Heerden, und bezahlen der Herrschaft für jedes Schaaf was gewisses, außer diesem hat die Grundherrschaft den Dünger und der Schäfer den ganzen Nutzen der Heerde. Die Herrschaft muß dem Schäfer freye Wohnung, Deputat, Feurung und die Winter-Futterung geben, und wenn man alles zu Gelde berechnet, haben die Grundherrschaften von den Schäfereyen beynahe gar nichts. Wollte ein Grundherr sich eine eigene Heerde auf seine Gefahr halten und einen Schäfer gegen Lohn und Deputat annehmen, so würde er nicht damit durchkommen, denn es dient kein Schäfer für Lohn und Deputat die Herrschaft läuft Gefahr die ganze Heerde zu verlieren, eine solche Verbindung herrscht unter den Schäfern. Wenn einer ja eigene Schaafe halten will, muß er sein Interesse mit der Interesse des Schäfers zu verbinden suchen, und diesem erlauben, daß er seine eigene Heerde dabey halte. Hiebey aber tritt die gewöhnliche Schäfer-Betrügerey ein, daß die Schäfer immer die besten Schaafe haben, und wenn was stirbt, solches gewöhnlich die Herrschaft trifft. Das beste Mittel, dieser Betrügerey Einhalt zu thun, ist dieses, wenn der Schäfer keine bestimmte Schaafe hat, sondern ihm ein gewisser intellectueller Antheil der Heerde zugehört, mithin die Herrschaft und der Schäfer den Schaden nach dem Verhältniß des davon habenden Antheils tragen, den Gewinnst der Wolle und der zu verkaufenden Schaafe aber verhältnißmäßig theilen. Allein hierauf wollen sich die Schäfer nicht einlassen, und es hält schwer eine andere Ordnung einzuführen. Die Schäfereyen sind hier be-

beträchtlich, und die Wolle kommt hin und wieder beynahe der Schlesischen gleich, ist aber sehr verschieden. Die Schäfer sind zum Theil wohlhabend, und auch größtentheils deutschen Ursprungs.

Die Judenschaft ist zahlreich, wie aus den Tabellen zu ersehen, und es sind sicher noch einmal so viel Juden in der Provinz, als aufgeführt werden. Eigentlich sollen nur 165 ordinaire, 367 extraordinaire, 258 publike Bedienten, 104 Professionisten, 390 abgelebte Leute, 116 Toleranden, und 180 Emigranten; überhaupt 1646 Familien in der Provinz seyn, welche im Jahr 1788 überhaupt 7428 Seelen enthielten. Allein es ist nicht zu vermeiden, daß sich nicht mehr Juden einschleichen. Alle diese Juden leben größtentheils vom schachern, und sie sind in gewisser Rücksicht nützlich, denn sie laufen auf dem platten Lande herum, kaufen Waaren auf, wozu sie privilegirt sind, und sammlen Materialien, welche hernach im Großen versandt werden. Im Grunde aber leben sie vom Publico, ohne zu arbeiten. Die bemittelten Juden treiben Handel nach Polen, und es ist zu verwundern, wovon die vielen Juden, deren Zahl sich in vielen Städten auf einige hundert beläuft, leben; da ihr Verkehr nicht beträchtlich ist. Zum Besten der Juden wird jetzt sehr viel geschrieben, und man ist in vielen Ländern geneigt, ihnen mehr Rechte und Freyheiten einzuräumen. Es wäre auch zu wünschen, daß es ohne Nachtheil geschehen könnte, Allein es scheint, daß diese Nation noch nicht reif dazu ist. Die meisten Schriftsteller, welche sich ihrer in den öffentlichen Schutz-Schriften angenommen haben, scheinen die ganze Judenschaft nach dem aufgeklärtesten Theil dieser Nation beurtheilet zu haben, welcher beynahe mit dem heutigen Christenthum in der Denkungsart zusammenfließet. Allein dis ist nicht richtig, denn der größte Theil der Juden denkt noch immer jüdisch, sie halten sich noch immer

mer für ein auserwähltes Volk Gottes, auf welchem die Strafruthe des Himmels ruhet, sie glauben, daß sie besser als alle andere Menschen seyn, und daß sie dereinst über den ganzen Erdboden herrschen werden. Sie sind Jahrhunderte und Jahrtausende unter dem Druck erhalten worden, wollte man ihnen jetzt auf einmal alle Rechte anderer Staatsbürger einräumen, so würden sie glauben, daß der Zeitpunct ihrer Erlösung eintrete, sie würden sich über die Christen erheben, die besten Erwerbszweige an sich ziehen, sich selbst in die Staatsverwaltung eindringen, und es wäre viel Nachtheil daraus zu befürchten. Sie haben einen Religionshaß, welchen sie nähren, und so sehr sie sich auch unter einander beneiden und oft verfolgen, so sehr halten sie zusammen, wenn es auf das Ganze und auf die Erweiterung ihrer Rechte angesehen ist. Ihre Denkungsart ist von derjenigen der Christen ganz verschieden, sie sind ihren Religionsgebräuchen getreuer, als wie sie noch im gelobten Lande wohnten, sie wollen nicht arbeiten, scheuen alle Anstrengung ihrer natürlichen Kräfte, sind rachsüchtig, und ihre Denkungsart passet nicht in die gegenwärtige Staatsverfassung. Man müßte sie daher erst den Christen zu nähern suchen, ihnen nach und nach erlauben christliche Nahrung zu treiben, zum Beyspiel Ackerbau und schwere Handwerke, und die dis thäten, denen müßte man die Rechte der Christen angedeihen lassen, man müßte die Ehen zwischen Juden und Christen zu begünstigen suchen, und auf die Art nicht auf einmal, sondern nach und nach den Zusammenfluß beider Religionen zu befördern suchen. Intoleranz taugt nichts, allein wenn man einer Jahrhunderte lang unterdrückten Religions-Parten auf einmal alle Rechte der herrschenden einräumt, so sucht sie sich für die erlittenen Bedrückungen zu rächen, es steift ihre Grundsätze, und beide Theile entfernen sich noch weiter in ihrer Denkungsart. Könnte man nur erst soviel bewirwirken, daß sich Juden und Christen unter einander heiratheten, so würde sich der Unterschied bald verlieren. Der Unterricht der Jugend ist hauptsächlich an allen Religions-Spaltungen schuld, und so lange dieser keine Abänderung leidet, ist an keine gründliche Vereinigung zu denken.

Dis leitet uns auf eine wichtige Materie, welche allgemein beherziget zu werden verdient, nemlich die Erziehung und Bildung der Menschen. Ein jeder rechtschaffener Weltbürger, dem es um das Wohl und Glück der Menschheit zu thun ist, wird gestehen, daß es beynahe keinen wichtigern Gegenstand giebt, denn die Erziehung und Bildung der Menschen ist die Quelle von Glück und Unglück. Es ist daher unbegreiflich, warum bisher so wenig an Vervollkommnung der Erziehungsanstalten gearbeitet worden. Man will gute und tugendhafte Bürger im Staat haben, man moralisirt, man giebt weise Gesetze, legt Schulen und Kirchen an, besoldet eine ganze Schaar von Priestern und Leviten, und verfehlt doch den Zweck, den Menschen ihre Pflichten zur rechten Zeit bekannt zu machen, und sie zu guten Bürgern zu bilden. Würde dis nicht versäumt, so würden viel Gesetze überflüssig seyn, und man würde vielleicht Verbrechen nicht kennen, welche man mit unmenschlicher Strenge bestrafen muß. Die ganze bisherige Erziehung der Menschen taugt in ihrer Grundlage nichts, sie wird verkehrt angefangen, man beginnet mit Unterricht, womit man aufhören sollte, spricht den Kindern, wenn sie kaum lallen können, unverständliche Dinge vor, so sie lernen sollen, und verschweigt ihnen, was sie begreifen können, und ihnen nützlich wäre. Man schöpft aus unrechten Quellen, spielt einen Prometheus, der das Licht vom Himmel stahl,

Abhandlung vom Unterricht der Jugend und von Schul-Anstalten.

und

und lässet unbenutzt, was uns der gütige Schöpfer so reichlich verliehen hat, nemlich die gesunde Vernunft, dis unschätzbare Kleinod. Es fehlt uns ganz an einem Lehrbuch, wornach der Unterricht eingerichtet werden sollte, man quälet Kinder mit metaphysischen Begriffen, welche nicht faßlich und nicht zu begreifen sind, wobey einem Professor und Doctor der Theologie schwindeln muß. Man frägt Kinder von sechs bis sieben Jahren: Wie viel Götter haben wir? Es antwortet wie ein Papagoy: Einen! weil es ihm so vorgesagt worden. Es könnte auch wol sagen: drey, oder noch mehrere, denn aus Ueberlegung giebt es die Antwort nicht. Der Schullehrer fährt fort und frägt: Wie viel Personen sind in der Gottheit? was ist dis für eine verfängliche Frage! es antwortet aber nach den symbolischen Büchern ganz richtig: Drey! Wer hat dich erschaffen? wer hat dich erlöset? wer hat dich geheiliget? in wie viel Tagen hat Gott die Welt erschaffen? woraus ist sie gemacht? das Kind muß auf alles antworten, wie man es haben will, denn es wird ihm so oft vorgesagt, bis es mit Hülfe des Gedächtnisses die Antworten behält, oder sie werden ihm eingebläuet. Alsdenn gehet man weiter, lehrt ihm die wunderbare Geburt des Welterlösers von einer reinen Jungfrau ohne Zuthun eines Mannes blos durch die Ueberschattung des heiligen Geistes, die noch wunderbarere Auferstehung, die Höllen- und Himmelfarth, das Erlösungswerk, das Verdienst Christi durch den Kreuzestod, die Erbsünde, das Mittler-Amt, die Wunder, welche Christus gethan, den Glauben, die Heiligung, die Rechtfertigung, die Ausgießung des heiligen Geistes, die Sünde wider den heiligen Geist, das ganze Chor der Engel und Heerschaaren, den Sündenfall der ersten Eltern und der Engel, den Teufel und seine Spieß-Gesellen, eine allgemeine christliche Kirche, die Auferstehung des Fleisches, ein ewiges Leben oder eine ewige Verdammdammniß, die Quaal im Feuer-Pfuhl, und was alles in dis Register gehört. Bey Gott, es ist zu viel pretendiret, daß ein Kind dis alles begreifen soll, und noch dazu in den Jahren, in welchen sich seine Vernunft erst zu entwickeln anfängt. Das Kind lernt aber durch Anstrengung des Gedächtnißes, auf alles fertig antworten, es wird öffentlich geprüft, bestehet zur Freude der Eltern und der ganzen christlichen Gemeinde, wird losgesprochen, geheimnißvoll eingeweihet und empfängt das Abendmahl. Nun ist der Unterricht zu Ende, das Kind hat die mannbaren Jahre erreicht, und nun soll es ein guter, tugendhafter Staatsbürger seyn, es hat wenig Kenntniß von seinen Pflichten und noch weniger Einsicht in die Landesgesetze, und dennoch soll es verantwortlich seyn, wenn es dagegen anstößet, wenn es dagegen sündiget. Wenn ein Kind in der Schule so viel gelernt hat, daß es einige Sprüche aus der Bibel fertig hersagen kann, z. B. also hat Gott die Welt geliebt, daß er seinen eingebohrnen Sohn gab, auf daß alle, die an ihn glauben, nicht verlohren werden, sondern das ewige Leben haben u. s. w. so stehen den Eltern die Thränen vor Freuden in den Augen, sie eilen um es einsegnen zu lassen, und in der That kann es auch in der Schule weiter nichts lernen, denn, gehet der Schullehrer noch weiter, so verrückt er ihm gar den Kopf. Wenn der Jurist ein Criminal-Gutachten macht, und findet in den Untersuchungsacten, daß der Angeschuldigte Unterricht in der Religion gehabt, und die zehn Gebote, welche den Juden auf dem Berge Sinai von Gott unmittelbar gegeben worden, herzusagen weiß, so ist er in seinen Augen schon weit straffälliger, als ein anderer, der gar keinen Unterricht genossen, denn es wird angenommen, daß er seine Pflichten kennet, und sie verletzet habe, wer aber seines Herrn Willen weiß und thut ihn nicht, der soll, nach der Schrift, doppelte Streiche leiden. Allein was ist dis für

für ein Unterricht, den die Kinder in der Schule genießen? Es ist nichts weiter als ein Gedächtnißwerk, sie haben gehört, daß ein Gott sey, der befohlen habe, daß die Menschen so und so leben sollen, sie sehen diesen Gott aber nicht, haben von der Verbindlichkeit, welche ihnen vorgesagt worden, keinen Begriff, und sie erfahren im gemeinen Leben nicht, daß Gott unmittelbar straft, was er verboten hat. So wie der ganze Unterricht mysteriös ist, so ist ihnen auch die Gottheit und die daraus hergeleitete Verbindlichkeit, nach seinem Willen zu leben, ein Geheimniß. Die Kinder hören und lernen in der Schule weiter nichts, als Religions-Geheimnisse, und wenn auch hin und wieder einiger Pflichten gedacht wird, so sind sie doch immer mit jenen Mysterien so verwebt, daß sie eins von den andern nicht trennen können. Treten sie in die Welt, so werden sie von allen diesem im gemeinen Leben nicht überzeugt, sie vergessen beides, bis sie das Unglück haben ein Verbrechen zu begehen, alsdenn erinnern sie sich dunkel dessen, was sie in der Jugend gehört haben, und nun ist es zu spät, die Strafe folgt ihnen auf dem Fuße nach. Ich rede nicht von solchen Personen, die eine bessere Erziehung genossen, wenn gleich diese auch fehlerhaft ist, und sich vieles darüber sagen ließe, sondern blos von der Erziehung der Kinder des gemeinen Mannes, welche nach dem Catechismus unterrichtet werden. Dis ist gar kein Handbuch, welches sich zum Unterricht der Jugend schickt, es ist ihren Begriffen nicht angemessen, es redet von Dingen, die im gemeinen Leben wenig vorkommen, es zeigt die unrechten Quellen der Verbindlichkeit an, und rührt nicht unmittelbar das Herz. Auf den Canzeln wird vollends hin und wieder, besonders auf dem platten Lande und in den kleinen Städten, solch hirnloses Zeug vorgetragen, daß weder Denker noch Nichtdenker sich dadurch erbauen kann. Die Priester sind Geheimniß-Jäger, ihr Palladium

dium ist die Bibel, sie greifen heraus, was ihnen in den Wurf kommt, reden in die Länge und in die Breite, beweisen alles durch Sprüche aus der Bibel, es mag passen oder nicht, kennen keine bürgerliche Pflichten, alles wollen sie aus der Religion herleiten, lassen sich nicht zur Faßlichkeit ihrer Zuhörer herab, greifen das Herz nicht an, bekümmern sich nicht um die Landesgesetze und um die herrschenden Laster ihrer Gemeinde, um solche zu bekämpfen, reiten ihre Evangelien das ganze Jahr durch, und erzählen ihren Zuhörern, was vor zwey tausend Jahren im gelobten Lande vorgegangen. Dis kann ja unmöglich erbauen und das Herz bessern, und wenn auch hin und wieder ein Geistlicher auftritt, der gemeinnützige Predigten hält, so fehlt es den Zuhörern doch am Schulunterricht, um sie zu begreifen. Sie hören was neues, es ist aber nicht nach ihrem Geschmack, denn wenn nichts von der Dreyeinigkeit Gottes, von dem Sündenfall der ersten Menschen, von Hölle, Tod und Teufel, vom Versöhnungswerke, vom Mittleramt, vom heiligen Geiste, vom Kreuzes-Tode und dergleichen, worüber sie Unterricht in den Schulen genossen, in der Predigt vorkommt, so haben sie keine Andacht, und der Prediger wird ihnen verdächtig. Ich sage dies nicht, um die christliche Religion zu schmähen, ich bin ein Gottesverehrer, und von der Vortrefflichkeit der Lehre Jesus, wenn sie lauter und rein vorgetragen wird, vollkommen überzeugt, ich tadle nur blos den Unterricht der Jugend in den Schulen, und daß man den Kindern Religion beybringen will, ehe man ihnen die bürgerlichen Pflichten hat kennen gelehrt. Wer Jugend unterrichten will, muß den Verstand zu entwickeln und zugleich das Herz zu lenken suchen. Ich statuire bey den Menschen von Jugend auf gar kein böses Herz, kein malum innatum, es hat blos die Empfänglichkeit, Eindrücke anzunehmen. Die Erziehung kann ihn zum guten und zum bö-

sen

sen Menschen machen, man muß sich daher wohl hüten, daß böse Eindrücke vermieden werden. Böse Beyspiele machen bey Kindern Eindruck, zumal wenn sie oft wiederholt werden, der Unterricht aber, wobey man das Schädliche den Kindern aus der Natur der Sache zeigen muß, vertilget den Eindruck, und die Beyspiele werden vergessen. Der Unterricht drückt sich immer tiefer ein, als Beyspiele, weil dort nicht blos das Herz handelt, sondern auch die Vernunft in Thätigkeit gesetzt wird. Zum Beyspiel, es schlagen sich ein paar Knaben auf der Straße, es kommt ein erwachsener Mensch darauf zu, hat Gefallen an der Prügelen, beschenkt und reizet sie zu Thätlichkeiten, so ist dis ein übel Exempel, der Sieger glaubt eine gute Handlung begangen zu haben, weil er beschenkt worden, und der andere denkt, du mußt dich auf ein andermal brav halten, damit du auch was kriegst. Ueber die Folgen denken beide nicht nach, sie sehen nur auf das, was vor ihnen liegt. Dieser böse Eindruck kann leicht vertilget werden, wenn der Erzieher Gelegenheit nimmt, den Knaben das Schädliche der Prügelen begreiflich zu machen, wenn er ihnen sagt, daß Schläge wehthun, daß sie leicht Wunden davontragen können, daß, wenn einer den andern überwältiget, die übrigen über ihn herfallen, und tüchtig zerprügeln werden; daß einer dem andern nicht wehethun muß, daß er dafür gezüchtiget wird, es sey von seinen Eltern, oder in der Schule, oder gar von der Obrigkeit, und daß er eben so viel Schläge oder doppelt so viel erhalten werde, als er seinem Mitschüler gegeben. Dies sind lauter Bedeutungen, die das Kind begreifen kann, Wiederholung und Vollziehung der angedroheten Strafe machen einen tiefern Eindruck, als das böse Beyspiel, und wenn der Knabe es auch noch einmal versucht, so bleibt doch der Eindruck in seinem Herzen, daß die Handlung nicht recht sey, und dies wird über seine Leidenschaft zuletzt das

Ueber-

Uebergewicht erhalten. Der Unterricht muß sich immer darnach richten, wie die Leidenschaften sich äußern, und die Verstandeskräfte zunehmen. Es ist daher nicht gut, wenn große und kleine Kinder ihren Unterricht durch einander erhalten. Wenn ein Schullehrer die Jugend von verschiedenem Alter unterrichtet, so muß er sie in Classen, und die Zeit in Stunden eintheilen, von unten anfangen, und bis zu den ältesten täglich fortfahren. Den ältesten ist dies eine Wiederholung ihres Unterrichts, und den jüngern giebt es einen Vorschmack von den höhern Wissenschaften. So mag auch wol in Schulen verfahren werden, allein der Unterricht selbst taugt nichts; sobald die Kinder lesen können, müssen sie aus dem Catechismus, aus dem Gesangbuch und aus der Bibel vorlesen, und auswendig lernen; dies ist keine Nahrung für ihren Geist, und wirkt keine Bildung fürs Herz. Sie müssen auswendig lernen, und der Schullehrer erklärt ihnen die Geheimnisse der Religion, welche er selbst nicht verstehet; dies gehört gar nicht zum Unterricht der Jugend; es müßten daher andere Lehrbücher eingeführt werden, welche die Pflichten der Menschen unter sich, von Jugend auf, in jedem Alter und in jedem Stande enthalten. Diese Bücher müssen faßlich geschrieben seyn, so daß ein jedes Kind nach den Fähigkeiten seines Alters sie begreifen kann, und daß der Schullehrer was Vernünftiges darüber zu sagen vermag; sie müssen kurze Regeln von vollkommenen und unvollkommenen Pflichten enthalten, zum Beyspiel die Pflichten der Kinder gegen die Eltern, der Geschwister unter sich, der Kinder gegen ihre Verwandten, welche der Eltern Stelle vertreten, die Pflichten gegen ihre Lehrer, gegen alte ehrwürdige Leute, gegen obrigkeitliche Personen, die allgemeine Pflicht des Gehorsams gegen jeden, der was zu befehlen hat, die Pflicht der Bescheidenheit, der Höflichkeit, der Reinlichkeit, des Anstandes in Stellung,

Der Netzdistrict.   Q   Re-

Reden und Handeln, die Pflicht, einem jeden das Seine zu laßen, niemand zu bestehlen, niemand grob zu begegnen oder gar zu beleidigen, die Pflicht, sich einander Achtung zu erweisen und dienstfertig zu seyn. Bey einer jeden Pflicht müssen die Kinder auf die Quelle der Verbindlichkeit zurückgeführet werden. Sind es vollkommene Pflichten, so muß man ihnen die Landesgesetze und die positiven Strafen bekannt machen; sind es unvollkommene, so müssen sie durch den Trieb der Selbstliebe dazu aufgemuntert werden. Mit diesen und ähnlichen Pflichten, welche auf das Herz eines Kindes Eindruck machen, und ihm nicht unbegreiflich sind, müssen die Kinder die ersten Jahre bis zum zehnten Jahre beschäfftiget werden. In diesem Lehrbuche darf noch nichts von Religion stehen, es darf nicht von Gott und seinem Wesen darin gehandelt werden, dies abstrahirt die Kinder zu sehr, und sie begreifen doch nichts davon. Hinter den allgemeinen Regeln, welche ihnen der Schullehrer erklären, und die Kinder daraus unterrichten und examiniren muß, müssen kurze, deutliche und angenehme Erzählungen stehen, welche auf diese Pflichten Beziehung haben, so das Herz unmittelbar rühren, und worin der Grund der Pflicht, und das Angenehme, sie erfüllt zu haben, ausgeführt werden. Dies müßte täglich gelesen, ihnen erkläret, und die Regeln von den Kindern auswendig gelernt werden, weil dies das Gedächtniß schärft und tiefere Eindrücke macht. Manches Kind lernt in der Jugend Sprüche aus der Bibel, welche in seinem Gedächtniß bleiben bis ans Ende seines Lebens; es ist aber oft keine allgemeine Regel darin enthalten, es ist bloß Gedächtnißwerk ohne Nutzen und ohne System. Die meisten Sprüche enthalten Religionsgeheimnisse, welche die wenigsten Menschen verstehen, die Worte sind rührend, der Sinn aber ist dunkel, zumal wenn vom Glauben die Rede ist. Ein großer Schulmonarch unsers Zeitalters prüfte

prüfte einmal die Kinder, und fragte sie eins nach dem andern, was sie unter den Flügeln der Morgenröthe verstünden. Ein Knabe, der diese Frage nicht unbeantwortet lassen wollte, sagte, er verstehe darunter einen Flederwisch. Eine unverständliche Frage verdient eine solche Antwort; denn wie kann ein Schulknabe den Sinn der morgenländischen Gleichnisse wissen? der Schul-Pedant erboßte sich aber nicht wenig über den schlechten Schulunterricht, machte die Lehrer tüchtig herunter, und sagte, sie müßten den Kindern die Worte der Schrift erklären: die Flügel der Morgenröthe bedeuten eine Schnelligkeit, weil die Morgenröthe wie im Fluge herbeyeile. O! du armer Tropf, dachte ich mit den Schullehrern, du mußt wol nie die Morgenröthe gesehen haben, denn sie kommt ja nichts weniger als im Fluge, und wenn dies der Fall im Orient etwa seyn mag, welches ich dahin gestellt seyn lasse, so ist es doch hier kein passendes Gleichniß für die Jugend, weil es nicht aus der Natur hergenommen ist. Dichterische Ausdrücke gehören ja nicht in die niedern Schulen. Was soll man nun von solchem schriftmäßigen Unterricht denken? der Verstand gewinnt so wenig dabey, als das Herz; Kinder müssen von Sachen reden, welche sie so wenig verstehen als ihre Lehrer. Die Bibel ist voll von dergleichen unverständlichen Sachen, welche man den Kindern ohne alle Auswahl lernen lässet, es ist ein Product einer andern Himmelsgegend, welches hier unmöglich gedeihen kann.

Wenn die Kinder auf jene vorgeschlagene Art bis zu ihrem zehnten Jahre in den ersten Pflichten gegen ihre Eltern, Geschwister, Verwandte, Lehrer, Obrigkeiten und übrige Menschen, welche um und neben ihnen sind, unterrichtet worden, würde man in dem Unterricht weiter gehen, und ihnen den Weg zu eigner Glückseligkeit zeigen

zeigen müssen. Nichts interessirt den Menschen mehr, als das mächtige Ich. Man mag von uneigennützigen Handlungen so viel reden als man will, so ist das Privat-Interesse doch immer die Quelle davon. Warum übt ein edler Mann Bruder- und Menschenliebe, Wohlthätigkeit und Großmuth aus? Blos weil es ihm Vergnügen macht, und er sich dadurch Achtung erwirbt. Dies ist der Sporn zu edlen Handlungen; wer sich selbst zu schätzen weiß, wird auch billig gegen andere seyn. Man mache daher die Empfindungen bey Zeiten rege, und erwecke bey den Kindern den ganz natürlichen Trieb, sich selbst zu schätzen, so werden sie auch ein edles Gefühl gegen ihre Nebenmenschen erhalten. Hieraus fließet die Pflicht des Fleißes, der Arbeitsamkeit, Mäßigkeit und Nüchternheit, welches alles mit Gründen unter gewisse Regeln zu bringen ist. Diese Regeln, in der Jugend gelernt, und der beständige Zuruf: suche dir den Beyfall anderer Menschen zu verschaffen, es macht dich glücklich, und du wirst um so mehr geschätzt, gräbt sich tief in das zur Empfänglichkeit erschaffne Herz, und hinterläßt unvertilgbare Spuren. In den Jahren, wo die Natur wirksamer wird, empfehle man den Kindern Enthaltsamkeit, Keuschheit und Ordnung in allen Situationen des menschlichen Lebens. Man hüte sich, den Naturtrieb bey ihnen vor der Zeit, und ehe sich der Verstand entwickelt hat, rege zu machen; denn, diesen nur einige Jahre zurückzuhalten, und die Vernunft über den Naturtrieb zu erheben, ist schon viel gewonnen. Bestürmen die Leidenschaften das menschliche Herz, und der Verstand bleibt zurück, so ist der Mensch verlohren. Kann er schon Reflexionen machen, wenn sich die Leidenschaften regen, so wird er sie durch Ueberlegung und Vernunft bekämpfen, und fällt er auch einmal, so wird er sich doch wieder aufhelfen, und dem Wegweiser folgen. Meines Ermessens verfehlt man daher den Zweck, wenn
man

man Kinder vor der Zeit mit denjenigen Leidenschaften bekannt macht, wodurch sie unglücklich werden können. Die Natur hat es schon so geordnet, daß der Körper nicht eher zur völligen Reife kommt, als die Vernunft; macht man nun dergleichen Leidenschaften, vorzüglich den Naturtrieb, vor der Zeit rege, und befördert die Reife des Körpers, so geschiehet es auf Kosten des Verstandes. Der Mensch gleicht einer im Treibhause getriebenen Pflanze, welche verwelket, wenn sie an die Luft kommt, weil der Geist zu schwach geblieben. Ja, sagen die neuern Erzieher, man muß die Kinder bey Zeiten in die Werkstätte der Natur führen, ihnen begreiflich machen, wie das Zeugungsgeschäfft zugehet, sie nicht in Ungewißheit lassen, denn die Neugier reizet am meisten. Man muß ihnen die Gefahr zeigen, welcher sie ausgesetzt sind, alsdenn werden sie sich schon hüten. Dies wäre alles recht gut, wenn die Vernunft gleichen Schritt hielte, allein diese bleibt zurück; sie lernen den Reiz kennen und nicht die Enthaltsamkeit. Es ist eben so, als wenn man einem Kinde ein Scheermesser in die Hände giebt, ihm die Natur und das Wesen dieses Instruments kennen lehrt, und nun sicher zu seyn glaubt, daß es sich damit keinen Schaden thun werde. Zur Freundschaft hat ein Kind natürliche Anlage, der Naturtrieb kommt später, und wenn die Freundschaft erst Wurzel gefasset hat, und auf Grundsätzen ruhet, so wird sie den Menschen gegen grobe Ausschweifung in der Liebe, welche später kommt, bewahren. Zwischen Freundschaft und Liebe, sagt man zwar, ist nur ein dünner Flor, und das ist wol richtig, allein dies setzet voraus, daß der Mensch die Freundschaft nicht auf Grundsätze gebauet hat, und blos seinen Empfindungen folgt. Man empfehle den Kindern beständig die Reinigkeit der Sitten, die Achtung gegen das andere Geschlecht, die Wachsamkeit gegen alle aufbrausende Leidenschaften, die Unverletzbarkeit der ehelichen Treue, und

die

die Süßigkeit des Vergnügens, welches die Erfüllung dieser Pflichten gewähret, man gewöhne sie an eine ununterbrochene Ordnung in allen Handlungen, so wird die Leidenschaft nie herrschend werden, es sey denn, daß dieser oder jener, welches doch selten der Fall ist, weil es nicht in der Ordnung der Natur liegt, auf eine gewaltsame Weise von dem Naturtriebe bestürmt, und die Vernunft unterdrückt wird, welches wie eine Ausnahme von der Regel anzusehen. Man suche die Kinder in einer immerwährenden Beschäfftigung zu erhalten, und ihre Aufmerksamkeit auf andere Gegenstände zu lenken. Alle diese Pflichten von der Selbstliebe begründet, in Regeln gebracht, machen tiefe Eindrücke in die Seele des Jünglings, und sind unverlöschbar. Die Materie von der Menschwerdung Jesu hat offenbar schädliche Folgen für den Jüngling, wenn sie ihm, wie jetzt in Schulen und Liedern geschiehet, erkläret wird, sie macht Passion, denn die Kinder können sich von dem Göttlichen, so darin liegen soll, keinen Begriff machen. Man findet daher, daß in catholischen Ländern, wo so viel von dem Seelenbräutigam, von der Schönheit der Mutter Marie und von Liebes-Intriguen in den Kirchen gehandelt und gesprochen, wo alles so sinnlich dargestellet wird, der Grund zu Ausschweifungen dieser Art gelegt wird. Die Leidenschaft wird angefeuret, der Jüngling fühlt in sich ein Feuer, die Einbildungskraft schafft ihm Bilder, er findet Nahrung, und haschet nach etwas, so er nicht kennt.

Hat man die Kinder so weit präparirt, so mache man sie mit dem Verhältniß bekannt, worin sie unter einander als Mitglieder einer Gesellschaft stehen. Man zeige ihnen das Glück, welches diese Gesellschaft ihnen darbietet, die Ruhe und Sicherheit, welche sie genießen, wenn sie sich der Ordnung der Dinge unterwerfen, die noth-

nothwendige Folgsamkeit gegen obrigkeitliche Befehle, die Nachtheile, welche aus der Widersetzlichkeit für sie selbst und für ein jedes Mitglied der Gesellschaft entstehen. Man sage ihnen, daß alles Gute, was sie genießen, auf der Gerechtigkeit beruhe, und Niemand was thun müsse, was er nicht wolle, das es ihm widerfahre. Man suche eine Anhänglichkeit an die Constitution bey ihnen rege zu machen, und Vaterlandsliebe einzuflößen, alles auf den Grund der Selbstliebe; man empfehle ihnen beständig Wahrheit, Rechtschaffenheit, Verträglichkeit und allgemeine Bruderliebe, und gehe alle diese Pflichten, in ein kurzes System gebracht, mit ihnen durch, so wird wenigstens der größte Theil aus Liebe zu sich selbst gute Bürger werden. Alsdenn aber handle man von den Verbrechen und Lastern, welche durch Landesgesetze verboten worden, und mache ihnen die positiven Strafen bekannt. Man stelle Tugend gegen Laster, zeige ihnen die Glückseligkeit, welche sie zu erwarten haben, und die unvermeidlichen Folgen der wirklichen Verbrechen, rühre hieben ihr Gewissen, denn dis muß schon durch den bisherigen Unterricht Wurzel gefasset haben, und stelle ihnen einen guten, ruhigen, tugendhaften Bürger in seinem vollen Glanze, und den Verbrecher in seiner Schande vor, so wird der Jüngling Vorliebe zum erstern und Abscheu gegen den zweyten hegen. Ein kurzer Auszug der Laster und Verbrechen, und der darauf gesetzten positiven Strafen, ohne weitere Critik, ob diese oder jene Strafe anwendbar, und was für Linderungs-Ursachen eintreten, ist hinreichend, um diesen Unterricht zu endigen. Ist dis alles geschehen, und die Jugend hat eine Fertigkeit in ihren Pflichten erlanget, die Schuljahre gehen zu Ende, alsdenn nehme der Geistliche, der Seelsorger und Priester des Orts die in die christliche Gemeinde aufzunehmende und loszusprechende Jugend ein Jahrlang vor, gehe den Unterricht mit ihnen nochmals durch, verbinde damit die Religion, rede mit den Kindern von Gott und seinem Wesen, von dem Schöpfer und Erhalter aller Dinge, von dessen Allmacht, Güte, Weisheit und Heiligkeit, so wie er sich den Menschen offenbaret hat, sage ihnen den Willen des grundgütigen Wesens, daß alles das Gute, welches ihnen gelehrt worden, aus göttlicher Quelle herfließe, daß der Mensch nicht blos zu diesem, sondern auch zu einem andern bessern Leben erschaffen sey, daß es von seinem Betragen abhange, sich in Zukunft und auf die Dauer glücklich oder unglücklich zu machen, daß Gott allgegenwärtig und allwissend sey, mithin ihm weder Werke, Worte und Gedanken verborgen bleiben, daß er aufs Herz sehe, belohne und strafe, daß, wenn sich ein Mensch auch den bürgerlichen Gesetzen entziehe, Gott als oberster Richter doch alles wisse, und ihn die unvermeidlichen Folgen treffen würden. Man erwecke bey der Jugend nicht Furcht, sondern Liebe und Vertrauen zu Gott, und schildere die sie in der Zukunft treffende Strafen nicht mit Farben der Rache, sondern als natürliche Folgen des Verhaltens, zeige ihnen, wie schwer es sey, vom Laster zurückzukehren, alles verübte Böse wieder gut zu machen, und wie mißlich es mit der Bekehrung am Ende des Lebens aussehe. Man mache ihnen begreiflich, wie beruhigend es seyn müsse, in seinem Gewissen überzeugt zu seyn, so gehandelt zu haben, wie dieser gütige Gott es verlangt, und mit welcher Seelenwonne es verknüpft sey, alle seine Handlungen ans Tageslicht legen zu können, im vollen Vertrauen, nichts Böses unternommen zu haben, und ausrufen zu können: Auch keine einzige Handlung ist mir leid, ich habe nach den mir von meinem Schöpfer verliehenen Einsichten gelebt, habe meine Leidenschaften gezähmt, und wenn ich aus Schwachheit gefehlt, bin ich überzeugt, daß der gütige und gerechte Gott nur auf das Herz siehet, und barmherzig gegen mich seyn wird.

Ob ich gleich weit entfernt bin, alle Religions-Geheimnisse zu verwerfen, so dünkt mir doch, sie gehören nicht zum Unterricht der Jugend, sie sind zu metaphysisch und zu speculativisch. Man kann nicht verlangen, daß die Jugend sie begreifen soll, denn sonst wären es keine Geheimnisse; sind sie aber nicht zu begreifen, so dienen sie auch den Kindern zu nichts. Gott kann es nicht beleidigen, wenn wir von den Geheimnissen schweigen, denn er hat uns die Vernunft zum Wegweiser gegeben, und nicht den Glauben. Gott und die Natur sind unerforschlich, und es werden von Gelehrten, von Tiefdenkern, von Männern, die mehr als gewöhnlichen Verstand haben, von Zeit zu Zeit Geheimnisse der Natur entdeckt; man bringt hin und wieder in die geheimste Werkstätte derselben; allein, dis nicht zu wissen, macht keinen Menschen vor Gott verantwortlich. Es sind einige tausend Jahre hingegangen, ehe man die Kraft des Magnets kennen gelernt hat; und noch weiß man nicht die Ursach: wie ist es nun möglich, dis zu einem Glaubensartikel zu machen? Gott hat dem Menschen von gewöhnlichem Schlage die Kraft gegeben, durch Gebrauch seiner Vernunft einzusehen, was gut ist, und was ihn glücklich machen kann. Hierauf gründet sich die Moral, und wenn er hiernach lebt, so ist er außer Verantwortung. Wo kein Gesetz ist, da findet auch keine Strafe statt, denn die Schrift selbst saget: Ich wußte nichts von Sünde, bis das Gesetz sagte: das ist Sünde. Es wäre ja dem Schöpfer und Urheber der Natur was leichtes gewesen, dem Menschen seinen Willen ganz ohnzweifelhaft zu offenbaren, er gab ihm aber nur blos Verstand und Willen, oder Kräfte, und diese haben ihre Gränzen, welche der Mensch nicht überschreiten kann, ohne auf ein Meer von Ungewißheit zu gerathen, und statt in einen Hafen einzulaufen, sich der Wuth der Wellen überlassen zu sehen.

Ich bin zu wenig Theologe, um bestimmen zu können, von welchen Geheimnissen der Jugend, ohne ihrem Unterricht zu schaden, Kenntniß gegeben werden könne. Wer sie wissen will, muß sich höhern Wissenschaften widmen, um Ueberzeugung davon zu erhalten; sie gehören nicht in Dorfschulen, sie sind ein Gegenstand der Philosophie, und erfordern reife Prüfung. Es kann Jemand ein ganz vortrefflicher Staatsbürger seyn, ohne in die Cabinets-Geheimnisse einzudringen.

Die Gotteskenntniß würde auch unter gewisse Regeln zu bringen seyn, welche sich mit der gesunden Vernunft reimen lassen, und würden mit angenehmen, herzrührenden Scenen begleitet werden müssen. Die Vergleichung Gottes mit einem Vater der Menschen ist ganz vortrefflich, denn die Gottheit muß sinnlich vorgestellet werden, wenn der Mensch sich einen Begriff davon machen soll. Die Ausarbeitung eines solchen vollständigen und zweckmäßigen Lehrbuchs für niedere Schulen ist wahrscheinlich einem andern Jahrhundert vorbehalten, man hat noch zu viel Anhänglichkeit an den zweytausendjährigen Lehrbegriff, und so lange der Unterricht blos von der Geistlichkeit abhängt, welche nicht Weltbürger, sondern Himmelsbürger zu bilden zu ihrem Hauptzweck macht, ist wol an keine Aenderung in dem bisherigen System zu denken. Die Geistlichen arbeiten in dem Weinberg des Herrn, statt aber die Reben zu binden und fruchttragend zu machen, reißen sie selbige mit der Wurzel aus; denn wie viel Millionen Menschen sind nicht blos um der Religion willen vertilget worden, und welches unabsehbare Elend ist nicht, blos um eines zweydeutigen Begriffs, ja um eines Worts willen, über den Erdboden verbreitet worden. Man mache doch erst aus den Menschen gute Weltbürger, dann werden sie sich schon selbst zu Himmelsbürgern tüchtig machen.

Wir

Wir kommen wieder auf den Netzbistrict zurück. Hier wird der Unterricht der Jugend auch selbst nach dem alten Schlendrian sehr vernachläßiget. Die Schulen sind in dem erbärmlichsten Zustande. Die Menschen wachsen hin und wieder auf wie das dumme Vieh; es giebt große volkreiche Dorfschaften, wo gar kein Schullehrer ist, oder, wenn sie sich einen angeschafft haben, ist er oft der verworfenste und unwissendste Mensch im ganzen Dorfe. Indessen müssen die Kinder doch, wenn sie heranwachsen, in die christliche Gemeinde aufgenommen und losgesprochen werden. Dis suchen sie zu erschleichen, schicken die Kinder auswärts zu einer großen Communion, diese machen die Ceremonie mit, empfangen das Abendmahl, und dis nennen sie durchlaufen. Wenn man einen solchen Menschen frägt, ob er sich auch zur Schule gehalten und die zehn Gebote wisse? verneint er es; wenn man aber frägt, ob er denn nicht confirmiret oder losgesprochen sey und das Abendmahl erhalten habe? erwiedert er, nein, ich bin durchgelaufen. Es ist herzempörend, wenn man über einen solchen Menschen, wenn er wegen begangener Verbrechen in Untersuchung geräth, ein Gutachten abfassen oder ein Urtheil sprechen soll. Es fehlt bey ihm beynahe alle Zurechnung. So wie die Kinder von ihren Pflichten nicht unterrichtet worden, so haben sie auch nicht die geringste Kenntniß von den Landes-Strafgesetzen und deren Verbindlichkeit. In Ermangelung eines hinreichenden Unterrichts der Jugend müßte man doch wenigstens die Gemeinde alle Jahr viermal zusammenberufen, und ihnen Auszugsweise die Strafen auf Vergehungen und Verbrechen bekannt machen. Es müßte ein Criminal-Gesetzbuch in Form eines Catechismus entworfen werden, welches eine jede Gemeinde zu halten schuldig, woraus sich die Mitglieder unterrichten könnten, welche Handlungen strafbar, und was für Strafen auf die Verbrechen und

und Vergehungen gesetzt worden. Die Vorlesung müßte periodisch in Gegenwart einer Gerichtsperson bey Strafe gehalten werden, alsbann könnte man sagen, die Gemeinde weiß was verboten ist, und könnte die Uebertretung ahnden.

Zur zweckmäßigen Einrichtung des Schulwesens auf dem platten Lande in dieser Provinz sind noch wenig Schritte geschehen, außer daß man erlaubt hat, dergleichen Dorf- oder Klippschulen anzulegen, und diese auch hin und wieder visitiret werden. In den königlichen Dörfern sind 13 catholische und 9 lutherische Schulen angelegt, und ein Besoldungsfond von 1305 Thalern ausgemittelt worden. Allein, das will für eine Provinz von dem Umfang, wie der Netzdistrict, nichts sagen. Es müßte ausgemittelt werden, an welchen Orten durchaus nothwendig sey, Schulen anzulegen; der Patron und die Gemeinde kann mit Recht dazu angehalten werden, sie zu fundiren. Dis würde auch nicht schwer halten, denn der Grundherr kann leicht das Land zum Hause und zum Garten hergeben, auch das Bauholz unentgeldlich verabfolgen lassen, und die Bauern können die Arbeit zum Bau und zur Unterhaltung des Schulhauses verrichten, weil sie den Nutzen davon haben, und es kann das Schulgeld bestimmt werden. Dis ist aber noch nicht genug, der Staat muß dafür sorgen, daß geschickte Schullehrer angesetzt werden, und daß diese ein hinreichendes Auskommen haben, denn dieser ist am meisten dabey interessirt, daß der Unterricht der Jugend nicht vernachläßiget werde. Dem Patron und der Gemeinde kann es nicht allein überlassen und aufgebürdet werden, dis würde hart und unbillig seyn, auch der Zweck nicht erreicht werden. Der Schullehrerdienst ist ein saures und schweres Amt, es erfordert viel Anstrengung und ununterbrochenen Fleiß; der Schullehrer muß sich lediglich

lich mit dem Unterricht befassen, und nicht mit Nahrungssorgen geplagt seyn. Hat er freye Wohnung und Feurung, auch einen Garten, so muß er wenigstens mit dem Schulgelde hundert Thaler reines Einkommen haben, unter diesem kann er hier auf dem Lande nicht fertig werden. Zur Ermunterung müßten Prämien ausgesetzet werden, welche nach den jährlich anzustellenden Prüfungen zu bestimmen und zu vertheilen. Ohne ihn zu versetzen, welches von keinem Nutzen ist, muß der Schullehrer in seinem Gehalt, nach Maaßgabe seiner Geschicklichkeit und seines Fleißes, verbessert werden. Da in Schulen eigentlich keine Religion tractiret werden soll, können sich die Kinder aller Religionsverwandten füglich zu Einer Schule halten, und es muß nicht geduldet werden, daß der Schullehrer Religionsstreitigkeiten in seinen Unterricht mischet; er soll Menschen nur zu guten Bürgern bilden. Um geschickte Subjecte zu Schullehrern zu haben, ist durchaus nothwendig, daß in jeder Provinz ein Schulseminarium oder eine Schullehrer-Bildungsanstalt angelegt werde. Ich sage mit Fleiß, in jeder Provinz; denn warum soll man die Schullehrer aus andern Provinzen kommen lassen? Es ist unstreitig für Eltern ein großer Trost, wenn sie einen Sohn haben, der das ehrwürdige Amt bekleidet, Kinder zu unterrichten, auf den Weg der Tugend zu führen und sie zu guten Bürgern zu bilden. Wer mit der Denkungsart des gemeinen Mannes bekannt ist, wird wissen, daß hierin ein Vorzug, eine Ehre gesucht wird, denn der Schullehrer muß der klügste in der Dorfs-Gemeinde seyn. Diese Denkungsart verdient erhalten zu werden; denn ein Schullehrer, der seine Pflicht im ganzen Umfang erfüllet, ist der ehrwürdigste Mann in der Gemeinde, und hat ein wesentliches Verdienst um den Staat. Wenn die Schullehrer aus der nemlichen Gegend genommen werden, wo sie die Jugend unterrichten sollen, herrscht mehr Vertrauen

trauen zwischen ihnen und der Gemeinde, welches ihnen das saure Amt angenehm macht, und die Arbeit erleichtert; wogegen ein aus der Fremde kommender Schullehrer, welcher sich in die Denkungsart der Leute nicht finden kann, gewöhnlich mit ihnen in Zänkerey lebt, welches für die Jugend ein böses Beyspiel giebt, und wodurch er Zutrauen und Unterstützung verliehrt. Als eine Sanitätsregel würde ich auch vorschlagen, daß die Schullehrer authorisirt würden, in den Gemeinden auf dem platten Lande, wo kein Geistlicher ist, die Taufen und Beerdigungen zu verrichten, ein Kirchenbuch zu führen, und sie darauf verpflichtet würden. Denn manches neugebohrtes Kind, welches in rauher Witterung eine halbe oder ganze Meile zur Taufe nach der Kirche gefahren oder getragen wird, büßet dabey Leben und Gesundheit ein, und es macht den Eltern unnöthige Kosten, sie mögen das Kind zum Priester bringen, oder diesen zu sich kommen lassen. Die Taufe ist doch blos eine Ceremonie, wodurch das Kind in die christliche Gemeinde aufgenommen und ihm ein Name beygelegt wird. Diese Ceremonie ist nothwendig, weil der Staat wissen muß, daß ein Kind gebohren worden, und wie es sich nennet, dem Kinde auch selbst daran gelegen, um sich erforderlichen Falls legitimiren zu können; und daher ist es nothwendig, daß ein ordentliches Kirchen- oder Schulbuch von einem verpflichteten Mann geführt werde, welches öffentlichen Glauben hat. Zur Glaubwürdigkeit dieses Buchs könnte man verordnen, daß ein jeder Tauf-Actus in dem Buche von den Vorstehern der Gemeinde attestiret werde. Es ist nicht abzusehen, warum diese Ceremonie mit Gefahr der Kinder und mit einem Kosten-Aufwand der Eltern blos vom Priester und nicht von dem Schullehrer verrichtet werden sollte. Wir verbinden mit der Taufe nicht mehr den Begriff eines Sacramentes, und wenn es auch ein Sacrament seyn soll, so ist doch nicht

ab-

abzusehen, warum nicht der Schullehrer eben so gut eine solche Handlung soll verrichten können, als ein ordinirter Geistlicher, da man dem Vater, ja sogar der Hebamme erlaubt, die Nothtaufe zu verrichten. Als ein untrügliches Beweismittel, daß das Kind wirklich gelebt habe, kann man die Taufe durch einen Priester auch nicht aufstellen, denn hier ist wegen einer wichtigen Verlassenschaft ein Proceß geführt worden, wo ein catholischer Priester ein Kind getauft hatte, und durch Zeugen bewiesen wurde, daß es schon todt gewesen. Der Geistliche entschuldigte sich damit, daß er nicht wisse, ob das Kind gelebt habe; wenn es aber auch todt gewesen, so schade doch die Taufe nicht. Einem wichtigen Einwurf gegen diesen Vorschlag sehe ich von den Priestern entgegen, welche sich hinter das Sacrament stecken werden, weil sie die Taufgebühren verliehren. Allein, was ist der Verlust der Taufgebühren gegen die Gefahr, dem leben und der Gesundheit des Kindes zu schaden? Mit den Beerdigungen hat es die nemliche Bewandtniß, denn die Gemeinde versäumet den ganzen Tag, wenn sie den Todten über Feld nach einem Gottesacker bringen soll, oder wenn sie den Priester zu sich kommen lässet. Beides macht unnöthige Kosten, und diese sind um so drückender, da oft eine Familie ihren Ernährer und Broderwerber verliehrt, und ihn mit schweren Kosten noch zur Gruft bestatten soll. Ich habe oft eine arme Wittwe weinen sehen, nicht über den Verlust ihres Mannes, denn der ist zu ersetzen, sondern über die Kosten, welche ihr durch die Beerdigung verursachet werden. Eine jede Gemeinde sollte ihren Beerdigungsplatz haben, und der Schullehrer sollte die Beerdigung verrichten, ohne Zuziehung eines Priesters. Verliehrt der Geistliche der Gemeinde an seinen Emolumenten, so müßte man ihn auf eine andere Weise entschädigen, aber nicht auf Kosten derjenigen, die ohnehin schon durch den Tod verliehren.

Wir

Wir schließen zwar das andere Geschlecht von allen Ehrenämtern aus, indessen glaube ich, daß sich Frauen zu Erzieherinnen ihres Geschlechts recht gut schicken würden, und halte ich es für schicklich, wenn in großen Gemeinden die Kinder beiderley Geschlechts getrennet, und die Mädchen von Erzieherinnen Unterricht erhielten, womit zugleich der Unterricht in weiblicher Arbeit verbunden werden könnte. Indessen gebe ich zu, daß hiebey noch viel Schwierigkeiten eintreten, welche zu beheben wären.

Das Schullehrer-Bildungsinstitut müßte auf Kosten des Staats angelegt werden, und würde sich dazu das in Bromberg befindliche ehemalige Jesuiter-Collegium vortrefflich schicken. Es ist hier zwar schon ein catholisches Seminarium oder Schule, allein das Gebäude ist so geräumig, daß, wenn es dazu eingerichtet würde, auch ganz gemächlich eine solche Anstalt darin angelegt werden könnte. Zum Unterricht der zu bildenden Schullehrer müßten einige Lehrer mit hinlänglichem Gehalt angesetzet werden, diese dürften aber nicht nach ihrer Willkühr, sondern nach einem vorgeschriebenen und mit Vernunft ausgearbeiteten Plan verfahren, und müßte dabey eine unabänderliche Ordnung herrschen. Denn, wenn ich gleich vollkommen überzeugt bin, daß man in Religions- und Glaubenssachen Niemandem was vorschreiben kann und darf, so verhält es sich doch mit der Erziehung der Jugend, welche mit der Religion gar keine Gemeinschaft hat, sondern auf erprobte Wahrheiten sich gründet, ganz anders, denn es ist nur Ein Weg, wodurch man Menschen zu guten Staatsbürgern bilden kann, nemlich die Erziehung nach vernünftigen Grundsätzen. Die jungen Leute, welche sich zu Schullehrern bilden lassen wollen, müßten von reifem Alter und nicht unter zwanzig Jahren seyn, damit sie aber die Jugend,

wenn

wenn sie ins Amt kommen, Authorität haben. Sie müssen von gutem Character und offnem Kopf, nicht heftig, zu keinen Ausschweifungen geneigt, und von reinen Sitten seyn. Um solche Subjecte zu finden, bietet sich die beste Gelegenheit bey den Schulvisitationen dar, welche oft gehalten werden müßten. Wenn sich unter der Jugend ein solches Subject fände, müßte demselben und dessen Eltern der Antrag geschehen; wären sie dazu geneigt, so müßte ein solcher junger Mensch nach beendigten Schuljahren in das Schullehrer-Bildungsinstitut aufgenommen, und unterstützet werden, daß er sich die zu seiner Bildung erforderlichen Jahre darin aufhalten könnte. Diesen jungen Leuten müßte freye Wohnung, Licht, Feuer, Essen und Trinken gegeben werden, weil die Eltern gewöhnlich nicht im Stande sind, ihre Kinder so viel Jahre aus ihren Mitteln zu erhalten, und sie gleichsam schon in den Dienst des Staats treten. Käme eine Vacanz in der Provinz, müßte aus diesen zu Schullehrern gebildeten Subjecten nach vorgängiger Prüfung eins ausgesucht, hieben auf den bisherigen Lebenswandel, Character und Geschicklichkeit, ohne Rücksicht auf die Person, gesehen, und als Schullehrer angeordnet, auch gehörig verpflichtet werden. Durch Prämien müßten diese zur genauesten Erfüllung ihrer Pflichten ermuntert, und ihr Einkommen vermehrt werden, damit sie, in Hoffnung verbessert zu werden, sich mehr und mehr befleißigen, und den Unterricht der Jugend zur größten Vollkommenheit bringen mögen. Die Anzahl der Candidaten müßte mit den Schulen der Provinz in Verhältniß stehen, so daß es nie daran fehle.

Alles dis, wie die Fundation der Schullehrer-Gehalte, erfordert einen ansehnlichen Fond, und der Financier wird mit lächelndem Achselzucken sagen, oder doch denken: das sind lauter schöne Sachen, wo soll aber

das Geld herkommen? die Bedürfnisse des Staats sind so mannigfaltig und so groß, daß diese Vorschläge unter die frommen Wünsche gehören. Allein mit der Antwort bin ich fertig. Wo ein Fond von vielen Millionen zur Verbesserung der Pferdezucht und Anlegung der Landgestüte gefunden worden, wird sich auch wol ein Fond zur Bildung der Jugend ausmitteln lassen. Es ist doch wol unstreitig, daß die Bildung der Menschen frühere und mehrere Aufmerksamkeit verdient, als die Verbesserung der Pferdezucht. Denn was hilft es dem Staat, wenn er eine gute Raße Pferde, aber rohe Menschen hat? Die Verbesserung der Pferdezucht ist nützlich und gut, sie muß aber der Bildung der Menschen nachstehen; kann beides zugleich bewirkt werden, so ist es lobenswerth, wenn auch auf Verbesserung der Pferdezucht Rücksicht genommen wird, Schulanstalten und Veredlung der Menschen aber gehen vor. Die Erfahrung lehrt, daß man im gemeinen Leben mehr auf das Nützliche als auf das Nothwendige sein Augenmerk richtet, und dis findet auch oft bey der Landesregierung statt; man verliehrt oft den wahren Gesichtspunct aus den Augen, nemlich die Glückseligkeit der Menschen. Man kann kühn behaupten, daß es die allererste Sorgfalt der Landesregierung seyn müsse, das Menschengeschlecht zu veredeln, und dennoch findet man in wenigen Ländern hiezu zweckmäßige Anstalten. Alles läuft darauf hinaus, die Staatseinnahmen zu vergrößern und die Ausgaben zu vermehren, die unselige Vergrößerungssucht, und der dadurch nothwendigwerdende Krieg, wird als der Hauptzweck angesehen, man trifft Vertheidigungs- und Angriffsanstalten, greift die Nationen über ihre Kräfte an, drückt sie mit unerschwinglichen Abgaben, sucht die Volksmenge zu vermehren, um sie zu Vergrößerungsabsichten zu gebrauchen und bey Tausenden aufzuopfern, und sucht die Ursache der Feindseligkeiten, welche das menschliche Geschlecht zerfleischen, nicht in

der

der Quelle auf. Thronen zittern, und Staaten werden erschüttert, blos weil man die Bildung der Menschen zu guten Bürgern vernachläßiget. Würde der Grundsatz herrschend, lieber über wenige gute, gesittete Menschen zu herrschen, und solche glücklich zu machen, als über Millionen Cannibalen, so würde mancher Krieg vermieben werden. Die innere Ruhe eines Staats kann nicht besser erhalten werden, als wenn man ihm eine solche Constitution giebt, welche die Menschen glücklich macht, und sie überzeugt, daß sie bey jeder andern Constitution nicht so glücklich seyn würden. Das Unerträgliche in der Behandlung der Menschen, und die Verfehlung des Zwecks, welchen jeder einsiehet, gebiehret Neuerungssucht; man verlangt eine Veränderung, es mag daraus erwachsen, was da will, blos um die drückende Last von sich abzuwälzen. Ein Staat gleicht darin einem Kranken, der viel Schmerzen erduldet, so ihm unerträglich geworden, und da er an der gänzlichen Heilung des Uebels verzweifelt, sich nun eine andere Art von Schmerz wünschet und verursachet, um jenen zu vergessen. Ein Mann, der unausstehliche Schmerzen vom Podagra erlitt, nahm ein paar Pistolen, ladete sie mit Schrot, und schoß sich beide Schüsse durch die Füße. Die herbeneilenden erschracken, und frugen, was ihn zu diesem ungewöhnlichen Entschluß vermocht hätte. Die Antwort war: weiter nichts, als um mir eine andere Art von Schmerz zu verschaffen, denn jener ist mir unausstehlich. Zufälliger Weise wurde er geheilt, und die Krankheit verlohr sich.

Was die Ueberzeugung einer guten Constitution auf die Denkungsart der Menschen wirkt, hat man vor kurzem mit Verwunderung in der Reichsstadt Frankfurt am Mayn gesehen. Der General Cüstine wollte ihr die französische Freyheit geben, die Explosion eines kranken, in Fäulniß übergegangenen Staatskörpers, und wollte sie von den vermeintlichen Fesseln der Aristocraten befreyen. Die edlen Bürger aber traten einmüthig auf, und sagten: die Freyheit, welche Sie uns geben wollen, besitzen wir schon im höhern Grade, als sie uns angeboten wird, wir werden nicht gedrückt; sind mit unserer Constitution zufrieden, leben glücklich, und wenn Sie uns das unschätzbare Kleinod unserer Constitution nehmen, so machen Sie uns unglücklich; wir danken für Ihren guten Willen. Dieser kleine Freystaat ist nicht krank, er empfindet keinen Schmerz, und will sich daher keinen andern Schmerz zuziehen.

Die Preußischen Staaten, ungeachtet sie monarchisch regiert werden, sind von allen monarchischen Staaten die freyesten, sie leiden keine Bedrückungen, und in den meisten Provinzen würde man eben so denken und reden, als in Frankfurt. Dis schließt aber nicht aus, daß nicht hin wieder noch einige Verbesserungen sollten gemacht werden können, und hiezu gehört vorzüglich mit die Bildung der Jugend.

Character der Nation. Diese Materie leitet uns auf den Character und die Sitten der Nation in Westpreußen. Eine jede Provinz pflegt wol ihren herrschenden Nationalcharacter zu haben, welcher den Grund in einer vieljährigen Regierungsverfassung hat. Im Netzdistrict herrscht aber gar kein Nationalcharacter, es ist ein Mischmasch von Menschen aus allen Weltgegenden, wovon der eine so, der andere so denkt. In polnischen Zeiten hatte der Edelmann beynahe eine unumschränkte Gewalt über alle Einwohner seiner Güter, war reich und herrschsüchtig, weil die Idee bey ihm genährt wurde, er könne zu der höchsten Stufe im Staat gelangen, er könne König werden. Die Hoffnung dazu war sehr entfernt, desto eher aber konnte er zu den vorzüglichsten Ehrenstellen hinaufsteigen.

Er

Er konnte leicht Richter, Starost, Castellan, oder gar Wonwod, und wenn er sich dem geistlichen Stande widmete, Bischof werden. Um zu einem dieser Posten, welche einträglich waren, zu gelangen, wurden Freunde, Geld und Aufwand erfordert. Alles dieses bildete einen Character von Stolz, mit Schmeichelen, Verschwendung und Herrschsucht vermischt; denn, erhielt er einen dieser Posten, so war er ein halber Souverain in seinem Departement; bevor er aber dazu gelangte, mußte er auf eine niederträchtige Art schmeicheln, woraus dieser widersprechende Character erwuchs, welcher beynahe allen Polen eigen ist. Die Bürger und Bauern lebten unter beständigem Druck, hatten keine Hoffnung sich empor zu heben, und ihr Character war daher sclavisch. Die Deutschen, welche sich in Polen niedergelassen, hatten einen Hang zur Freyheit, welcher aber unterdrückt wurde, denn sie durften es sich nicht merken lassen, ohne in Gefahr zu kommen, unglücklich zu werden. Hieraus bildete sich ein Character der Heuchelen, mit einem beständigen Streben, Freyheit zu genießen, so sie nicht hoffen konnten. Hiezu kam der Religionshaß, welcher sie bigot machte, ohne ächte Religions-Grundsätze. Nachdem die Provinz preußisch wurde, war der polnische Adel nicht mehr, was er gewesen, es mischte sich daher Bitterkeit in seinen Character, und Mistrauen gegen Deutsche, welches noch lange fortdauern wird. Jetzt haben sich viel Deutsche angekauft, welche in ihrer Denkungsart, da sie in einem monarchischen Staat gebohren, von den Polen weit unterschieden sind. An einer Uebereinstimmung des deutschen und polnischen Adels ist lange nicht zu denken, welches sich auf den Kreistägen und andern Versammlungen äußert. Die unseligen Religionsstreitigkeiten haben zwar aufgehört, bey vielen glimmt aber das Feuer noch unter der Asche.

Unter die Bürger und Bauern haben sich viel Ausländer aus allen Provinzen Deutschlands gemischet, wovon ein jeder den Nationalcharacter seines Vaterlandes mitgebracht. Hier trifft man Preußen, Pommern, Märker, Sachsen, Reichs- und Rheinländer durch einander an, ein jeder denkt verschieden. Die Vermischung und Zusammenschmelzung aller dieser Nationen und Charactere ist noch nicht vollendet, und wird noch viel Jahre sichtbar bleiben. Es gleicht die gegenwärtige Nation einer Vermischung von Wein, Oel, Wasser, Milch, und andern Flüssigkeiten.

Die königlichen Officianten sind ebenfalls aus allen Weltgegenden herbeygeholt, und sind in ihrer Denkungsart auch verschieden, indessen herrscht unter diesen, da sie fast alle an eine monarchische Regierungsverfassung gewöhnt sind, noch die meiste Uebereinstimmung, obgleich überall noch keine Familien-Verbindungen, wodurch erst die verschiedenen Charactere in Eins zusammenzufließen pflegen, existiren.

Die Deutschen verheirathen sich äußerst selten mit den Polen, und im Ganzen genommen läßt sich der Character dieser Nation so wenig bestimmen, als in Nordamerica, es ist gleichsam ein Colonistenland, wo Gutes und Böses unter einander vermischt ist.

In Religionssachen folgt man der lauten Observanz, man denkt überall frey, und ist tolerant.

In Ansehung der Sitten sind die Polen sehr gastfrey, man wird allenthalben gut aufgenommen; dabey sind sie aber zur Völlerey geneigt. Der Ungar-Wein wird bey Gastmahlen und andern Zusammenkünften aus Deckelgläsern in Uebermaaße getrunken; jedoch soll diese Sitte in Warschau jetzt nicht mehr so herrschend seyn, und wenn man billig urtheilen will, so geben die Deutschen

schen den Polen im Trinken nichts nach. Die Tafel bey
den Polen bestehet größtentheils in Fleischspeisen, an den
Fasttagen aber in Fischen und Mehlspeisen; es herrscht
keine Abwechselung, wie die Deutschen und Franzosen gewohnt sind, daher liebt der Deutsche mehr den polnischen
Keller als die polnische Küche. Wer lange von einem
Polen bewirthet wird, und an ihre Speisen noch nicht
gewöhnt ist, dem wird das Fleisch zum Eckel, denn Gar-
tengewächs kommt wenig oder gar nicht auf den Tisch,
Fleisch von allerley Gattung aber im Uebermaaß.

Die Polen sind meistentheils stark am Körper, und
haben persönliche Tapferkeit; es herrscht aber bey ihnen
keine militärische Ordnung, und sie sind in diesem Stück
gegen andere europäische Völker um einige hundert Jahre
zurück. Die Eifersucht dreyer großen benachbarten
Reiche wird auch schwerlich zugeben, daß sie sich formiren, weil sie ihnen dadurch gefährlich werden könnten.

Zur Oeconomie und zu Geschäfften haben die Polen keinen Hang, wenn sie gleich größtentheils auf ihren
Landgütern wohnen. Die Bewirthschaftung derselben
überlassen sie größtentheils ihren Commissarien, Pot-
Starosten und Pächtern; sie selbst bringen ihre Zeit mit
Reisen von einem Gut zum andern, zu den Gerichtshöfen und nach der Hauptstadt zu. Das andere Geschlecht
wird sehr bey ihnen geschätzt; es giebt viel Schönheiten
unter ihnen, und da sich die polnischen Damen weder
um die Küche noch Haushalt bekümmern, haben sie gewöhnlich ein feines Teint, und sind zum Theil überaus
reizend. Selten wird man Eifersucht unter den Polen
antreffen, diese Leidenschaft ist ihnen unbekannt, nicht
aus Mangel von wechselseitiger Hochschätzung, sondern
vielmehr, weil die Polen gegen ihre Gattinnen übertrie-
ben nachsichtig sind. Diese besitzen größtentheils viel
Verstand, und sind gewöhnlich in Geschäfften und Fami-
lien-

lien-Angelegenheiten geschickter und bewanderter als die Männer, wodurch sie das Uebergewicht über diese erhalten. Im Anzug ist das polnische Frauenzimmer verschwenderisch, es fehlt aber den meisten an Proprete, welches wol daher rührt, weil sie die meiste Zeit auf dem Lande zubringen; denn in Warschau herrscht viel Reinlichkeit und Geschmack im Anzug. Die Kleidung der Polen ist national, aber kostbarer als die deutsche und französische. Sie tragen lange Röcke von feinem Tuch oder Casimir, mit Seide gefüttert, des Sommers seidene Röcke, hierunter noch einen eben so langen seidenen Rock, beide ganz herunter zu, Pässe oder Schärpen um den Leib, eine Mütze statt des Huts, und viele tragen den Säbel an der Seite. Die Röcke kommen kostbarer als die deutschen Kleider, weil sie länger, und jederzeit mit Seide oder feiner Leinwand gefüttert sind; in den Pässen oder Schärpen aber herrscht viel Verschwendung, denn ein gewöhnlicher Paß von Seide, mit Gold oder Silber durchwirkt, kostet zehn Ducaten, und wenn es was rechts seyn soll, funfzig bis sechzig Ducaten, wofür sich ein Deutscher vom Kopf bis zu Fuße ganz elegant kleiden kann. Wer propre in Kleidern gehn will, muß verschiedene Pässe haben, weil die Veränderung geliebt wird, und hierin steckt ein großes Capital. Im Pelzwerk wird auch viel verschwendet, die Mützen sind viereckt, von verschiedenem Tuch, mit Pelzwerk eingefasset, und kommt eine Mütze theurer als ein Hut. Die Uhr tragen sie gewöhnlich vor der Brust, und lieben sehr die Galanteriewaaren. Wenn der Pole recht propre angekleidet ist, trägt er gelbe oder rothe Stiefeln, und niemals Schuhe. Der Pole gehet mit abgeschnittenen Haaren ohne Frisur, und die alten ihren Sitten getreuen Polen lassen sich den Kopf scheeren, haben in der Mitte kurz abgeschnittene Haare, und haben Wangen oder einen Bart, welches jedoch bey den jüngern Polen jetzt selten

selten ist. Der Ursprung des Kopfscheerens ist ungewiß, und wird auf verschiedene Art erzählt. Diese Sitte in der Kleidungstracht erhält sich im Netzdistrict noch bey den meisten Polen, welche auch ihre Sprache beybehalten. Beynnahe hätte die französische Kleidung die polnische verdrängt, denn es kleideten sich schon vor einigen Jahren die meisten jungen Polen durchaus französisch. Die polnische Nationaltracht ist aber wieder hergestellet, und nun kleidet sich fast alles wieder polnisch, so wie denn auch die polnische Sprache in den Gerichtshöfen statt der lateinischen eingeführt worden. Die polnischen Damen kleiden sich französisch, und haben keine distinguirende Nationalkleidung. Auf die Reinigkeit des polnischen Adels wird strenge gehalten, indessen haben viel deutsche Familien das Indigenat bekommen; mit dem Bürgerstande vermischet sich aber der polnische Adel sehr selten. Indessen haben die Bürger durch die neuerdings wieder vernichtete Constitution viel Vorrechte, unter andern die Besitzfähigkeit adlicher Güter, erhalten, und es haben sich viel Bürgerliche angekauft, wodurch sie die Rechte des Adels erhalten haben. Zwischen dem catholischen und dissidentischen Adel ist jetzt wenig Unterschied, sie verheirathen sich unter einander, und letztere können zu den höchsten Ehrenämtern gelangen.

Gleich nach der Besitznehmung stand auch den Bürgerlichen frey, adliche Güter anzukaufen, dis ist! aber wieder aufgehoben, und sind die Bürgerlichen, wie in allen übrigen preußischen Staaten, ohne ausdrückliche Concession, in Ansehung adlicher Güter nicht besitzfähig.

Eine herrschende Religion ist jetzt im Netzbistrict nicht. In polnischen Zeiten hatte die catholische Religion das Uebergewicht, sie hatte die meisten

Religion.

sten Kirchen und Priester, und es hielt schwer, eine evangelische Kirche zu fundiren. Seit der preußischen Besitznehmung aber haben sich die Evangelischen so sehr vermehrt, und die Catholiken so sehr vermindert, daß hin und wieder ganze catholische Gemeinden ausgegangen, und ihre Kirchen wenig oder gar nicht besucht werden. Indessen sind die Catholiken noch immer in deren Besitz, und suchen sich dabey zu erhalten. Im Netzdistrict sind 133 catholische Probsteyen, und nur 36 evangelisch-lutherische Pfarren; die Anzahl der lutherischen Einwohner beläuft sich aber auf 75000 Seelen, woraus man schließen kann, daß sie sich sehr vermehrt haben müssen, da sie beynahe bis auf die Hälfte aller christlichen Einwohner herangewachsen sind. Die Anzahl der Reformirten beläuft sich nur auf 276 Seelen, und diese haben gar keinen Geistlichen in der Provinz.

Die vornehmen und aufgeklärten Polen haben keinen übertriebenen Hang zur catholischen Lehre, die Geistlichkeit ist bey ihnen nicht in dem vorzüglichen Ansehn, wie bey andern catholischen Völkern, und überhaupt ist der Pole nicht sehr bigot. Die Religionsstreitigkeiten, welche zwischen den Catholiken und Dissidenten einige Jahrhunderte geherrschet haben, sind mehr in politische und Familien-Streitigkeiten ausgeartet, aber auch diese verlieren sich mit der Zeit, wenigstens giebt die Religion nicht mehr die Veranlassung dazu. Die Evangelischen bezeigen mehr Anhänglichkeit an ihre Religion, weil sie seit Jahrhunderten die unterdrückte gewesen, und sie jetzt freye Religionsübungen haben.

Militair. Der Netzdistrict ist mit Militair nicht stark belegt, denn es stehet in Bromberg nur das Füsilier-Battaillon von Lieberoth, nebst einer Compagnie Invaliden, und in einigen kleinen Städten das Husarenregi-

regiment von Trenck, wovon der Stab in Schneidemühle liegt. Das Füsilier-Bataillon bestehet aus vier Compagnien, 19 Officiers, und überhaupt aus 686 Köpfen; das Husarenregiment aber aus 10 Schwadronen, 51 Officiers und 1500 Pferden. Ersteres hat hier keinen Canton, sondern es werden aus einem andern Canton in Ostpreußen die kleinen Leute abgegeben, und bestehet größtentheils aus Ausländern; dagegen hat die Artillerie, das Regiment von Pfuhl aus Berlin, und das Regiment von Kenitz aus Königsberg in der Neumark hier Canton, und zwar die Artillerie 3,137, das Regiment von Pfuhl 5906, und das Regiment von Kenitz 6477 Feuerstellen. Die Anzahl der in Reihe und Gliedern stehenden Personen aus dem Netzdistrict beläuft sich auf 3094 Seelen, und die Zahl der sämtlichen dienstfähigen Menschen beynahe auf 15000, die sämtlichen Enrollirten aber über 32000.

Für die Husaren sind 9 Casernen erbauet, wovon aber schon die zu Filehn, Ucsz und Czarnikow wieder niedergerissen und verkauft, die Husaren aber in die Städte verlegt worden. In Schneidemühle ist ein Haus für den Regiments-Chef und für den Commandeur angekauft, auch ein Fourage-Magazin-Haus angelegt, so wie in Lobsens ein Commandeur-Haus gebauet worden.

Die Menschen im Netzdistrict sind zum Militärdienst sehr gut, vorzüglich die Deutschen, und es giebt darunter viel große dienstfähige Leute.

Der Netzdistrict glich bey der Besitznehmung einem verwüsteten Garten, welcher neu angelegt, umgeformt, gebaut, bepflanzt und besäet werden mußte, bevor was daraus geerndtet werden konnte. Die Instandsetzung der Provinz hat dem König und der Landesregierung große Summen

Landesregierung und Administration.

men und sehr viel Mühe gekostet, und sie wäre vielleicht noch was sie war, wenn sie nicht unter preußische Landeshoheit gekommen wäre. Jetzt, nach einem Zeitraum von zwanzig Jahren, siehet sie sich nicht mehr ähnlich, und nun ist erst Nutzen daraus zu ziehen. Der König hat folgende Summen in die Provinz baar verwandt:

1. Behuf Anlegung des Canals und der Schleußen, gegen	700,000 Thlr.
Der Anschlag war mehr als noch einmal so hoch; und wenn gleich nur diese Summe angegeben wird, so ist doch zu vermuthen, daß sie weit höher läuft.	
2. Zu dessen Unterhaltung und Bau der neuen Schleußen, wenigstens	200,000 —
3. Zum Retablissement der Aemter	70,000 —
4. Zu Meliorationen in den Aemtern	100,000 —
5. Zum Retablissement der Städte	320,000 —
6. Zum Etablissement der Colonisten auf dem Lande, in den Städten und der Frey-Battaillonisten	190,000 —
7. Behuf Erbauung der Casernen	120,000 —
8. Behuf Anlegung und Unterstützung der Fabriken, gegen	15,000 —
9. Behuf Anlegung eines Magazins in Bromberg, Fordon ꝛc.	50,000 —
10. Behuf Anlegung einer Remise, über	20,000 —
11. Behuf Anlegung einer Salpetersiederey, gegen	20,000 —
Summa	1,805000 Thlr.

mithin beynahe zwey Millionen, ohne die übrigen Verwendungen, welche sich nicht genau nachweisen lassen, und auch einige Tonnen Goldes betragen, wohin die Anlegung

legung des Land-Gestüts, die Ankaufung dreyer Aemter u. s. w. gehören.

Der Netzdistrict wird eben so wie die übrigen preußischen Provinzen regiert und administrirt; es sind Landescollegia angelegt, wovon jetzt gehandelt werden soll.

In Justizsachen ist das Hofgericht zu Hofgericht. Bromberg das höchste Landescollegium. Es bestehet aus einem Präsidenten, einem Director und acht Räthen. Die Zahl der Assessoren, Referendarien und Auscultatoren, welche zu Rathsstellen, Subaltern-Bedienungen und Unterrichter-Posten gebildet werden, den Gang der Geschäffte kennen lernen, und mit arbeiten müssen, ist nicht bestimmt, sie nimmt ab oder zu, nachdem sich viel oder wenig melden, und weiter befördert werden. Das Collegium hat einen Canzleydirector, zwey Secretarien, einen Archivarium, einen Ingrossator, zwey Registratoren und zwey Registratur-Assistenten, einen Canzley-Inspector, sechs Cancellisten, und eben so viel, ja noch mehr Copiisten, einen Calculator, einen Depositial, einen Salarien-Cassen- und einen Vorschuß-Cassen-Rendanten, nebst zween Controlleurs, einen Botenmeister, einen vereideten Dolmetscher, drey Boten und einen Landreuter zu Subalternen. Ferner einen Inquisitor publicus, nebst einem Hofvogtey-Actuarius und einem Dolmetscher, welche die Criminalprocesse führen, und unter welchen die Hofvogtey oder das öffentliche Gefängniß und Arbeitshaus stehet, einen Gefangen-Inspector, einen Werkmeister, zwey Gefangen-Wärter. Weiter das Officium Fisci einen Hofgerichts- und einen Cammer-Fiscal, welche zugleich Justiz-Commissarien sind, außerdem zwey Criminal-Räthe und drey Justiz-Commissarien. Das Personale ist zahlreich, und beläuft sich gegen funfzig Personen, welche alle Hände voll zu thun haben. Das Collegium beschäfftiget

tiget sich mit Civil-, Criminal-, Hypotheken-, Vormundschafts- und Cassen-Sachen, blos landes- und geistliche Sachen gehören vor die Regierung, und Lehnssachen sind hier gar nicht. Das Hofgericht untersucht und erkennet in allen Justizsachen des Adels, der Geistlichkeit und der exemirten Personen, auch in Ehe- und Wechselsachen ohne Unterscheid, außer in Ehesachen, wenn beide Theile catholisch sind, in welchem Fall sie vor das geistliche catholische Consistorium gehören. In der ersten Instanz, wenn es zur Appellation kommt, instruirt es das Appellatorium, und sendet die Acten an die Regierung zu Marienwerder ein, welche per modum commissionis erkennet, und in der dritten Instanz das Tribunal in Berlin; ist der Gegenstand aber zwischen hundert und zweyhundert Thaler, so erkennet der zweyte Senat der Regierung auch in der dritten Instanz. Die Summe der Appellation ist funfzig Thaler und drüber, die Summe der Revision aber zweyhundert Thaler und drüber, wenn die Sachen an das Ober-Tribunal gehen sollen; von hundert bis zweyhundert Thaler aber, wenn sie an die Regierung gesandt werden müssen. Dies ist alles zu verstehen, wenn die Sachen in erster Instanz vom Hofgericht instruirt und vom Collegio erkannt worden. Die Sachen von den Untergerichten erwachsen in der zweyten Instanz an das Hofgericht, und in der dritten Instanz jedesmal an das Ober-Tribunal, und findet die Appellation statt, wenn der Gegenstand über 30 Thaler, und die Revision, wenn der Gegenstand über 100 Thaler beträgt. Ist die Sache in erster Instanz beym Hofgericht instruirt, und der Gegenstand beträgt zwischen 30 und 40 Thlr., so erkennet das Hofgericht durch eine zu ernennende Deputation, und wenn appellirt wird, erkennet auch das Collegium in der zweyten Instanz. In Ansehung der Menge der Processe ist das Hofgericht zu Bromberg. Das dritte Justiz-Col-

Collegium in den Preußischen Staaten, welches aus der General-Civil-Proceßtabelle von 1790 zu ersehen.

In diesem Jahre	haben geschwebt	sind abgethan	geblieben
1. beym Cammergericht	2032	1254	778
2. vor dem Altmärkschen Hofgericht	350	255	95
3. vor der Neumärkschen Regierung	477	328	149
4. vor der Pommerschen Regierung	566	345	221
5. vor dem Hinterpommerschen Hofgericht	234	173	61
6. vor dem Brombergschen Hofgericht	1343	886	517
7. vor der Westpreußischen Regierung	1479	912	567
8. vor der Ostpreußischen Regierung	878	574	304
9. vor dem Ostpreußischen Hofgericht zu Insterburg	631	371	260
10. vor der Magdeburgschen Regierung	725	490	235
11. vor der Halberstädtschen Regierung	444	362	82
12. vor der Minden-Ravensbergschen Regierung	339	237	102
13. vor der Tecklenburg-lingenschen Regierung	368	283	85
14. vor der Regierung zu Mörs	179	136	43
15. vor dem Justiz-Collegio zu Geldern	119	83	36

16. vor

In diesem Jahre	haben geschwebt	sind abgethan	geblieben
16. vor der Ostfriesischen Regierung	347	190	157
17. vor der Clevischen Regierung	1074	613	461
18. vor der Breslauischen Ober-Amtsregierung	838	534	304
19. vor der Glogauischen Ober-Amtsregierung	332	241	91
20. vor der Oberschlesischen Ober-Amtsregierung zu Brieg	544	329	215
Summe der Processe	13299	8536	4763

Daß die Processe in dieser Provinz so häufig sind, rührt theils davon her, daß der Adel weit zahlreicher ist als in andern Provinzen, und unmittelbar vor dem Hofgericht in erster Instanz Recht nimmt, theils aber liegt der Grund darin, daß viel Processe in polnischen Zeiten geruhet, welche jetzt rege gemacht werden, und daß sich gewöhnlich aus einem Proceß mehrere generiren.

Die Concurs-Processe sind hier nicht häufig, und nehmen nach eingeführtem Credit-System merklich ab.

Außer den Processen, womit sich das Collegium beschäfftigt, formirt es auch das Pupillen-Collegium, und führt die Administration des Vermögens der Minderjährigen unmittelbar, weil keine administrirende Vormünder angeordnet werden, da sie sich zur Cautionsbestellung nicht verstehen wollen, und dazu nicht gezwungen werden können. Dies ist eine äußerst lästige Arbeit für das Collegium.

Das

Das Hypotheken-Wesen in dieser Provinz ist wegen der vielen großen Herrschaften und adlichen Güter von äußerster Wichtigkeit, und erfodert viel Arbeit, weil in polnischen Zeiten darin gar nichts geschehen war; jetzt aber, in so fern die Güter unmittelbar unterm Hofgericht stehen, ganz und gar eingerichtet und in der besten Ordnung ist. Dies Fach war um so schwerer zu bearbeiten, weil alles aus polnischen und lateinischen Documenten herausgesucht werden mußte, und ist auch jetzt noch schwerer zu bearbeiten als in andern Provinzen. Die Cassensachen betreffen das Depositarium, die Salarien- und Vorschuß-Casse, die Hofvogtey-Alimentations- und Arbeits-Casse. Die Depositen-Casse hat über 200,000 Thaler in Verkehr.

Endlich beschäfftiget sich das Collegium mit der Aufsicht über die Untergerichte, welche von großem Umfang sind, und mit deren Justiz-Visitationen.

Der Jurisdictions-Bezirk des Hofgerichtes erstreckt sich weiter als der Netzdistrict, denn es ist auch der zu Pomerellen gehörige Konitzsche Kreis dazu gelegt worden, welcher beynahe den vierten Theil des Hofgerichts-Jurisdictions-Bezirks ausmacht.

Die Besoldungen aller Justiz-Bedienten des Hofgerichts werden aus dem formirten Justiz-Fond, welchen die Cammer an das Hofgericht abgiebt, und jährlich gegen 7000 Thaler beträgt, und aus den aufkommenden Justiz-Sporteln, sowol der ordinären Processe als des Hypotheken-Wesens, bestritten.

Das Hofgericht hat drey Justiz-Commissionen, welche im Namen des Hofgerichts die Processe instruiren, und die Acten zum Spruch einsenden müssen. Diese sind zur Bequemlichkeit der Parteyen angelegt worden, damit sie nicht so weit reisen dürfen, und ist die eine zu

Schneidemühle, die andere zu Konitz, und die dritte zu Inowrazlaw. Die meisten Sachen aber werden unmittelbar vor das Hofgericht gezogen, wenn die Parteyen näher wohnen, oder Mandatarien bestellet haben, oder darauf antragen. Diese Kreis-Justiz-Commissionen bestehen aus einem Kreis-Justiz-Commissionsrath und einem Actuarius oder Protocollführer.

Untergerichte. Die Untergerichte sind theils Stadtgerichte, theils combinirte Patrimonial- oder Kreisgerichte, und theils Domänen-Justizämter. Der Stadtgerichte, so mit andern Patrimonialgerichten nicht in Verbindung stehen, sind sechs, nemlich Bromberg, Inowrazlaw, Strzelno, Deutsch Crone, Jastro, und die vier combinirten kleinen Städte Mogilno, Znin, Wilatowo und Onintzischewo. Gonsawa und Kruschwitz sind zu Strzelno gelegt worden. Die übrigen Städte haben keine besondere Stadtgerichte, sondern sind mit den nahbelegenen Patrimonialgerichten verbunden, indessen wird die Justizpflege in jeder Stadt unter dem Titel Stadtgericht verwaltet.

Combinirte Patrimonialgerichte sind im Netzdistrict funfzehn, nemlich Fordon, Inowrazlaw, Labischin, Exin, Nakel, Lobsens, Zempelburg, Krojanke, Flatow, Schneidemühle, Margonin, Scharnikow, Schönlanke, Märksch-Friedland und Filehn; im Konitzschen Kreise aber drey, nemlich Konitz, Hammerstein und Schwetz. Domänen-Justizämter sind im Netzdistrict vier, nemlich Bromberg, Inowrazlaw, Nakel und Schneidemühle; im Konitzschen Kreise aber drey, Schwetz, Tuchel und Schlochau; diese verwalten auch die Justiz im Namen eines jeden Amts, wohin die Sache gehört. Es sind also überhaupt 31 Untergerichte in dem Jurisdictions-Bezirk des Hofgerichts, so unter dessen

dessen Auffsicht stehen, und von welchen die Appellationen an selbiges erwachsen.

In Finanz- und Cammer-Sachen ist die in Bromberg etablirte Krieges- und Domänen-Cammerdeputation das höchste Landes-Collegium in der Provinz. Es ist eine wirkliche Cammer, welche von andern Cammern unabhängig ist, sie wird aber eine Cammerdeputation genannt, weil sie einen gemeinschaftlichen Präsident mit der Krieges- und Domänen-Cammer zu Marienwerder hat, sonst aber nicht unter dieser als ein subalternes Collegium, sondern, wie jede andere Cammer, unter dem General-Ober-Finanz-Krieges- und Domänen-Directorio in Berlin stehet. In wichtigen Sachen schreibt das Collegium an den Cammerpräsidenten in Marienwerder, dieser hat eine General-Kenntniß von allen Vorfällen der Geschäffte, und kömmt zu Zeiten herüber, um den Sessionen mitbeyzuwohnen. Seit zwey Jahren ist auch ein Oberpräsident in gantz Ost- und Westpreußen angesetzt, welcher Chef von allen Cammern im Königreich Preußen ist. Unter diesem, als Chef, stehet die Königsbergsche, Gumbinnensche und Marienwerdersche Krieges- und Domänen-Cammer, und die Brombergsche Krieges- und Domänen-Cammerdeputation. Es ist nicht bekannt, was zu dieser Veränderung Anlaß gegeben hat; es scheint aber, daß die Geschäffte dadurch vervielfältiget werden, und einen langsamern Gang gewinnen, weil der Oberpräsident nicht an allen vier Orten zugleich seyn kann, die Berichts-Erstattung oder Uebermachung der Acten aber viel Zeit erfordert, und ohne dieses dergleichen Generalaufsicht von gar keinem Nutzen ist. Aus dieser Hinsicht sind auch die Cammerdeputationen in Westphalen vor einigen Jahren ganz aufgehoben, und zu wirklichen Cammern gemacht worden, weil die Er-

Krieges- und Domänen-Cammer.

fahrung lehrte, daß die Correspondenz des Collegii mit dem abwesenden Chef viel Zeit wegnahm, und dieser doch ohne Acten nichts bestimmtes sagen konnte. Um die Geschäffte mehr zu simplificiren, würde es überhaupt besser seyn, alle die verschiedenen Finanz-Administrationen in Ein Collegium zu concentriren, um dadurch die vielen Collisionen und Schreibereyen, wobey nichts herauskommt, zu heben. Das Cammercollegium in Bromberg bestehet, außer dem Oberpräsidenten in Königsberg und dem Cammerpräsidenten in Marienwerder, aus einem Cammerdirector, sechs Räthen und zween Assessoren, hat einen Canzleydirector, drey Cammer-Secretarien, drey Registratoren, sechs Cancellisten, einige Calculatoren, einen Botenmeister und drey Boten. Die Hauptcassen bestehen in der Domänen-Casse, welche mit der Salz-, Forst- und Netz-Canal-Casse verbunden ist, und aus der Kriegescasse. Die Ueberschüsse werden an die General-Domänen- und General-Krieges-casse in Berlin abgeliefert, und fließen die Gelder wieder in die besondern Generalcassen, so unter dem General-Ober-Finanz-Krieges- und Domänen-Directorio stehen. Das Cammercollegium ist in gewisse Departements eingetheilt, welche von denjenigen Räthen, so das Departement haben, bearbeitet werden. Ein jeder Rath hat eine gewisse Anzahl Aemter, oder alle Städte-, alle Militär-, Salz-, Forst-, Brau-Sachen u. s. w. zu seinem Departement; es wird aber alles collegialisch bearbeitet. Da auch verschiedene Justizsachen bey den Cammern vorkommen, ist eine Cammer-Justizdeputation errichtet, welche aus dem Director, dem Justitiario der Cammer, und einigen Assistenzräthen bestehet, welche letztere aber keine Mitglieder des Cammercollegii sind. Das Cammercollegium hält vier Tage in der Woche seine Sitzungen. Die Provinz wird in vier landräthliche Kreise eingetheilt, nemlich in den Croneschen, Camminschen, Brom-

Brombergschen und Jnowraglawschen; in Rücksicht der
Städte aber in drey steuerräthliche Kreise: den Crone-
und Camminschen, den Brombergschen, wozu noch einige Camminsche Städte geschlagen worden, und den
Jnowraglawschen. Die Landräthe haben mit Landessachen, Steuern auf dem platten Lande, Vorspanns- und
Militärsachen; die Steuerräthe aber mit Polizeysachen
in den Städten, Militär-, Juden- und Cämmereysa-
chen zu thun, und ressortiren unter der Cammer, an
welche sie ihre Berichte und Tabellen einsenden müssen,
und haben keinen Sitz und Stimme im Collegio. Die
öffentlichen Gefälle auf dem platten Lande und in den
contribuablen Städten werden von den Beamten und
Kreis-Steuereinnehmern erhoben, und an die Domä-
nen- oder Kriegescasse, wohin sie gehören, abgeliefert.
Die Forstgefälle werden von den Forstbedienten, die
Salzgefälle in dem District zwischen der Netze und Brahe von den Salz-Officianten, und die Netz-Canal-Ge-
fälle von den Schleußen-Officianten erhoben, und fließen in die mit der Domänencasse verbundnen Special-
cassen. Die Stempelgefälle formiren eine besondere
Casse, und werden zur General-Stempel- und Carten-
Cammer abgeliefert. In jeder Stadt ist auch eine Ser-
viscasse, und werden die Servisgelder besonders berechnet, ohne in eine von den Hauptcassen zu fließen.

Mit der Accise hat die Cammer nichts zu schaffen,
die dabey angestellten Officianten stehen unter der Pro-
vinzial-Accise- und Zolldirection zu Fordon, und an diese
werden die Accise- und Zollgefälle abgeliefert. Es wäre
aber zu wünschen, daß in jeder Provinz ein Landes-Fi-
nanz-Collegium wäre, und daß alle übrigen Collegia damit verbunden wären, weil dadurch die vielen Collisionen
vermieden würden, welche zwischen den verschiedenen Collegiis nothwendig entstehen müssen. Die Accise- und

Zolldirection sucht die ihr zur Erhebung anvertrauten Revenüen nur zu vermehren, ohne Rücksicht auf das Landesbeste im Allgemeinen; die Cammern aber haben doppelte Pflichten, sie müssen die landesherrlichen Einkünfte zu erhalten und zu vermehren suchen, hieben aber das Wohl des Landes nicht aus den Augen verlieren, denn bey den Cammern sollte es billig heißen: Salus reipublicae summa lex esto. Würden alle Finanzcollegia in einer Provinz mit einander verbunden, und ressortirten alle Cassen und königliche Officianten vor Einem Finanzcollegio, so würde manche Finanz-Operation, welche mit jenem Grundsatz nicht bestehen kann, unterbleiben; es würden die Gründe für und dawider erwogen, und nach dem Uebergewicht der Gründe ein Beschluß abgefaßt werden.

Der Gang der Geschäffte ist jetzt dieser, daß ein jedes Collegium seine Gründe dem General-Ober-Finanz-Krieges- und Domänen-Directorio vorträgt, und dies alsdann entscheidet. Es scheint daher, als wenn es einerley sey, weil sich alles bey diesem Ober-Finanzcollegio concentriret. Es ist aber nicht einerley, weil es nicht collegialisch erwogen wird; es bleibt immer einseitig, weil alle Sachen, welche Accise und Zoll betreffen, an das General-Accise- und Zolldepartement gehen, und von diesem entschieden werden. Ist nur Ein Collegium in der Provinz, vor welchem alle Sachen tractiret werden, so ist es einleuchtend, daß alle Discussionen weit geschwinder bewirkt, die Gründe für und gegen die Sache weit gründlicher erwogen, und unter Vortragung derselben an das General-Ober-Finanzcollegium berichtet werden kann, als wenn mehrere Collegia sind, und ein jedes die Sache einseitig vorstellet. Die gegenwärtige Art der Behandlung gleicht einem Proceß, worin wechselseitige Schriften verwechselt werden, ohne die Parteyen zusammen

men zu nehmen. Das Collegium, welches die Sache von einer vortheilhaften Seite vorzutragen weiß, behält Recht, und wenn auch seine Gründe die schwächsten sind. Man nehme nur den Fall, daß an einem Orte Accise oder Zoll eingeführt werden soll, wo solche bisher nicht gewesen, so entstehet hierüber eine solche Schreiberey zwischen den verschiedenen Collegiis, daß Jahre darüber hingehen, ehe ein Beschluß gefasset werden kann. Ein jedes Collegium sucht seine Meinung durchzusetzen, und man sollte kaum glauben, daß beide Collegia Einem Staat dienten und einerley Zweck hätten, wenn man die Berichte lieset. Würde eine solche Sache collegialisch tractiret, so würde es was leichtes seyn, die verschiedenen Departements des Collegii in einer Sitzung zu einigen, die Gründe von beiden Seiten zu erwegen, und die Sache in einem Berichte lichtvoll vorzutragen. Allein es ist leider in allen Ländern die Vielschreiberey so eingerissen, daß man geflissentlich alle Sachen erst verwickelt, ehe man sie entwickelt, wozu die vielen gegen einander strebenden Collegia und Officianten die Veranlassung geben. Mit den Landesmagazinen, Verpflegungsgeschäfften der Armeen, Landstuttereyen u. s. w. hat es die nemliche Bewandtniß, als mit der Accise. Warum kann dies alles nicht durch Ein Landescollegium gehen, und warum muß sich alles kreuzen? Es gehet alles so durch einander und greift in einander, als wenn in einer Provinz, welche doch einen Theil des Ganzen, ein Glied in der Kette ausmacht, und Ein Oberhaupt hat, mithin alles nur Einen Zweck haben kann, verschiedene Herren regierten, und ein jeder sein besonderes Interesse hätte, da man doch bedenken sollte, daß alle nur Ein Ziel haben, nemlich das Interesse des Landesherrn zu befördern, ohne dem Wohl des Staats zu schaden. Man kann ohnstreitig durch ein General-Landes-Finanzcollegium das Ganze besser zusammenhalten und übersehen, als durch viele von einander abgesonderte Collegia, wovon ein jedes seine Gränzen erweitern will. Diese verschiedenen Kräfte reiben sich an einander zum Nachtheil des Staats, und generiren Unbequemlichkeiten allerley Art. In Frankreich war es eine Haupt-Nationalbeschwerde, daß so viel von einander unabhängige Collegia errichtet waren, wovon ein jedes seinen Zweck hatte, und ein jedes den Hauptzweck verfehlte. Hier war ein großer Domänenpachter, dort ein Accisepachter, dann wieder ein Marechaussé, ein Stempelpachter, ein anderer erhob die Vermögenssteuer, da war wieder ein Zöllner, dort trieb einer himmelschreyende Ungerechtigkeit mit dem Salz-Monopol, ein anderer hatte die königlichen Wälder und Gärten unter seiner Aufsicht, wieder ein anderer die Jagd, und Gott weiß, wie viel Collegia und Anstalten existirten, so in keiner Verbindung mit einander standen, ein jeder trieb sein Unwesen, alles despotisirte die Nation, und wenn sich jemand bey dem König oder dem Generalcontrolleur beschwerte, wurde er an das Collegium, oder die Personen zurückgewiesen, wohin die Sache gehörte, denn es machte kein Ganzes aus, ein jeder war unabhängig, wenn er nur Geld schaffte. Dies war eine sehr lethafte Organisation, und der Fehler lag blos in der Vervielfältigung der Collegien und in dem Mangel der Abhängigkeit sämtlicher Collegien und Officianten von einem Hauptcollegio. Ein jedes neues Collegium, so etablirt wurde, hatte in den ihm anvertrauten Sachen durchs ganze Königreich zu gebieten, anstatt daß man in jeder Provinz nur Ein Collegium haben, und selbigem alle Finanzzweige zu bearbeiten überlassen sollte. Bey einer solchen Einrichtung gehet nicht ein jeder seinen Gang, man weiß die allgemeine Behörde, und wenn man mit der Bescheidung des Provinzialcollegii nicht zufrieden ist, wendet man sich an das Generalcollegium des ganzen Staats. In der Preußischen Staatsverfassung herrscht

in diesem Stück in Vergleichung mit andern Ländern viel Simplicität, und es wäre zu wünschen, daß diese beybehalten, und in jeder Provinz alles in Ein Landes-Finanzcollegium zusammengeworfen würde; denn der Landesherr gewinnt durch die vielen abgesonderten Collegia nichts, das Land aber verliert dadurch viel, und es liegt auch in dem ursprünglichen Plan, daß in jeder Provinz nur Ein Finanzcollegium seyn, und alle unter dem Ober-Finanz-Krieges- und Domänendirectorio stehen sollen.

Die Geistlichkeit in dieser Provinz beste- *Geistlichkeit.* het theils in Kloster-Geistlichen, catholischen Welt-Geistlichen, und lutherischen Geistlichen.

Die Zahl der Klöster beläuft sich auf sechzehn, und ist in Bromberg ein Jesuiterkloster, welches jedoch aufgehoben und in eine Schulanstalt für die catholische Jugend umgeformt worden, wo einige sechzig junge Leute Unterricht erhalten. Ferner ein Carmeliter-, ein Bernhardiner- und ein Clarisser-Nonnenkloster; in Wisseck ist ein Augustiner-, in Gollanz ein Bernhardiner-; in Gurke bey Lobsens ebenfalls ein Bernhardiner-; zu Mogilno ein Benedictiner-; zu Markowize, einem Dorfe in Cujavien, ein Carmeliter-; zu Coronowo ein Cistertzienser-; zu Znin ein Dominicaner-; zu Inowrazlaw ein Franciscaner-; zu Labischin ein Reformaten-; zu Pakosch ebenfalls ein Reformaten-; zu Strzelno ein Prämonstratenser-Nonnen-, und zu Exin ein Carmeliterkloster. Die eingezogenen Klostergüter, so zu Domänen gemacht worden, gehören theils einländischen, theils ausländischen Klöstern und Capiteln, und erhalten selbige aus der Domänencasse folgende Competenzen:

1. Das

	Rthlr.	Gr.	Pf.
1. Das Carmeliterkloster in Bromberg	69	33	10
2. Das Gymnasium des aufgehobenen Jesuiterklosters	635	16	6
3. Die Exjesuiten	70	75	—
4. Das Clarisserkloster	109	31	8
5. Das Cistercienserkloster zu Coronowo	2224	56	2
6. Der Abt daselbst	1911	55	9
7. Das Benedictinerkloster zu Mogilno	406	71	3
8. Der Abt daselbst	770	1	1
9. Das Prämonstratenserkloster zu Strzelno	1723	30	—
10. Das Domcapitel zu Kruszwiz	956	30	12
11. Das Seminarium zu Kruszwiz	48	—	—
Ferner die auswärtigen Klöster und Geistlichkeit:			
12. Das Domcapitel von Cujavien	1809	22	12
13. Der Bischof von Cujavien	1659	23	1
14. Das Domcapitel zu Gnesen	1120	22	3
15. Der Erzbischof zu Gnesen	2698	—	—
16. Das Capitel zu Plozk	100	—	—
17. Das Kloster zu Trzemesno	124	21	16
18. Der Abt daselbst	109	—	—
19. Das Domcapitel zu Wrazlawek	45	—	—
20. Der Weihbischof zu Posen	291	37	16
21. Der Weihbischof Matten	7	75	13
überhaupt	16,889	64	4

Die übrigen Klöster haben entweder keine Besitzungen gehabt, weil es Bettel-Orden waren, oder ihr Vermögen hat in Capitalien bestanden, so die Regierung verwaltet, und wovon ihnen die Zinsen zufließen. Ueberhaupt

haupt sind die Klöster im Netzdistriet nicht reich, und müssen mit der Zeit eingehen, weil sie die Gebäude nicht erhalten können, wenn sie sich auch noch so sehr einschränken und die Zahl der Ordensgeistlichen herabsetzen.

Die Klostergeistlichen stehen in Spiritualibus unter ihrer geistlichen Obrigkeit, dem Provinzial, in Ansehung ihrer Bestätigung und Administration des Klostervermögens unter der Regierung, und in Rechtssachen unter dem Hofgericht.

Mit Weltgeistlichen ist die Provinz ziemlich gesegnet, denn es sind darin 133 Probsteyen, und ein jeder Probst hat seinen Vicarium oder Commendarium. Die Probsteyen waren sonst einträglich, sie haben aber seit der Besitznehmung sehr verlohren, weil die Stolgebühren von den evangelischen Einsassen eingeschränkt worden. Die catholischen Weltgeistlichen stehen in Glaubens- und die Religion betreffenden Sachen unter dem catholischen Consistorio, wovon eins zu Cammin ist, in Ansehung der Bestätigung und der Fundation, so wie der Verwaltung des probsteylichen und Kirchenvermögens, unter der Regierung, und in Rechtssachen unter dem Hofgericht. Evangelische Pfarren sind in der Provinz jetzt 36, welche in vier Inspectionen eingetheilt sind, und stehet die evangelisch lutherische Geistlichkeit in Glaubenssachen unter dem mit der Regierung zu Marienwerder verbundenen Consistorio und geistlichen Departement, so wie in Ansehung der Bestätigung der Fundation und Verwaltung des Pfarr- und Kirchenvermögens unter der Regierung, in Rechtssachen aber unter dem Hofgericht, wohin auch die Suspensionen und Dienst-Entsetzungen gehören.

Seitdem die Provinz preußisch ist, sind darin 13 catholische und 9 lutherische Schullehrer angesetzt, welche 1305 Thaler Besoldung erhalten.

Jetzt

Ehemalige Verfassung und besondere Rechte.

Jetzt bleibt uns noch übrig, etwas von der ehemaligen polnischen Verfassung zu sagen. Diese war im Netzdistrict, so wie in ganz Polen, äußerst simpel, weil alles in Starosteyen, adlichen und geistlichen Gütern und einigen unmittelbaren Städten bestand, ein jeder in seinem Gut beynahe souverain war, und alles zusammen nur ein Ganzes ausmachte, man weder Finanzen, Kammern, Domänen, Steuern, Accisedirectionen, noch militärische Einrichtung kannte, und die Edelleute beynahe ein patriarchalisches Leben führten, nur mit dem Unterscheid, daß sie mit unsichtbaren Geistern nicht in Verbindung standen, und die Engel nicht bey ihnen einkehrten, wie bey den Patriarchen der Vorzeit. Der Starost, der Edelmann, die Geistlichkeit, und die unmittelbaren Städte hatten ihre Patrimonial-Gerichtbarkeit, welche willkührlich verwaltet wurde, denn in ihren Gütern konnte man ihnen nichts vorschreiben, sie regierten unumschränkt, und weil es an Gesetzen dieser Art fehlte, entstanden fast keine Beschwerden, denn es wurde nicht darauf geachtet. Die Constitutionen bestimmten nur die Rechte und Verbindlichkeiten des Adels, der Starosten, der Geistlichkeit und der unmittelbaren Städte unter sich, und nicht der Untergebenen. Die Einwohner der Güter, wenn sie auch freyen Standes und privilegirt waren, lagen in Fesseln der Knechtschaft, und man kannte beynahe das Recht auf Berufung einer höhern Instanz nicht, es wurde den wenigsten gestattet, mit der Grundherrschaft zu rechten, und die es nach ihrem Verhältniß hätten thun können, wagten es nicht, weil der Edelmann vermöge seiner Criminal-Jurisdiction sie leicht zu Grunde richten konnte. Es waren daher in Polen soviel Despoten als Edelleute, und es hat nie ein aristocratischer Staat existiret, der dem polnischen gleichgekommen wäre. Die Starosteyen, welche eigentlich Do-

mä-

mänenguter waren, wurden gekauft, erblich gemacht, und erwuchsen beynahe zur Qualität ablicher Güter, die meisten Städte aber waren mittelbar, und so war beynahe alles Adel oder Unterthan, man kannte keinen Mittelstand, und der Unterthan stand nicht unter dem unmittelbaren Schutz des Staats und der Gesetze, wie in andern Reichen.

Die Edelleute hatten bey ihren Gütern alle nur erdenkliche Regalien, und diejenigen, so ursprünglich der Krone vorbehalten geblieben, waren nach und nach in die Hände des Adels oder der Geistlichkeit gerathen; so daß man keine Spur mehr sahe von königlichen Regalien und vom Fiscus. Bey diesen Umständen war die Landesregierung und Administration ganz einfach, sie bestand blos in der Justiz-Verwaltung zwischen dem Adel unter sich, und zwischen diesen, den Starosten, Geistlichen und unmittelbaren Städten. Die Justizpflege war gewissen Collegiis anvertrauet, deren Mitglieder aus dem Adel genommen, gewählt und bestätiget wurden, und welche Collegia Grodgerichte (Judicia castrensia) genannt wurden. Dergleichen war eins zu Deutsch Crone oder Walsch, unter dem Namen Judicium castrense Vallense, eins zu Nakel, eins zu Bromberg, eins zu Exin, und eins zu Inowrazlaw. Einige Jahre vor der preußischen Besitznehmung war auch in Bromberg ein Tribunal wie in Petrikow errichtet, an welches die Appellationen von andern Grodgerichten erwuchsen. Außer den Grodgerichten waren auch Landgerichte, von welchen besondere Sachen, zum Beyspiel Grenzstreitigkeiten und andere Realprocesse, als vor dem foro rei sitae erörtert und entschieden wurden. Wohin denn auch der Verkauf der ablichen Güter gehörte. Im Netzdistrict war kein Landgericht oder Judicium terrestre, das nächste war zu Posen und zu Gnesen. Ferner gab es ein Assessorial-Gericht,

richt, vor welches hauptsächlich die Rechtssachen zwischen den Edelleuten und Starosten, zwischen den Edelleuten und den geistlichen Gütern oder unmittelbaren Städten gehörten. Diese drey verschiedenen Justiz-Collegia hatten in einigen Sachen concurrentem Jurisdictionem, einige Sachen aber gehörten allein vor eins dieser Gerichte. In Warschau war eine Schatzcommißion, welche auch ein Justiz-Collegium war, und vor welchem besonders Ausländer Recht nahmen, welches vernünftig war, weil die andern Gerichte in propria causa erkannt haben würden, da sie aus dem Apel der Provinz gewählt wurden, und hier gleichsam ein Compromiß zum Grunde lag. Die Parteyen konnten sich auch in ihren Verträgen einem gewissen Gericht unterwerfen, und wenn dis geschahe, war die Gerichtbarkeit dieses Gerichts, wenn aus dem Negotio ein Proceß entstand, fundirt. Die Grodgerichte bestanden aus einem Grodrichter, Grod-Unterrichter und Grod-Schreiber. Die Acten bestanden in den Grodbüchern, in welche die Verhandlungen eingetragen wurden, welches oblatiren, und ein Document, aus diesen Büchern genommen, eine oblata hieß. Dis war eine einseitige Handlung, welche nur den verband, welcher das Document ad actitandum einreichte; sollte es auch den Gegentheil verbinden, so mußte selbiger mit erscheinen und oblatiren. Dieser Actus ist mit unsern gerichtlichen Recognitionen zu vergleichen, wobey keine causae cognitio vorhergehet. Wurde ein Contract gemacht, und von beiden Theilen zur Confirmation eingereicht, so wurde dis roboriren und das Document eine roborata genannt, welches recognitionem und causae cognitionem voraussetzet. Wenn es ein Immobile betraf, so begab sich der Verkäufer nach der Roboration noch einmal ausdrücklich und gerichtlich des Eigenthums, und resignirte es in die Hände des Käufers, welches resigniren, und das Document, so darüber ausgefertiget und in das Buch, so zu diesem Behuf

huf gehalten wurde, eingetragen werden mußte, eine
Resignation genannt wurde. Nun erfolgte die wirkliche
Uebergabe des Immobilis, welches longa manu im Gericht geschehen konnte, und eine Intromission hieß, worüber gleichfalls ein Document ausgefertiget wurde. War
alles dis erfolgt, so war der Käufer wahrer Eigenthümer des Guts, und hatte das dominium acquiriret.
Man siehet hieraus, wie vorsichtig man mit Ueberei-
gnung der Güter zu Werke ging. Die Intromission
war nicht durchaus nothwendig, denn der Verkäufer
konnte das Gut selbst ohne Concurrenz des Gerichts übergeben, die Resignation aber mußte zu Begründung des
Eigenthums nothwendig geschehen. Alle diese Handlungen mußten vor dem Landgericht als vor dem foro rei sitae
geschehen, alsdenn nahm man aber diese Documente,
und ließ sie in verschiedenen Grods, wenn man wollte,
oblatiren, damit die Urkunde in mehreren Gerichten war
und nicht verlohren gehen, man auch im Nothfall
aus dem Grodbuch eine vidimirte Abschrift davon erhalten konnte. Wenn daher ein solches Document der Familie verlohren gehet, so lässet sie nur die Grodbücher,
welche mit einem Register oder summario versehen sind,
nachsehen, und denn findet es sich heraus.

Eine andere Art Streitigkeiten allerley Art beyzulegen, waren die Compromisse. Es einigten sich beide
Theile nemlich, ihre Rechtssache von einem Schiedsrichter
mit Zuziehung guter Freunde untersuchen und entscheiden
zu lassen. Von einer solchen Erkenntniß, welches gewöhnlich ein Vergleich war, fand keine Appellation statt, der
Vergleich oder das Compromissorialdecret wurde oblatirt,
auch wol roborirt, und hatte alsdenn die Wirkung eines
rechtskräftigen Erkenntnisses. Dis war oft der Fall bey
Grenzstreitigkeiten, welche selten anders als durch ein
Compromissorial-Decret entschieden wurden. Sonst
hatte

hatte man auch besondere Grenzrichter, von deren Ausspruch aber die Appellation stattfand. Ein Condescensionsdecret war eine commissarische Verhandlung, welche auch die Kraft eines Erkenntnisses hatte, wenn sie definitiv war, und nicht davon appelliret wurde. Diese Einrichtung war nicht übel, viel Processe wurden schleunig entschieden, und die Entscheidung wurde in die Grodbücher eingetragen, aus welchen man immer Extracte nehmen konnte, wenn man sie zum Beweis nöthig hatte. Acten wurden, wie gesagt, nicht gehalten, sondern nur das Wesentliche in diese Bücher eingeschrieben. Es wäre zu wünschen, daß man noch jetzt dergleichen Bücher bey den Gerichtshöfen hielte, in welchen alle Erkenntnisse und Vergleiche eingetragen würden, alsdenn könnte man die voluminösen Acten entbehren und sie von Zeit zu Zeit verbrennen; denn wenn einige Jahrhunderte hingehen, und alle Acten, welche zusammengeschrieben werden, aufbewahrt werden sollen, so wird man mit der Zeit besondere Häuser dazu bauen müssen.

Von andern Landescollegiis, als die zur Verwaltung der Justiz angeordnet waren, wußte Polen, außer der Hauptstadt Warschau und Grodno, wo der Reichstag zusammenkommt und Gesetze gegeben werden, nichts; denn wenn hin und wieder etwa noch ein Zoll für königliche Rechnung erhoben wird, so geschiehet es nicht durch ein ordentliches Collegium, sondern durch einzelne dazu angesetzte Personen. Gleiche Bewandtniß hatte es auch mit dem Salzregal und mit Erhebung des Rauchschatzes, welches nicht viel Umstände macht. Landes-Polizey war den Polen ein ganz unbekanntes Wesen, ein jeder Edelmann war die Quelle der Polizey in seinen Gütern.

Die Rechtsanwendung in Polen beruhet blos auf Constitutionen, Herkommen und Gerichtsgebrauch, die Polen haben kein subsidtarisches Recht, und das römische so wenig als das canonische Recht ist in Polen so durchaus recipirt worden, als in Deutschland und in andern europäischen Reichen. Der Grund hievon liegt wol darin, daß keiner als ein gebohrner Pole eine richterliche Bedienung bekleiden kann, die Polen aber keine auswärtige Universitäten besuchen, um Rechte zu lernen, sondern wenn einer sich der Justiz widmen will, gehet er auf Schulen, um die lateinische Sprache fertig zu erlernen, weil dis die Canzley-Sprache ist, alsdenn gleich in die Canzley, wird Susceptant oder Protocollführer, Advocat, Grodschreiber, Grodregent, Grodunterrichter und Grodrichter, oder wie die Bedienungen alle heißen, macht sich die Constitutionen und den Gerichtsgebrauch bekannt, und ist ein Rechtsgelehrter, ohne jemals die Rechte studirt zu haben. Wer sich auf eine Constitution berufen kann, hat so lange Recht, bis der andere eine spätere Constitution nachzuweisen vermag. Ueber quaestiones juris wird nicht gestritten, der Richter entscheidet nach Constitutionen, und dem Herkommen, wenn jene schweigen, und recurriret niemals, um seinen Rechtsspruch zu unterstützen, zu ausländischen Rechten. Die Lehnsverfassung, als ein deutsches Recht, kennen die Polen nicht; blos bey dem Herzogthum Curland, wo die ganze Republik mit einer fremden Provinz zu thun hat, und ehemals mit dem Herzogthum Preußen, ist eine Lehnsverbindlichkeit festgesetzt worden, in Polen selbst ist sie nie eingeführt. Die Criminalgesetze waren sonst sehr einfach, und arteten in Willkühr aus, in den großen Städten näherte man sich aber mehr den ausländischen Rechten, denn die jungen Leute aus den Städten gingen auf deutsche und ausländische Universitäten, lernten andere Rechtsgrundsätze, und wendeten sie in praxi an. Viele Städte in Polen wurden von Deutschen angelegt, diese brachten ihr Recht mit, und ließen es sich durch besondere Privilegien bestätigen, und so wurde hin und

Der Netzdistrict. T wieder

wieder das Sächsische und Magdeburgische Recht, aus welchen das Culmsche hergenommen, mit dem römischen und canonischen vermischt, eingeführt, der Adel aber blieb bey seinem vaterländischen Rechte. Wenn ein Edelmann in Untersuchung gerieth und eines Verbrechens überführt wurde, bestand seine Strafe darin, daß er eine Zeitlang, bisweilen viele Jahre, im Thurm sitzen mußte, welches auch noch jetzt geschiehet. Auf Todesstrafe wurde gegen einen Edelmann nicht erkannt, wenigstens muß dieser Fall selten gewesen seyn, denn man hört davon nicht. Da die Edelleute keine ordentliche Patrimonialgerichte eingerichtet hatten, sandten sie in Criminalsachen, wo auf den Tod erkannt werden mußte, die Acten nach den großen Städten, um in der Sache erkennen zu lassen, einige aber erkannten selbst nach Willkühr. Indessen muß jetzt ein jedes Todes-Urtheil ordentlich abgefasset und bestätiget werden, welches der Nation Ehre macht.

Die Constitutionen sind durch die länge der Zeit so wie in andern ländern zu einem solchen Wust angewachsen, daß ein vieljähriges Studium dazu erfordert wird, um sich Kenntniß darin zu verschaffen. Die Nation sehnt sich daher nach einem allgemeinen Gesetzbuch, und wenn die Unruhen in Polen nicht eingetreten wären, würde es vielleicht schon zu Stande seyn. Dis wird von Zeit zu Zeit nothwendiger, weil das Recht jetzt allzusehr auf Willkühr beruhet, und in den Gerichtshöfen nicht einförmig erkannt wird, da sich die Constitutionen so häufig widersprechen.

Bey der Besitznehmung von Preußen wurde durch das Notifications-Patent vom 28 September 1772, und durch die Regierungs-Instruction vom 21 September 1773 festgesetzt, nach welchen Rechten in jeder Pro-

Provinz Westpreußens verfahren werden solle, und heißet es darin §. 13. ad g.

Da in den Districten an der Netze nie andere als polnische Rechte eingeführt gewesen, und dieselben, weder was den Adel daselbst betrifft, an dem jure terrestri nobilitatis Prussiae correcto, noch überhaupt diese Districte an dem blos aus Preußen sich originirenden und recipirt gewesenen Culmschen Rechte jemalen einigen Antheil gehabt, so ist daselbst in judicando in Ermangelung eines anderweiten polnischen Statutar-Rechts die Sammlung der Statuten und Constitutionen des Johannis Herburthi de Fuhlstein, auf welche selbst in Polen in allen Judiciis recurriret zu werden pflegt, hauptsächlich dergestalt zum Grunde zu legen, daß darnach in allen vor dem 28 September 1772. vorgekommenen und vollzogenen Negotiis regulariter zu erkennen, doch mit der Einschränkung, daß, wenn jemand die Abstellung einer oder der andern darin enthaltenen Constitution agendo vel excipiendo allegirt, und sich deshalb auf eine anderweite spätere Constitution, Reichstags-Conclusum und andere rechtsbeständige Verordnung beziehet, oder auch nur non-usum vel observantiam in contrarium anführt, und sich dabey zum Beweis der Existenz derselben sowol als der Reception einer neuern der ältern derogirenden Constitution erbietet, demselben solches nicht zu verschneiden sey; welches auch alsdenn stattfindet, wenn jemand aus den Städten sich auf das daselbst recipirte oder introducirte Magdeburgsche Recht beziehet, in welchem Fall besonders derselbe denjenigen passum aus demselben, den er für sich anführt, sowol quoad existentiam als receptionem zu erweisen schuldig ist:

Wobey schließlich, obgleich die Ostpreußischen Rechte und besonders das Preußische Landrecht de anno 1721. mit diesem District in keiner Verbindung gestanden, wir doch um so weniger Bedenken tragen, dasselbe und in subsidium das römische Recht in den Fällen, wo die besondern Statutar-Rechte schweigen, auch allhier pro jure subsidiario zu bestimmen, da was in dieser Gegend, allwo das sächsische Recht zu den ältesten Zeiten angenommen gewesen, nach der von Zeit zu Zeit erfolgten Reception des juris communis Romani aus denselben beybehalten worden, in dem Preußischen Landrecht am vollständigsten sich gesammlet findet.

In jener Verordnung sind nun alle die Gesetze und königlichen Edicte, welche in den acquirirten Provinzen gesetzliche Kraft haben sollen, angeführt, und dadurch hat der Netzdistrict ein ganz neues von seinem ehemaligen abweichendes Recht erhalten: Die andern Provinzen Westpreußens sind bey der Veränderung der Regierungsform besser weggekommen, weil sie geschriebene Gesetze hatten, und diese ausdrücklich bestätiget worden, dem Netzdistrict es aber hieran fehlte, hier in vielen Stücken ein polnisches Gewohnheitsrecht galt, und sich daher in künftigen Fällen ein ganz neues Recht gefallen lassen mußte. Dem Gesetzgeber und neuen Landesherrn konnte es im Grunde einerley seyn, ob der Netzdistrict seine alten polnischen Rechte beybehielt, oder ob diese Provinz dem preußischen Landrecht unterworfen wurde. Allein die Sache ist vernachläßiget, es hat sich niemand die Mühe gegeben, die polnischen Gesetze, so hier gegolten, zu sammlen und zur Bestätigung einzureichen. Wäre der Adel gleich zusammengetreten, und hätte sich darüber geeiniget, welche polnische Gesetze in dieser Provinz gegolten, oder worin das Jus statutarium scriptum vel non scriptum bestanden, hätte alsdenn die Sammlung dem Gesetzgeber eingereicht, und um deren Bestätigung gebeten,

so

so ist nicht zu zweifeln, es würde ihm darin willfahret seyn. Da sich aber niemand meldete, und angenommen wurde, daß kein statutarisches Recht vorhanden, wurde die Provinz dem preußischen Landrecht unterworfen.

Aus dem Ausdruck: wo die besondern Statutar-Rechte schweigen, ist schon zu ersehen, daß die Absicht des Gesetzgebers nicht gewesen, dieser Provinz ihre Rechte zu nehmen, und sie durchaus den ausländischen Gesetzen zu unterwerfen; es ist blos eine Folge der Nachläßigkeit des hiesigen Adels, welcher sich nicht überzeugen konnte, daß diese Provinz preußisch bleiben werde, und auch in keiner Verbindung miteinander stand. Obgleich der Adel diese Rechte wiederherzustellen hofft, so ist es doch, da schon zwanzig Jahre verlaufen, und andere Familienverhältnisse entstanden, füglich nicht mehr zu ändern.

In Successionsfällen ist das neue Recht von dem polnischen sehr abweichend, und haben einige Familien dadurch gewaltig gelitten. In ganz Polen succediren die Töchter nicht in Immobilibus, sondern werden abgegütert, der Vater bestimmt ihnen Brautschätze, und die Söhne haben allein die Erbfolge in den Gütern. Hat der Vater einer Tochter den Brautschatz bestimmt, und stirbt, so können die übrigen Töchter nicht mehr aus den Gütern verlangen, als ihre ausgesteuerte Schwester; er kann den Brautschatz bestimmen so hoch er will, und ist nicht schuldig, den Töchtern den Pflichttheil zu hinterlassen, denn hievon haben die Polen keinen Begriff. Mehr als den vierten Theil aber, und die Güter selbst kann er den Töchtern nicht geben; denn die Güter kann er den Söhnen nicht nehmen. Obgleich in neuern Zeiten bey einigen Gerichtshöfen angenommen wird, daß der Vater den Töchtern wenigstens den vierten Theil des Vermögens, oder einer jeden Tochter den vierten Theil dessen, was ein Sohn erhält, nachzulassen schuldig, so wird dis doch durch keine Constitution begründet, vielmehr verordnen solche das Gegentheil. Hat der Vater noch gar keinen Brautschatz bestimmt, so müssen die Brüder ihren Schwestern zur Abfindung den vierten Theil dessen, was sie erhalten, aus den Gütern geben, und wenn sie das nicht thun, so können die Schwestern auf die Verbesserung des Brautschatzes klagen, auf die Güter selbst aber können sie keinen Anspruch machen. Nach jetzigen Rechten aber succediren die Töchter mit den Söhnen zu gleichen Theilen, auch in Immobilibus, sie mögen vom Vater oder von der Mutter herkommen, und können zur Ausmittelung ihres Erbtheils auf Subhastation antragen. Dies macht den Söhnen in der Erbfolge einen gewaltigen Unterscheid; indessen ist nicht zu leugnen, daß es der natürlichen Billigkeit sowol als dem Staats-Interesse gemäßer ist.

Ferner herrscht in Polen der Rückfall der Güter, die Recadenz; sie kommen nicht leicht aus der Familie, außer wenn keine Söhne vorhanden, in welchem Fall die Töchter erben, und sie ihren Ehegatten zubringen. Wenn ein Sohn unbeerbt, und ohne Geschwister zu hinterlassen, stirbt, so würde nach der natürlichen Erbfolge die Mutter erben, wenn sie noch am Leben ist; in Polen aber nicht, sondern der nächste männliche Seiten-Verwandte, des Vaters Bruder, oder dessen Söhne, und diese schließen die natürliche Erbfolge aus. Jetzt verhält es sich anders, die Mutter beerbt ihren Sohn oder Tochter, wenn sie kinderlos sterben und keine Geschwister nachlassen, und schließt die Seiten-Verwandten ihres Kindes aus. Hierüber ist ein wichtiger Proceß wegen der Strellschen Güter, welche über 120,000 Thaler werth, zwischen der verwittweten Gräfin von Grubzinska, nachher verehlichten von Wyganowska, mit dem Grafen von Grubzinski zu Chodziesen, geführt, und zu des letztern Nachtheil entschieden worden. Es waren nemlich zween Brüder Grafen von Grubzinski, welche

sich

sich in ihre mütterlichen Stammgüter Chodzieſen und
Streliz theilten. Der eine, welchem die Streliſchen
Güter zufielen, heirathete ein gewiſſes Fräulein von
Kryſka, zeugte mit ihr einen Sohn, und ſtarb. Dieſer wurde ſein Erbe, ſtarb aber auch unmündig. Nach
polniſcher Verfaſſung mußten die Güter an ſeines Va-
ters Bruder, den Graf von Grudzinſki zu Chodzieſen,
zurückfallen, und dieſer ſchloß die Mutter von der Erbfolge aus, welche nur ihr Eingebrachtes, und was ihr
etwa verſchrieben war, zurückfordern konnte. Die
Mutter aber nahm die Güter nach der natürlichen Erbfolge in Anſpruch, und gewann ſie durch alle Inſtanzen.
Hätte ſich der Erbfall einige Jahre früher in polniſchen
Zeiten zugetragen, ſo wären die Güter unbedenklich an den
Graf von Grudzinſki zurückgefallen. Dieſer war ein
Opfer der Nachläſſigkeit des Adels; denn, wäre die pol-
niſche Erbfolge im Netzdiſtrict beſtätiget worden, ſo hätten ihm die Streliſchen Güter nicht entgehen können.
Jetzt bemühet ſich der Adel, dieſe Erbfolge wieder zu reclamiren, allein man iſt nun ſchon einmal an die natürliche Erbfolge gewöhnt, und es wird wol dabey bleiben.
Im Grunde iſt dem Staat nichts damit gedient, daß
große mächtige Familien erwachſen, und die Güter zu-
ſammenſterben; es iſt beſſer, daß ſie getrennt werden,
damit viel Familien leben können, die begütert ſind, wie
ſchon oben angemerkt worden.

Gegen das ſchöne Geſchlecht ſind die Polen willfäh-
riger als andere Nationen, und es iſt unverkennbar,
daß es an der Geſetzgebung wenigſtens mittelbar Theil
genommen haben müſſe. Ueberhaupt lehrt die Erfahrung, daß in Ländern, wo die Frauen von der Regierung ausgeſchloſſen ſind, ſie mehr regieren, als in Ländern, wo ſie zum Thron gelangen können. Dis iſt natürlich, denn wo findet man wol einen Suverän, der nicht
ein Sclave der Liebe iſt? In Ländern, wo die weibliche
Thronfolge zuläſſig, prädominiren die Männer, weil
alle

alle Staatsbedienungen in ihren Händen, das andere
Geschlecht gefälliger und nachgiebiger ist, und die weibliche Schwäche mißbraucht wird. Das Salische Gesetz
schließet die Frauen von der Thronfolge aus, und dennoch hat in keinem Lande das andere Geschlecht mehr
Einfluß in die Regierung gehabt, als in Frankreich.
Justinian wurde ganz durch seine Theodora regiert, welche es am wenigsten verdiente. Bey den meisten weib-
lichen Regierungen findet man mehr männliches, mehr
gründliches, und mehr beharrliches, als wo ein Prinz
auf dem Thron sitzet, denn die Regentin wird durch ihr
Conseil regiert und giebt gewöhnlich nur den Namen her,
einen schwachen Prinzen aber regieren die Weiber. Es
giebt jedoch Ausnahmen von der Regel, welche wir selbst
erlebt haben, und wovon wir uns noch jetzt überzeugen
können. Allein diese sind so selten, daß sie die Regel
mehr bestätigen als es entkräften, es sind Phänomene,
welche in Jahrtausenden nur einmal erscheinen, die Natur hat zeigen wollen, daß sie allmächtig ist.

Die Polen haben für das andere Geschlecht mit
Aufopferung ihres eigenen Vortheils gesorgt. Sie verschreiben ihren Ehegattinnen den Brautschatz auf schuldenfreyen Gütern, in bonis mundis et liberis, eine Re-
formationssumme, welche dem Brautschatz gleichkommt,
so sie eingebracht, und wovon sie die Zinsen zeitlebens
genießen, nach ihrem Tode aber an die Erben des Mannes zurückfällt, außerdem häufig ein Gegenvermächtniß
per modum simplicis debiti, und denn noch überdem das
lebtags-Recht in omnibus bonis habitis et habendis.
Stirbt der Mann, so bleibt die Wittwe in den Gütern
sitzen, so lange sie lebt, kann wieder heirathen, und darf
den Kindern erster Ehe, so lange sie lebt, nichts geben,
weil sie Usufructuaria des gesammten Vermögens ist.
Ist die Wittwe jung, heirathet wieder und zeugt Kinder,
so sind die Kinder erster Ehe wie verstoßen; lebt sie lange, so kommen die Kinder erst im hohen Alter zum Besitz
ih-

ihres väterlichen Vermögens, und müssen bis dahin oft kümmerlich leben. Dis ist zwar reciproque, denn die Frauen verschreiben auch oft den Männern ein allgemeines lebtags=Recht, allein den Kindern ist der erste Fall nachtheiliger, weil das Vermögen die meiste Zeit vom Vater herkommt, und wenn dieser zur zweyten Ehe schreitet, für die Kinder nicht so viel Nachtheil zu befürchten, als wenn die Mutter wieder heirathet, und ein andrer Herr auf die Güter kommt. Dis ist im Preußischen eingeschränkt, und kann keiner ein allgemeines lebtags=Recht verschreiben, die Kinder müssen ihren Pflichttheil unverkürzt erhalten. Ferner haben die Polen für das andere Geschlecht dadurch gesorgt, daß der Brautschatz nicht verlohren gehen kann, der Mann kann den Brautschatz nicht anders erheben, als wenn er ihn in bonis mundis et liberis verschreibt. Selbst die Frau kann während der Ehe in die Erhebung des Brautschatzes ohne sichere locirung nicht willigen, sie oder ihre Kinder können es immer wiederrufen, und sich an das Gut halten, auf welches er locirt gewesen, und dis ist der Verjährung nicht unterworfen. Eine Wittwe aber kann, so lange sie Wittwe ist, ihren Brautschatz auf eine rechtsbeständige Art erheben. Die Verjährung findet in Polen nicht anders statt, als in Fällen, wo sie ausdrücklich durch Constitutionen eingeführt worden, denn sie ist nicht juris naturalis, sondern juris positivi. Daher kann das Eigenthum bey Immobilien nicht verjähren, und ist die rei vindicatio sowol als die actio finium regundorum, wenn die Rede von finibus confusis ist, perpetua. Indessen ist die Lehre von Verjährung in Polen äußerst dubios, einige behaupten, sie finde in bestimmten Fällen statt, andere bestreiten es.

Concurs=Processe sind den Polen unbekannt; wer schuldig ist, muß bezahlen, so lange er was hat. Wenn viel Gläubiger auf ein oder mehrere Güter Ansprüche haben, und befriediget seyn wollen, so erwächst ein Prioritäts=

: Der Netzdistrict.

ritätsverfahren daraus, welches mit unserm Concurs-Prozeß Aehnlichkeit hat, jedoch können die Güter nicht öffentlich ohne Zustimmung des Gemeinschuldners verkauft werden. Der Schuldner giebt sein Vermögen an, und bisweilen renunciiret er eidlich auf selbiges, die Creditoren liquidiren ihre Forderungen, und werden nach einer gewissen Ordnung der Verschreibungen in die Güter immittiret; ist der erste befriediget, so rückt der zweyte und so weiter herauf, die ausfallenden bis zum jüngsten haben das Recht, die ihnen vorstehenden Gläubiger auszukaufen, alle Jura crediti an die Güter zu acquiriren und in einer Person zu vereinigen, welches auch schon nach gemeinen Rechten stattfindet, wo der jüngere Gläubiger das Jus offerendi hat, und der ältere Gläubiger ihm Jura cessa geben muß. Der jüngste Creditor wird aber dadurch nicht dominus der Güter, sondern nur creditor immissus oder Pfand-Inhaber, er kann nicht verkaufen, sondern nur transfundiren, oder einem andern eben das Recht, was er hat, cediren, weil der Verkauf ein wirkliches Eigenthum voraussetzet, so der Gläubiger nicht hat, weil er nicht resigniren kann. Der Eigenthümer hat noch immer das Recht, die Güter wieder einzulösen, denn er hat durch die Immission das Eigenthum nicht verlohren, außer wenn er eidlich renunciiret. Wenn er aber den jüngsten Creditor befriediget, hat er wieder das Jus reluitionis, und wird, wenn er alle Rechte der Gläubiger in sich vereiniget, wieder Eigenthümer des Guts, denn die eidliche Abrenunciation ist gleichsam nur eine Manifestation, und wenn niemand mehr vorhanden, der was zu fordern hat, ist der ehemalige Eigenthümer der nächste zum Gut. Herrnlos kann es nicht werden, denn der König oder der Staat kann kein adliches Gut einziehen und die Qualität desselben verändern. Soll es für caduc erklärt werden, so wird dazu ein besonderer Caducitäts-Prozeß erfordert, es werden alle, die auf die entfernteste Art ex capite domihii renen Anspruch daran haben, aufgefordert, solches zu beweisen, und, meldet sich alsdenn jemand, der nachweisen kann, daß er von dem ehemaligen Eigenthümer herstammt, wenn es auch in Jahrhunderte zurückgehet, so wird es ihm zuerkannt, jedoch, wie es sich von selbst verstehet, cum onere. Meldet sich niemand, oder kann keiner sein Eigenthum nachweisen, so wird es für caduc erkläret, alsdenn aber kann es doch nicht eingezogen werden, sondern es muß vom König mit Zustimmung des Reichstags wieder einem polnischen Edelmann gegeben werden, denn es kann die Qualität nicht ändern. Dieser Fall ist äußerst selten, denn es findet sich doch noch wol immer einer, der beweisen kann, daß er von dem ehemaligen Eigenthümer abstamme; ist nichts dabey zu gewinnen, so lässet er es den Creditoren, bis sich die Umstände ändern, und so kann es Jahrhunderte in den Händen der Gläubiger seyn, und kann aus einer Hand in die andere transfundiret werden, das Eigenthum aber bleibt bey der Familie.

Auf die Erhaltung und Vergrößerung der adlichen Familien zweckt in Polen alles ab, daher kann auch niemand über Immobilien per testamentum disponiren, sondern muß sie dem rechten Erben lassen.

Alle diese besondern Rechte sind jetzt im Netzdistrict nicht mehr anwendbar, weil sie durch die Regierungs-Instruction vom 21sten September 1773. aufgehoben worden.

Dis wird genug seyn, um den Netzdistrict *Beschluß.* sowol an und für sich, als in Beziehung auf den preußischen Staatskörper, wovon derselbe ein Glied ist, kennen zu lernen. Viel merkwürdiges kommt nicht darin vor, denn die Cultur hat hier noch nicht viel Fortschritte gemacht. Durch die eingeschalteten Episoden hat der Verfasser beabsichtet, dem Werke etwas mehr

Interesse zu geben, weil die gewöhnlichen Länder-B
schreibungen allzu trocken sind, und diese Abhandlung
der Wahrheit nicht schaden. Es sind in diesem Buch
gewagte Gedanken, Beurtheilungen, lob und Tadel en
halten, in einigen Stücken mag wol zu weit gegangen
und in andern mögen wol die Materien nicht genu
durchdacht, und nicht vollständig abgehandelt seyn
Zur Entschuldigung dieser vielleicht gerechten Vorwürf
versichert der Verfasser, daß er so wenig gegen der
Staat, gegen die Stände, Verfassung und Religion,
was feindseliges intendiret, sondern blos die Absicht ge
habt, hin und wieder was problematisches zu sagen.
Hat er geirret, so wird sich die Wahrheit schon selbst
rechtfertigen, und die Freymüthigkeit wird ihm von billig
denkenden Menschen nicht zur Sünde angerechnet werden. Von der Aufnahme dieses Werks hängt es ab, ob
noch ein zweyter Theil von Westpreußen erscheinen soll.